Das Buch

Deutschland hat im 20. Jahrhundert im Westen dreimal und im Osten viermal einen Wechsel des politischen Systems erlebt hat. Der bekannte Strafverteidiger nimmt den letzten Systemwechsel unter die Lupe und vergleicht ihn mit früheren, die jetzige »Vergangenheitsbewältigung« mit vorangegangenen. Dabei stößt er auf Fragen wie diese: War die DDR ein Unrechtsstaat? War sie die »zweite deutsche Diktatur«? Sprachen die Richter, wenn sie die ehemaligen DDR-Bürger verurteilten, im Namen des Volkes? Sind wir ein Volk, sind wir das Volk, in dessen Namen Recht gesprochen wird? War es Recht, das Wessis über den Streit von Ossis mit Wessis, über Renten, Arbeitsverhältnisse, Immobilien und über das Volkseigentum sprachen? Sind wir also *ein* Volk? – Wolffs Bilanz greift aber weiter aus. In einem pointierten und kenntnisreichen Überblick ist es ihm gelungen, »Politik und Justiz vom Schießbefehl Friedrich Wilhelms IV. bis zum ›Schießbefehl‹ Erich Honeckers« kritisch zu untersuchen.

Der Autor

Friedrich Wolff, Jurist, geboren 1922 in Berlin als Sohn eines jüdischen Arztes. Nach dem Krieg Eintritt in die KPD, 1946–49 Jurastudium an der Humboldt-Universität. Amtsrichter, Referent, ab 1953 Rechtsanwalt. 1983 Promotion. Nach dem 17. Juni 1953 erstes Mandat als Pflichtverteidiger eines wegen Teilnahme an der Erhebung Angeklagten. Später Verteidiger in zahlreichen politischen Prozessen, darunter gegen Walter Janka, Karl Wilhelm Fricke, Günter Guillaume, Erich Honecker, Hans Modrow, Werner Großmann. Fernsehprominent war Friedrich Wolff durch seine Sendereihe »Alles was Recht ist«. Er war lange Zeit Vorsitzender des Berliner Anwaltskollegiums, über viele Jahre Vorsitzender des Rates der Kollegien der Rechtsanwälte der DDR, von 1985–1990 Vizepräsident bzw. Präsident der Vereinigung der Juristen. Veröffentlichungen: Verlorene Prozesse 1953–1998. Meine Verteidigungen in politischen Verfahren, Baden-Baden, 1999[2]

Friedrich Wolff
Einigkeit und Recht
Die DDR und die deutsche Justiz

Politik und Justiz vom Schießbefehl Friedrich Wilhelms IV.
bis zum »Schießbefehl« Erich Honeckers

edition ost

ISBN 3-360-01062-0

© 2005 Das Neue Berlin Verlagsgesellschaft mbH
Rosa-Luxemburg-Str. 39, 10178 Berlin
Umschlagentwurf: edition ost
Druck und Bindung: Salzland Druck, Staßfurt

Die Bücher der edition ost und des Verlags Das Neue Berlin
erscheinen in der Eulenspiegel Verlagsgruppe.

www.edition-ost.de

Inhalt

I. Einigkeit und Vergangenheitsbewältigung 7

II. Rückblick und Erinnerung an den
    Geschichtsunterricht 18
    Das deutsche Biedermeier und die
        Demagogenverfolgung 18
    Einer von 204. Der Fall Fritz Reuter 19
    Die Revolutionsjahre 1848–1849 22
    Die Periode der Reaktion 1850–1871 26
    Recht und Freiheit im Kaiserreich 30
    Recht und Freiheit in der Weimarer Republik 35
    Kommunistenverfolgung in der Nazizeit 40

III. Politische Justiz nach dem II. Weltkrieg 49
    Verfolgung der Nazi- und Kriegsverbrecher
        in der BRD 49
    Kommunistenverfolgung in der BRD 1949–1968 56
    Die juristische Auseinandersetzung in der BRD
        mit der DDR von 1949–1989 61
    BRD-Justiz gegen die RAF 64

IV. Die juristische Vergangenheitsbewältigung
    nach dem 3. Oktober 1990 73
    Die strafrechtliche Vergangenheitsbewältigung 75
        Vorbereitung und Anfang 75
        Die Suche nach den Untaten 83
        Ergebnis der strafrechtlichen Vergangenheitsbewältigung 87
        *Die Folgen der strafrechtlichen Verfolgung für
            die Betroffenen* 89
    Die Rechtsprobleme bei der Verfolgung des
        DDR-Unrechts 91
        Erstes Rechtsproblem: Rückwirkungsverbot 92
        Zweites Rechtsproblem: Schuldnachweis Schuld ... 101

Drittes Rechtsproblem: Staatenimmunität	106
Viertes Rechtsproblem: Kausalität	110
Fünftes Rechtsproblem: DDR-Amnestien	112
Sechstes Rechtsproblem: Verjährung	113

Das Urteil der Professoren ... 117
Zur Unabhängigkeit der Justiz und zur Stellung
der Richter in der BRD ... 129
Juristische Vergangenheitsbewältigung außerhalb
des Strafrechts ... 131

Die Änderung der Gerichtsverfassung	131
Die Bewältigung »offener Vermögensfragen« mittels des Verwaltungsrechts	134
Die Bewältigung »offener Vermögensfragen« mittels des Zivilrechts	136
Die Flut der Gesetze zu den offenen Vermögensfragen	136
Die politische Säuberung des öffentlichen Dienstes durch die Verwaltungsgerichte	139
Vergangenheitsbewältigung mittels des Arbeitsrechts	143
Vergangenheitsbewältigung mittels des Sozialrechts	145

V. Politische Justiz der DDR ... 153
Politische Justiz der DDR gegen Nazis ... 153
Politische Justiz gegen DDR-Oppositionelle ... 156
Umfang der politischen Justiz in der DDR ... 159
Gesetze gegen politische Delikte in der DDR ... 162
Erscheinungsformen politischer Delikte in der DDR ... 165
Stellung der Justiz und der Juristen in der DDR ... 169
Rückblick mit Ausblick ... 173

Anmerkungen ... 180

Einigkeit und Vergangenheitsbewältigung

Seit fünfzehn Jahren singen wir wieder von Einigkeit und Recht, Hoffmann von Fallersleben hatte es 1841 gedichtet. Das »Lied der Deutschen« war Ausdruck seiner Sehnsucht, nicht Lob der Wirklichkeit. Er wurde wegen seiner Dichtung als Professor entlassen und des Landes verwiesen. Heute, fünfzehn Jahre nachdem wir sein Lied wieder singen, sagt dieser Staat, er sei ein Rechtsstaat, unser ehemaliger Staat wäre ein Unrechtsstaat, die zweite deutsche Diktatur gewesen. Ebenso lange sprechen die neuen Gerichte im Namen des Volkes Recht über Grenzer, Richter, Staatsanwälte der DDR und natürlich über Stasimitarbeiter. Die Medien haben es berichtet, täglich, ausführlich. Über die Bilanz dieser Art Vergangenheitsbewältigung durch die Justiz berichteten sie nicht. Nachfragen gab es nicht. Kann man alles glauben, was ein Staat sagt, was unser neuer Staat über unseren alten sagt? War die DDR nun ein Unrechtsstaat? War sie die zweite deutsche Diktatur?

Sprachen die Richter, wenn sie die ehemaligen DDR-Bürger verurteilten, in Namen *des* Volkes? Sind wir *ein* Volk, sind wir *das* Volk, in dessen Namen Recht gesprochen wird? War es Recht, das Wessis über den Streit von Ossis mit Wessis, über Renten, Arbeitsverhältnisse, Immobilien und über das Volkseigentum sprachen?

Sind wir also *ein* Volk? Als die DDR noch existierte, als die Mauer noch stand, waren die DDR-Bürger für die Bundesbürger Brüder und Schwestern. Als die Mauer und die DDR gefallen war, wurden sie zu Ossis und die Bundesbürger Wessis. Jetzt sagen fast alle, die innere Einheit fehlt.

15 Jahre nach dem Mauerfall, der darauf folgenden deutschen Vereinigung oder Wiedervereinigung, nach dem Beitritt oder dem Anschluß – der eine nennt das so, der andere anders – herrscht schlechte Stimmung in Deutschland. Die Renten

sind nicht mehr sicher, das Gesundheitswesen wird immer teurer, die Arbeitslosigkeit ist anhaltend hoch, Obdachlosigkeit eine gewohnte Erscheinung, die Bevölkerung wird immer älter, Kinder sind selten und werden zur ersten Armutsursache, die Schulbildung ist mangelhaft, der Standort Deutschland ist gefährdet, Pleiten greifen um sich. Woran liegt das alles? Die Wessis sagen: an dem maroden Osten! Erst fiel die Mauer, dann kam die Vereinigung und schließlich kamen die Pleiten. Ein kurzer Schluß, ein unzulässiger Schluß. Das Vorhergehende ist nicht immer die Ursache des Nachfolgenden.

Im Osten hat man andere Probleme, sieht man andere Ursachen für die Misere. Warum veröden ganze Landstriche, warum werden kaum noch Kinder geboren, warum ist der Osten deindustrialisiert, warum gibt es keine Arbeit mehr, warum gehen die Arbeitsuchenden in den Westen? Warum sprechen Wessis über Ossis Recht, warum sind sie überall die Vorgesetzten? – Weil die Ossis über den Tisch gezogen wurden.

Und was sagen die Politiker? Sie sind Demokraten, sie sagen, was die Mehrheit sagt. Die Mehrheit – das sind die Westdeutschen. Die Politiker, alle Politiker müssen auf sie hören, wenn sie wiedergewählt werden wollen. Und wenn die Wähler meinen, der Osten sei schuld an ihrem Elend, so hören die Politiker gern auf sie. Denn wer sollte sonst schuld sein? Etwa die Regierung oder die Unternehmer, die man früher Kapitalisten nannte?

Die Erklärung ist viel einfacher, sieht man sie so: Vierzig Jahre Mißwirtschaft haben den Osten ruiniert und kosten den Westen das gute Geld, heißt es. Außerdem verstehen Ossis die Demokratie nicht, haben sie nicht gelernt und wählen daher falsch. Sie sind undankbar gegenüber den erwiesenen Wohltaten. Sie sind psychisch vom Sozialismus deformiert. Sie haben die Vergangenheit, ihre Vergangenheit noch nicht bewältigt.

Nein, wir sind nicht *ein* Volk, jedenfalls nicht politisch, nicht sozial. Die ethnische Einheit tritt hinter die aktuellen Interessenkonflikte, die die Politik produziert hat, zurück. Die Westrichter haben kein Recht, im Namen der Ossis über Ossis und deren Rechte zu urteilen. Sie haben kein Mandat der Ossis, ihnen fehlt die Legitimation. Über allen ihren Urteilen steht zu unrecht in großen Lettern: »Im Namen des Volkes«. Prozesse, in denen Westrichter über DDR-Handlungen, über Konflikte zwischen DDR- und BRD-Bürgern zu Gericht sitzen, werden den Kriterien der Europäischen Menschenrechtskonvention, die ein unparteiisches Gericht und einen fairen Prozeß verlangen, nicht gerecht.

Bewältigung der DDR-Vergangenheit ist dessen ungeachtet weiter das Heilmittel der Politik. Seit 1989 verordnet es der herrschende politische Westen dem kranken, beherrschten Osten. Der Rechtsstaat ward aufgerufen, die Medizin zu liefern. Die politische Justiz trat in Aktion. Was sie lieferte, werden wir sehen. Die Medien waren eilfertig bereit, den Brüdern und Schwestern alles zu verabreichen, was ihnen zur Bewältigung ihrer trostlosen Vergangenheit dienen konnte. Der durchschlagende Erfolg stellte sich trotzdem nicht ein, noch nicht. Die Therapie muß folglich fortgesetzt werden. Langzeittherapie ist angesagt.

Der damalige Bundesjustizminister, der vorherige BND-Chef und nachmalige Bundesaußenminister Kinkel sah das auch so. In seiner Begrüßungsansprache auf dem Deutschen Richtertag am 23. September 1991 in Köln erklärte er: »*Ich baue auf die deutsche Justiz. Es muß gelingen, das SED-System zu delegitimieren, das bis zum bitteren Ende seine Rechtfertigung aus antifaschistischer Gesinnung, angeblich höheren Werten und behaupteter absoluter Humanität hergeleitet hat, während es unter dem Deckmantel des Marxismus-Leninismus einen Staat aufbaute, der in weiten Bereichen genauso unmenschlich und schrecklich war wie das faschistische Deutschland, das man bekämpfte und – zu Recht – nie mehr wieder erstehen lassen wollte.*«[1]

Die Justiz folgte ihrem Minister und der bereits im Kalten Krieg produzierten öffentlichen Meinung ausnahmslos. So sicher wie das Amen in der Kirche stand für sie fest, die DDR war ein Unrechtsstaat, das Unrecht mußte beseitigt werden. Kinkels Auftrag an die Justiz, die DDR zu delegitimieren, war ein politischer Auftrag.

Die DDR war ein völkerrechtlich anerkannter Staat, sie war legitim, die BRD hatte mit ihr Verträge geschlossen, zuletzt den Einigungsvertrag, die DDR war wie die BRD Mitglied der

UNO, an ihrer Legitimität konnte kein Zweifel bestehen. Nach ihrem Untergang konnte sie folglich nicht delegitimiert werden, das war logisch und rechtlich unmöglich. Völkerrechtlich gibt es zudem keine illegitimen Staaten. Was der Minister von seiner Justiz verlangte, war somit rechtlich und logisch ein Unding. Es war ein politisches Ziel, eine politische Aufgabe, die der Justizminister verkündete. Es war politische Justiz, die der Justizminister des Rechtsstaats in Szene setzte. Und die Justiz, jedenfalls in Gestalt ihrer höchsten Richter, übernahm die ihr zugewiesene Aufgabe gern.

Zur Delegitimierung paßt der Unrechtsstaat, eines der geläufigsten Attribute, die der DDR verliehen wurden. Amerikanische Politiker, richtiger: Politiker der USA, sprachen vom Reich des Bösen und von Schurkenstaaten. Für Deutschland ist das wohl zu starker Tobak, man liebt es differenzierter, doch gemeint ist dasselbe. Manche wissen: Unrechtsstaat wurde auch der Hitlerstaat genannt. So werden DDR und Nazireich terminologisch unter einen Hut gebracht. So soll es sein. Staaten wie der Iran, in dem man zu Zeiten des Schah als Strafe noch Hände abhackte, oder die Türkei, in der man foltert und die Kurden brutal unterdrückt, das Chile Pinochets und das Apartheidregime Südafrikas wurden und werden nie Unrechtsstaaten genannt.

Unrechtsstaat ist übrigens kein Rechtsbegriff, er tut nur so. In keinem Rechtslexikon taucht er auf, in keinem Lehrbuch oder Kommentar wird er definiert. Unrechtsstaaten gibt es im Recht ebensowenig wie delegitimierte Staaten. Die Politik nutzt auch diesen Terminus nach Bedarf und bedient sich dabei der Psychologie. Sie hat von der Reklame, die sich jetzt Werbung nennt, viel gelernt. Besonders wirksam ist es, wenn man dem abwertenden Begriff noch einen aufwertenden gegenüber stellen kann: DDR gleich Unrechtsstaat, BRD gleich Rechtsstaat. Rechtsstaat ist zwar ein Rechtsbegriff, doch genau definiert ist auch er nicht. Die BRD hat ihn nach eigenem Bedarf definiert und sich selbst verliehen.

In anderen Sprachen gibt es kein Wort für Rechtsstaat. Jutta Limbach warnte schon 1995 vorsichtig: »*Unser etwas großzügiger oder leichtfertiger Umgang mit dem Gegensatzpaar Rechtsstaat-*

*Unrechtsstaat darf nicht darüber hinwegtäuschen, daß diese Begrifflichkeit keine klare Grenzlinie bezeichnet, jenseits derer das Unrecht beginnt.«*² Und der Bürgerrechtler und Theologieprofessor Richard Schröder schrieb dazu: »*Der Haken an dieser Auseinandersetzung um das Reizwort ›Unrechtsstaat‹ ist der, daß dies kein definiertes und kein lexikonfähiges Wort ist.*«³

Für die Medien und damit für die Meinung der Mehrheit sind diese »*Reizworte*« jedoch meinungsprägend. Die Medienkonsumenten nehmen die Worte für bare Münze. Richter sind auch Medienkonsumenten.

Warum aber verlangte die Politik von der Justiz die Delegitimierung der DDR? Es ging ihr nicht ums Recht, wie das Wort »Delegitimierung« glauben machen will. Das Wort war und ist nur ein Tarnwort, das die politische Zielstellung verbergen soll: Tatsächlich geht es darum, die DDR in den Augen ihrer ehemaligen Bevölkerung, in den Augen aller Deutschen herabzusetzen, sie unattraktiv zu machen. Es geht darum zu zeigen, Sozialismus ist keine Alternative zur Marktwirtschaft, wie der Kapitalismus jetzt genannt wird. Kapitalismus, Globalisierung, Kürzungen des Sozialsystems sind alternativlos.

Der Name DDR steht bei diesen Politikern – im Gegensatz zu gewissen Linken – für Sozialismus. Sozialismus ist für sie durchaus nicht passé, ist immer noch ein Gespenst, das jederzeit zum Leben erwachen kann, denn sie wissen, was sie vorhaben, und sie fürchten die Reaktion der Leidtragenden auf ihre neoliberale Politik. Heiner Geissler fragt die Arbeiter schon: »*Wo bleibt Euer Aufschrei?*« Und der Ex-Generalsekretär der CDU fügt hinzu: »*Der Tanz um das Goldene Kalb ist schon einmal schief gegangen.*«⁴

Ist der Sozialismus ein Schreckgespenst und der Kapitalismus alternativlos? Wo stehen wir nach dem schrankenlosen Wirken der Marktwirtschaft eigentlich? Im Jahr 2004 gab es über 4 Millionen Erwerbslose, im Jahr 2005 erwarten manche mehr als 5 Millionen. Die Staatsverschuldung hat Rekordhöhe erreicht. Vieles ähnelt der Situation von 1929, d. h. der Situation vor dem Ausbruch der Weltwirtschaftskrise und der Situation vor dem Zweiten Weltkrieg. Nach dem Ende des schrecklichen Krieges wußten alle großen deutschen Parteien, worauf die deutsche Katastrophe zurückzuführen war. Kurt Schumacher, später Vorsitzender der SPD, erklärte 1945 in Kiel: »*Auf der Tagesordnung steht heute als der entscheidende Punkt die Abschaffung der kapitalistischen Ausbeutung und die Überführung der Produktionsmittel aus der Hand der großen Besitzenden in gesellschaftliches Eigentum, die Lenkung der gesamten Wirtschaft nicht nach privaten Profitinteressen, sondern nach Grundsätzen volkswirtschaftlich notwendiger Planung.*«[5] Und in das Parteiprogramm der rheinischen CDU, deren Vorsitzender damals Konrad Adenauer war, wurde 1947 die Erkenntnis aufgenommen: »*Das kapitalistische Wirtschaftssystem ist den staatlichen und sozialen Lebensinteressen des deutschen Volkes nicht gerecht geworden. Nach dem furchtbaren politischen, wirtschaftlichen und sozialen Zusammenbruch als Folge einer verbrecherischen Machtpolitik kann nur eine Neuordnung von Grund auf erfolgen.*

Inhalt und Ziel dieser sozialen und wirtschaftlichen Neuordnung kann nicht mehr das kapitalistische Gewinn- und Machtstreben, sondern nur das Wohlergehen unseres Volkes sein. Durch eine gemeinschaftliche Ordnung soll das deutsche Volk eine Wirtschafts- und Sozialverfassung erhalten, die dem Recht und der Würde des Menschen entspricht, dem geistigen und materiellen Aufbau unseres Volkes dient und den inneren und äußeren Frieden sichert.«

Die Erkenntnisse nach den Erfahrungen des Zweiten Weltkriegs wurden vergessen, im Kalten Krieg vergessen gemacht. Mit dem Geld der USA wurde der ohnehin reichere Teil Deutschlands zum Schaufenster des Kapitalismus gemacht und dem ärmeren Osten als lockendes Vorbild gegenübergestellt. Dem Arbeiter im Westen ging es besser als dem im Osten, also war Kapitalismus besser als Sozialismus. Nach dem Verschwinden des Sozialismus in Europa ist alles anders. Das Schaufenster wird nicht mehr gebraucht. Der Sozialismus steht dem Kapitalismus nicht mehr als konkurrierendes Gesellschaftssystem gegenüber. Man legt sich keine Beschränkungen mehr auf, Neoliberalismus heißt die Parole, den Markt soll nichts mehr fesseln, auch der Staat nicht, er soll auch schlank sein wie die Betriebe.

Man sollte sich daran erinnern, was man nach 1945 wußte.

Die Staatsanwälte und Richter, jene, die politische Justiz

betrieben haben oder noch betreiben, sagen, es sei keine politische Justiz. Sie empfinden die Feststellung als Vorwurf und widersprechen. Es handle sich um echte kriminelle Handlungen wie Totschlag und Rechtsbeugung – von politischer Justiz könne keine Rede sein. So erklärte Jutta Limbach im Jahr 1992 in einem Diskussionsbeitrag auf einem Kolloquium über Regierungskriminalität laut Protokoll: »*Klarzustellen sei, daß es hier um keinen politischen Prozeß geht. Der Strafprozeß wird auch nicht für bestimmte politische Zwecke mißbraucht.*«[6] Als sie zwei Jahre später, im Jahr 1994 über das Thema »Politische Justiz im Kalten Krieg« einen Aufsatz schrieb, hieß es darin: »*Ob im Kaiserreich, in der Weimarer Republik, im NS-Regime, in der Bundesrepublik oder in der DDR, unter jeder Staatsform hat es Fälle und Phasen politischer Justiz gegeben.*« Aber auch: »*Man mag der Justiz vorwerfen, daß sie bei der strafrechtlichen Aufräumarbeit des SED-Unrechts nicht immer eine glückliche Hand gehabt hat. Doch daß sie rechtsstaatliche Garantien mißachtet haben, kann ihr nicht zur Last gelegt werden ... Statt die Justiz in den Dienst der Politik zu stellen und die Demokratie mit Parteiverboten zu schützen, sollten wir nach wie vor auf den Stimmzettel und den politischen Diskurs vertrauen.*«[7]

Es scheint, der Ton ist nach Ablauf von zwei Jahren anders geworden, nachdenklicher. In der Wendung von der Justiz, die nicht immer eine »*glückliche Hand*« hatte, klingt schon Selbstkritik an wie auch in der Mahnung, die Justiz nicht in den Dienst der Politik zu stellen. Es muß wohl für die spätere Präsidentin des Bundesverfassungsgerichts einen Grund für diese Mahnung gegeben haben. Und es ist wohl auch kein Zufall, daß Frau Limbach die *Aufräumarbeit* in einen Zusammenhang mit dem Kalten Krieg stellt. Das Verdikt »politische Justiz« wird von Frau Limbach jedoch über diese Phase nicht verhängt, es wird aber auch nicht mehr geleugnet. Natürlich war es politische Justiz, die die Vergangenheit der DDR bewältigte. Wie Frau Limbach sagt auch Kirchheimer: »*Politische Prozesse sind unausweichlich. – Das hört sich wie eine Binsenwahrheit an. Dennoch möchte so mancher Jurist schlankweg bestreiten, daß es so etwas wie einen politischen Prozeß geben könne.*«[8] Und er zitiert den Satz eines schottischen Verteidigers aus dem 19. Jahrhundert, den jeder, der politische Prozesse erlebt hat, nur bestätigen kann: *»Daran, daß jemand zwischen politischen und anderen Delikten keinen Unterschied sieht, kann man mit Sicherheit erkennen, daß er ein Hitzkopf oder ein Dummkopf ist.«*[9]

Kirchheimer sagt auch: *»Ebensogut kann es sein, daß sich eine neue Elitegruppe, der giftsprühende Angriffe auf die Ehre und Sauberkeit ihrer Vorgänger zur Macht verholfen haben, einen Gewinn davon verspricht, daß sie die Vergangenheit der Besiegten durchkämmt und genug Schmutz aufwirbelt, um die Männer des gestürzten Regimes auf die Anklagebank zu bringen. Machthaber vom totalitären Schlage, die gerade an die Macht gekommen sind, können selten der Versuchung widerstehen, mit der alten Ordnung liierte Gruppen, die kaum je den Gefahren politischer Strafverfolgung ausgesetzt waren, auf besondere Art in Mißkredit zu bringen ...«*[10] So geschieht es seit 1990 hier. Die neuen Machthaber sind zwar nach allgemeiner Terminologie nicht vom *totalitären Schlage*, doch widerlegt das den Kern der Aussage von Kirchheimer nicht, es ist nur ein Indiz für die Unbegründetheit der Totalitarismustheorie.

Da ich einige Male Otto Kirchheimer zitiert habe, sei er hier vorgestellt: Kirchheimer war jüdischer Jurist und Gewerkschafter. Vor den Nazis mußte er in die USA fliehen. Dort schrieb er 1961 das Buch »Politische Justiz«, das 1963 ergänzt und in deutscher Übersetzung in der BRD veröffentlicht wurde. Es gilt als Standardwerk auf diesem Gebiet. Kirchheimer war natürlich kein Nazifreund, kein Rechter, er war aber auch kein Kommunist. Der DDR war er nicht zugetan. Er dürfte für jedermann, der nicht Nazi ist, glaubwürdig sein.

Politische Justiz ist nirgendwo hoch angesehen. Justiz soll gerecht, soll unparteiisch und unpolitisch sein. Ohne Ansehen der Person, daher die Binde vor den Augen, soll sie ihr Urteil sprechen. Man weiß, daß es politische Justiz gibt, doch soll es sie nur bei den Anderen, den Bösen geben. Im Rechtsstaat, der sich angeblich dadurch auszeichnet, daß sich die Politik nach dem Recht richtet und nicht umgekehrt, erscheint sie begrifflich ausgeschlossen. Doch wer will leugnen, daß das Recht vom Parlament, also von der Politik gemacht wird und Richter und Staatsanwälte daran gebunden sind? Wer will leugnen, daß die höchsten Richter von den Parteien gewählt, man könnte auch sagen: ernannt werden? Diese suchen natürlich die Kandidaten nach ihren, d. h. nach parteipolitischen Gesichtspunkten aus. Der Primat des Rechts, die Unabhängigkeit der Justiz ist bestenfalls eine Illusion, schlimmstenfalls eine Lüge. Illusion oder Lüge werden durch die freie Presse verbreitet und genährt. Schließlich verliert das Recht, verliert die Justiz an politischem Einfluß, wenn zugegeben wird, daß Recht und Justiz Mägde der Politik seien.

Kinkel gab der Justiz nicht nur vor, die DDR zu delegitimieren, er wiederholte zugleich wichtige Argumentationshinweise für Justiz und Medien aus der Zeit des Kalten Krieges. Er sagte denen, die es im Westen noch nicht wußten, daß die DDR ein Staat gewesen sei, »*der in weiten Bereichen genauso unmenschlich und schrecklich war wie das faschistische Deutschland*«. Da mußte natürlich aufgeräumt werden, da durfte man nicht erneut versagen, wie die Väter bei der Bewältigung des NS-Unrechts versagt hatten. Niemandem fiel auf, daß man so handeln wollte, richtiger: so handeln sollte, wie die Nazis vom Moment ihrer Machtergreifung bis zu ihrem Untergang gehandelt hatten: die Kommunisten als den Hauptfeind verfolgen.

Kinkels Darstellung der DDR entsprach und entspricht durchaus dem in der (alten) BRD herrschenden Bild von dem anderen Teil Deutschlands. Immer dieselbe Gleichstellung der DDR mit dem faschistischen Deutschland, zwar nur partiell, aber eben doch »*in weiten Bereichen*«. Von dieser Basis aus startete die BRD die Bewältigung der DDR-Vergangenheit, ihre Delegitimierung. Einerseits wird gesagt, vergleichen heiße nicht gleichsetzen, andererseits wird tatsächlich immer wieder gleichgesetzt. Eine artistische Argumentation, keine solide und stichhaltige.

Auf derselben Linie liegt die offizielle, nahezu unbestrittene Wertung der DDR als die zweite deutsche Diktatur. Die erste deutsche Diktatur war danach das Nazireich. Jahrhunderte hat Deutschland bestanden, nie soll es dort Diktaturen gegeben haben, und auf einmal, wie aus heiterem Himmel, gab es in Deutschland hintereinander zwei Diktaturen, beide totalitaristisch, beide sozialistisch. Alles gleich. Unwesentlich, daß die

15

DDR im Gegensatz zum Nazistaat keine Juden umbrachte, keine KZ hatte, keine Kriege führte und die Kapitalisten enteignete, die in Nazideutschland Zyklon B für die Gaskammern geliefert und am Krieg verdient hatten. Die DDR hat Deutschland auch nicht am Hindukusch verteidigt.

Wenn also die DDR die zweite und der Hitler-Staat die erste deutsche Diktatur waren – was war dann davor? Die Formel suggeriert, vor 1933 herrschte in Deutschland eitel Sonnenschein, alles war freiheitlich, demokratisch, rechtsstaatlich, geradezu idyllisch. Huldvolle Könige, liebe Prinzessinnen. Alles gute Demokraten, bis die braunen und die »rotlackierten Nazis« (Schumacher) dem deutschen Volk Unglück brachten. So war aber die deutsche Geschichte nicht.

Manche, vor allem die Betroffenen, nennen die deutsche Art von Vergangenheitsbewältigung Siegerjustiz. Es ist ein Reizwort, das die Sieger nicht gelten lassen wollen. Doch Sieger war die Bundesrepublik schließlich, das kann keinem ernsthaften Zweifel begegnen, und ihre Justiz war es auch, die die Vergangenheit bewältigte. Allerdings weckt das Wort Assoziationen zu Fallbeil, Galgen und Erschießungskommando. *So* aber ist diese Siegerjustiz nicht. Sie ist subtiler, nicht so hemdsärmelig, mit sauberer rechtsstaatlicher Formvollendung. Aber sie ist Justiz der Sieger, eben Siegerjustiz.

Deutschland hat im 20. Jahrhundert im Westen dreimal und im Osten viermal einen Wechsel des politischen Systems erlebt, vom Kaiserreich zur Republik, von der Republik zum NS-Staat und von diesem in die Bundesrepublik bzw. in die DDR und aus dieser in die Bundesrepublik. Es erscheint nützlich, den letzten Systemwechsel mit früheren, die jetzige Vergangenheitsbewältigung mit vorangegangenen zu vergleichen.

Es gibt Leute, kluge Leute, die sagen, Vergangenheit kann man nicht bewältigen, sie ist abgeschlossen, unveränderlich, der Begriff sei falsch. Das sehe ich auch so, es stört mich jedoch nicht. Vergangenheitsbewältigung ist ein typisches Schlagwort der herrschenden Politik wie Unrechtsstaat. Es suggeriert, die Vergangenheit war schlecht, war böse, sie muß bewältigt, sie muß überwunden werden. Jeder kennt diese Worte, jeder weiß, was gemeint ist. Scheinbar wertfrei enthalten sie doch Unwerturteile, manipulieren sie über das Unterbewußtsein Meinungen. Sei es drum, ich übernehme diese und andere giftige Worte der Meinungsmacher, spare mir die an sich gebotenen Anführungszeichen und hoffe, der folgende Text wird sie entlarven, wird Klarheit über ihre Hinterhältigkeit bringen.

Auch für Sozialisten ist die Auseinandersetzung mit der DDR erforderlich. Sie quält die Vergangenheit. Auch ohne Verordnung ihrer Bewältigung suchen sie Antwort auf schwer zu beantwortende Fragen: War es falsch, sich für den Sozialismus zu entscheiden, war unser Leben umsonst, welche Fehler haben wir in der DDR gemacht, was wird aus uns, aus der Menschheit werden?

Hier wird nicht versucht werden, diese Fragen zu beantworten. In diesem Buch geht es nur um eine Erwiderung auf die gröbsten und häufigsten Angriffe der Schönredner der Marktwirtschaft und der Schlechtredner des Sozialismus. Mich erregen die Provokationen der herrschenden Vergangenheitsbewältiger. Sie beherrschen die Medien, nur sie sind zu hören. Die, deren Vergangenheit bewältigt werden soll, haben kaum eine Stimme. Meinungsfreiheit, Pressefreiheit sind schön für die Eigentümer der Medien. Paul Sethe, ein berühmter Journalist, kein Roter, sagte: »*Pressefreiheit ist die Freiheit von zweihundert reichen Leuten, ihre Meinung zu verbreiten.*«[11] Was ist das gesprochene Wort in einer Versammlung, was ist ein Buch gegen eine Zeitung, was ist eine Zeitung gegen das Fernsehen?

Dennoch, wenn auch der Kreis der Adressaten klein ist, es muß einmal etwas anderes über die DDR und den Sozialismus geschrieben werden – auch von einem Juristen, der für Fragen der Vergangenheit nicht kompetent ist. Die Historiker mögen nachsichtig sein: wes das Herz voll ist, des geht der Mund über.

Friedrich Wolff
Berlin im Herbst 2004

Rückblick und Erinnerung an den Geschichtsunterricht

Das deutsche Biedermeier und die Demagogenverfolgung

Wie also sah es in Deutschland vor der ersten deutschen Diktatur, etwa zu Beginn des 19. Jahrhunderts, aus? Deutschland war in viele Staaten geteilt, die von Königen oder Fürsten regiert wurden. Des Volkes Wille galt nirgendwo etwas. In den Köpfen der Deutschen rumorte allerdings der Geist der Französischen Revolution um 1789. Dichter wie Schiller, Bürger, Lenz, Heine und andere verlangten nach mehr Freiheit und Gerechtigkeit. Sie nannten die herrschenden Könige und Fürsten Tyrannen, Schillers Motto der »Räuber« hieß »in tyrannos«.
Was ist schlimmer, Tyrannei oder Diktatur?

Wie war es damals in Preußen? Gab es Einigkeit und Recht und Freiheit?

Die Zeitzeugen geben klare Antwort. Studenten, Burschenschafter, forderten damals eine einige deutsche Republik und Beseitigung der Tyrannen. In einem Gedichtband mit dem Titel »*Freie Stimmen frischer Jugend*« schrieben sie 1819: »*Bruder in Gold und Seid', Bruder im Bauernkleid, Reicht euch die Hand! Allen ruft Deutschlands Not, Allen des Herren Gebot. Schlagt eure Plager tot, Rettet das Land!*« [12]

Im April 1832 hieß es in dem Aufruf zum nachmals berühmten Hambacher Fest unter Anspielung auf Frankreich, die USA und England: »*Völker bereiten Feste des Dankes und der Freude beim Eintritt heilvoller großer Ereignisse. Darauf mußte das deutsche Volk seit Jahrhunderten verzichten. Zu solcher Feier ist auch jetzt kein Anlaß vorhanden, für den Deutschen liegen die großen Ereignisse noch im Keim; will er ein Fest der Hoffnung; nicht gilt es dem Errungenen, sondern dem zu Erringenden, nicht dem ruhmvollen Sieg, sondern dem mannhaften Kampfe für die Abschüttelung innerer und äußerer Gewalt, für Erstrebung gesetzlicher Freiheit und deutscher Nationalwürde.*« [13]

Heinrich Heine schrieb in demselben Jahr in einem Artikel unter der Überschrift »*Deutsche Zustände*«: »*Nie ist ein Volk grausamer verhöhnt worden.*« Georg Büchner teilte 1833 seinen Eltern mit: »*Weil wir im Kerker geboren und großgezogen worden sind, merken wir nicht mehr, daß wir im Loch stecken mit angeschmiedeten Händen und Füßen und einem Knebel im Munde.*«[14] Im Juli 1834 veröffentlichte er im Hessischen Landboten einen Artikel mit dem Titel: »*Friede den Hütten! Krieg den Palästen*«. Im Text hieß es: »*Ihr seid nichts, ihr habt nichts! Ihr seid rechtlos. Ihr müsset geben, was eure unersättlichen Fresser fordern, und tragen, was sie euch aufbürden. So weit ein Tyrann blicket – und Deutschland hat deren wohl dreißig –, verdorret Land und Volk.*«[15]

Das alles geschah rund 100 Jahre vor der »ersten deutschen Diktatur«. Woher kommt die Sicht auf die Geschichte, die das alles außer acht läßt? Heute wird der Preußenkönige voll Liebe und Verehrung gedacht. Sind die heutigen Demokraten etwa Freunde der damaligen Tyrannen? Sind die Feinde der Hohenzollern und der anderen Herrscher auch die Feinde des bundesrepublikanischen Deutschland?

Einer von 204. Der Fall Fritz Reuter

Wie die preußische Justiz, die Justiz der Hohenzollern, auf diejenigen reagierte, die nichts weiter als eine Verfassung und die deutsche Einheit wollten, erlebte der populäre plattdeutsche Dichter Fritz Reuter. Er war als Student in Jena im Mai 1832 Mitglied der Burschenschaft Germania geworden, die dem 1831 auf dem Burschentag zu Frankfurt am Main beschlossenen Ziel verpflichtet war, »*ein frei und gerecht geordnetes, in Volksfreiheit gesichertes Staatsleben im deutschen Volk herbeizuführen*«.[16] Er hatte auch am Hambacher Fest teilgenommen. Er war allerdings wohl eher ein Mitläufer und deswegen bereits im Januar 1833 aus der Burschenschaft Germania ausgetreten. Dennoch wurde er im Oktober 1833 auf der Durchreise durch Berlin verhaftet. Sein Prozeß wurde mit dem Prozeß gegen andere Mitglieder der germanischen Burschenschaft verbunden, insgesamt waren 204 Studenten angeklagt. Das Berliner Kammergericht sprach am 4. August 1834 sein Urteil über sie. »*Gegen 39 ›Inculpaten‹ wurde auf die Todesstrafe erkannt. Von diesen sollten 4 mit dem Rad von oben (qualifizierte Todesstrafe) und 35 mit dem Beil (einfache Todesstrafe) hingerichtet werden. 159 Studenten wurden zu langjährigen Festungsstrafen verurteilt und nur gegen 4 wurde ›die Untersuchung und das Urteil noch vorbehalten‹.*«[17] Das Kammergericht hatte die Angeklagten eines hochverräterischen Unternehmens für schuldig befunden. Zu den zum Tode Verurteilten gehörte auch Fritz Reuter.

In seiner Doktorarbeit aus dem Jahr 1939 meinte der Doktorand Gerhard Figge, »*daß hier ein verhängnisvoller Irrtum waltete*«,[18] da die Burschenschafter ihr Ziel nicht auf einem gewaltsamen Wege hätten erreichen wollen. Auch in einem anderen Punkt hatte das Kammergericht nach seiner Auffassung Unrecht. Es hatte Fritz Reuter als Ausländer (er war Mecklenburger) wegen einer im Ausland (Thüringen) begangenen Straftat verurteilt, das war nicht rechtens. Figge schrieb: »*Daß dies ›allgemein anerkannten Rechtsgrundsätzen‹ entspreche und ›mit den Grundsätzen des Landrechts und der Kriminal-Ordnung‹ übereinstimme, kann schwerlich zugegeben werden*«.[19]

Es ist bemerkenswert, daß »Irrtümer« des Gerichts in politischen Prozessen regelmäßig nur zu Lasten der Angeklagten gehen.

Die Entscheidung des Kammergerichts war allerdings nicht rechtskräftig, denn oberster Richter war König Friedrich Wilhelm III. Er erließ am 11. Dezember 1836 die folgende Kabinetts-Order: »*Die Ministerial Commission empfängt die mit dem Berichte vom 3-ten vor. Mts. Mir eingereichte Sentenz des Kammergerichts wider die Theilnehmer an geheimen politischen, insbesondere burschenschaftlichen Verbindungen hierneben zurück. Ich genehmige, daß selbige den Inquisitoren publicirt werden, doch mit der Maaßgabe, daß den zur Todesstrafe verurtheilten Theilnehmern, gleichzeitig mit der Publication des richterlichen Urtheils, die Abänderung desselben eröffnet werde, die Ich Kraft Meiner oberstrichterlichen Befugniß dahin getroffen habe, daß Carl Heinrich Brüggemann. Heinrich Jacobi, Herrmann Müller und August Theodot Otto mit lebenswierigem, jeder der übrigen mit der Todes-*

strafe belegten Theilnehmer dagegen mit dreißigjährigem Festungs-Arrest bestraft werde.«[20]

Damit war Fritz Reuter mit dreißigjähriger Festungshaft bestraft. Figge schreibt: »*Die Kasematten, in denen die Gefangenen untergebracht wurden, waren feucht, kalt und dunkel. Schwerste Unterleibserkrankungen waren die fast regelmäßig Folge des Arrestes.*«[21] Reuter ging es in den Festungen Silberbegg, Glogau, Magdeburg und Graudenz nicht besser. In einem Attest des Garnison-Stabs-Arztes Starke vom 4. Dezember 1836 heißt es u. a.: »*Der Stubengefangene Friedrich Reuter, 25 Jahre alt, aus Staffhagen im Großherzogtum Mecklenburg-Schwerin gebürtig, litt während seines Festungsarrestes allhier öfters an krankhaften Beschwerden und chronischen Unterleibs Übeln, weßhalb derselbe auch schon mehrere male in das hiesige Garnison-Lazareth aufgenommen werden mußte. Seit mehreren Monaten klagte derselbe über schmerzhafte Entzündungen und ein vermindertes Sehvermögen des linken Auges; wogegen ihm, da sich noch keine sichtbare krankhafte Veränderung an diesem Auge wahrnehmen ließ, die nöthigen Arzneimittel in seiner Kasematte verordnet wurden, worauf sich indessen bald bei der fortdauernden ungünstigen Einwirkung einer feuchten Luft eine Trägheit der Kontraktion der linken Augen-Regenbogenhaut, als Vorbote eines schwarzen Staares zeigte, weßhalb derselbe abermals in das hiesige Garnison-Lazareth aufgenommen werden mußte, worin er gegenwärtig befindlich ist.*«[22]

Friedrich Wilhelm III., der das Urteil über die 204 Studenten gefällt hatte, starb am 7. Juni 1840. Er hatte 1827, also noch vor der Inhaftierung der Studenten, sein Testament gemacht und darin erklärt: »*ich vergebe allen Meinen Feinden; auch denen, die durch hämische Reden, Schriften oder durch absichtlich verunstaltete Darstellungen das Vertrauen Meines Volks, Meines größten Schatzes (doch Gottlob nur selten mit Erfolg), Mir zu entziehen, bestrebt gewesen sind*«.[23] Sein Sohn, Friedrich Wilhelm IV., begnadigte am 10. August 1840 »*eingedenk des Königlichen Wortes der Verzeihung Meines in Gott ruhenden Vaters*« alle, »*welche während der Regierung Meines Vaters in Verkennung der ihrem angestammten Landesherren schuldigen Treue und Ehrerbietung des Hochverraths, des Landesverraths, der Majestätsbeleidigung, der Theilnahme an unerlaubten Verbindungen, der Erregung* *von Mißvergnügen gegen die Regierung sich schuldig gemacht haben«.*²⁴

Fritz Reuter war inzwischen zur *»Abbüßung des Restes«* der Strafe auf jahrelanges wiederholtes Ersuchen des Großherzogs von Mecklenburg-Schwerin der großherzoglichen Regierung 1839 ausgeliefert und am 21. Juni 1839 in der Festung Dönitz eingeliefert worden. Er wurde am 25. August 1840 durch den Großherzog Paul Friedrich aus der Festungshaft entlassen. Fritz Reuter hatte sich damit fast sieben Jahre in Haft befunden.

Das war Deutschland zur Biedermeierzeit.

Keine Diktatur, kein Unrechtsstaat?

Wer über den Richter dieses Terrorurteils, König Friedrich Wilhelm III., Auskunft in einem Lexikon sucht, wird z. B. im dtv-Lexikon kein Wort über den Prozeß gegen die 204 Studenten und die übrigen Maßnahmen der Demagogenverfolgung finden. Deutsche Geschichtsschreibung und deutsche Politik sehen keinen Anlaß, diese Vergangenheit zu bewältigen. Im DDR-Lexikon hingegen hieß es über Friedrich Wilhelm III.: *»Er ließ sich nur widerwillig zu Reformen und dem Befreiungskrieg drängen und brach sein 1815 gegebenes Verfassungsversprechen. Nach endgültiger Ausschaltung der Reformpartei 1819 gab er der Reaktion in Preußen freie Hand und betrieb im Bündnis mit Metternich eine spätfeudale Restaurationspolitik (Demagogenverfolgung).«*²⁵

Die Revolutionsjahre 1848/49

Die Verfolgung und Bestrafung der »Demagogen« konnte nicht verhindern, daß der Drang nach Freiheit, Einheit und Gerechtigkeit bei Bürgern, Bauern und der neu entstehenden Arbeiterschaft in Europa zunahm. Die Weltwirtschaft geriet von 1845 bis 1847 in eine Krise, die Reichen wurden immer reicher, die Armen immer ärmer. Wir kennen das. Die industrielle Revolution schuf das Industrieproletariat. Bauern wanderten aus dem Land in die Städte, Handwerker fielen in Konkurs. Mißernten und Getreidespekulation trieben die Lebensmittelpreise in die Höhe. Der Monatsbericht des Regierungspräsidiums zu Köln an das königliche Zivilkabinett in Berlin von Dezember 1845/ Januar 1846 meldete: »*In den Städten wird es bei der herrschenden Teuerung aller Lebensbedürfnisse auch dem Mittelstand schwer, das Notwendige für seinen Unterhalt zu beschaffen, während die Klasse der Tagelöhner und unbemittelten Einwohner teilweise schon in wirkliche Not gerät.*«[26] Am schlechtesten ging es den Webern. Das Jahreseinkommen einer Spinnerfamilie lag damals bei 30 Talern, das einer Weberfamilie bei 60 Talern, das Existenzminimum für eine Familie mit drei Kindern lag jedoch bei 100 Talern.[27] Am 4. Juni 1844 demonstrierten die Weber vor dem Haus eines Fabrikanten im schlesischen Peterswaldau und forderten höhere Löhne. Als ihre Forderungen abgelehnt wurden, erstürmten sie das Fabrikgelände und zerstörten die Maschinen. Der Fabrikant floh. Am nächsten Tag, als die Weber vor einer anderen Fabrik demonstrierten, griff das Militär ein. Der Offizier ließ schießen: »*Elf Menschen, darunter Frauen und Kinder, sanken tot und 24 schwerverwundet zu Boden. ... Über 100 Weber wurden verhaftet und dem Breslauer Oberlandesgericht überstellt. Über 80 Angeklagte wurden insgesamt 203 Jahre Zuchthaus, 90 Jahre Festungshaft und 330 Peitschenhiebe verhängt.*«[28] Oberster Gerichtsherr und daher verantwortlich war der »Romantiker« Friedrich Wilhelm IV.

Im Europa außerhalb Deutschlands ging es stürmischer zu, dort war die demokratische Bewegung erfolgreicher. In der Schweiz, in Italien und Frankreich stand das Volk auf. Es begann im Januar 1848 in Italien. Dort wurde König Ferdinand gezwungen, dem Königreich beider Sizilien eine Verfassung zu gewähren. Im Februar 1848 wurde in Turin König Karl Albert gleichfalls gezwungen, dem Königreich Sardinien eine Verfassung zu gewähren. Eine neue Verfassung erhielt auch die Toskana. Im Februar 1848 brach schließlich in Paris die Revolution aus und zwang König Louis Philippe zum Rücktritt, worauf die Republik in Frankreich ausgerufen wurde. Metternich stellte fest, die Februarrevolution in Frankreich »*überstürzte die bevorstehende deutsche Revolution.*«[29]

In Deutschland und Österreich schlossen sich Könige und Fürsten zur Abwehr der demokratischen Bestrebungen zusammen. Der russische Zar versprach, ihnen mit einem Heer von

450.000 Mann beizustehen. Von Gewaltlosigkeit war ihrerseits nicht die Rede. Überall im Land brodelte es.

In Wien forderte am 13. März 1848 eine Menschenmenge »*Freiheit, Konstitution, Nieder mit der Regierung*«. Als das Militär von der Schußwaffe Gebrauch machte, kam es zu blutigen Kämpfen, bis der König eine Verfassung versprach. Geschichtsbücher erwähnen die Opfer selten oder überhaupt nicht.

In Berlin kam es seit dem 6. März 1848 zu verschiedenen Volksversammlungen, in denen eine Verfassung und demokratische Rechte gefordert wurden. Seit dem 13. März wurde ostentativ Militär, selbst Kanonen an verschiedenen Punkten der Stadt postiert. »*Am Abend des 14. März herrschte in Berlin ein Militärterror ... Kavallerie jagte in die Brüderstraße hinein und hieb wahllos auf die Passanten ein. Die Bewohner der Brüderstraße, Geschäftsleute und Fabrikanten, schilderten in einem Protestschreiben an den Innenminister diese empörenden Exzesse.*«[30] Am 17. März wurde auf Versammlungen beschlossen, am 18. März zum Schloß zu ziehen. Dort wurden vom Magistrat und den Berliner Stadtverordneten die Wünsche der Bevölkerung vorgetragen. Auf dem Schloßhof waren Truppen zusammengezogen. Der König verlas vom Balkon des Schlosses eine Erklärung, in der eine Reform des Deutschen Bundes, Pressefreiheit und Beseitigung der Zollschranken in Deutschland versprochen wurde. Aus der Menge wurde gerufen: »*Die Soldaten fort! Das Militär zurück!*«

Das Militär erhielt jedoch den Befehl, den Schloßplatz zu räumen, zwei Schüsse fielen. Das war der Beginn eines Barrikadenkampfes. König Friedrich Wilhelm IV. ließ seine »lieben Berliner« mit Kanonen beschießen. Doch das Heer konnte den Widerstand der Bürger nicht brechen. Der König mußte seine Soldaten am Vormittag des 19. März aus Berlin abziehen lassen. Carl Schurz, der erst in die Schweiz, dann nach Amerika emigrierte, schildert in seinen Lebenserinnerungen den Triumph der Revolution: »*Endlich am Nachmittage von Sonntag, den 19. März, als General Möllendorf von den Aufständischen gefangen genommen worden, wurde der Rückzug der Truppen angeordnet. Es wurde Friede gemacht mit dem Verständnis, daß die Armee Berlin verlassen und daß Preußen Preßfreiheit und eine Konstitu-*

tion haben solle auf breiter demokratischer Grundlage. Nachdem das Militär aus Berlin abmarschiert war, geschah etwas, das an wuchtigem dramatischen Interesse wohl niemals in der Geschichte der Revolution übertroffen worden ist. Stille, feierliche Züge von Männern, Frauen und Kindern bewegten sich dem königlichen Schlosse zu. Die Männer trugen auf ihren Schultern Bahren mit den Leichen der in der Straßenschlacht getöteten Volkskämpfer – die verzerrten Züge und die klaffenden Wunden der Gefallenen unbedeckt, aber mit Lorbeer, Immortellen und Blumen umkränzt. So marschierten diese Züge langsam und schweigend in den inneren Schloßhof, wo man die Bahren in Reihen stellte – eine grausige Leichenparade –, und dazwischen die Männer, teils noch mit zerrissenen Kleidern und pulvergeschwärzten und blutbefleckten Gesichtern und in den Händen die Waffen, mit denen sie auf den Barrikaden gekämpft; und bei ihnen Weiber und Kinder, die ihre Toten beweinten. Auf den dumpfen Ruf der Menge erschien Friedrich Wilhelm IV. in einer oberen Galerie, blaß und verstört an seiner Seite die weinende Königin. ›Hut ab!‹ hieß es, und der König entblößte sein Haupt vor den Leichen da unten. Da erklang aus der Volksmasse heraus eine tiefe Stimme und begann den Choral: ›Jesus meine Zuversicht‹ und alles stimmte ein in den Gesang. Als er beendigt war, trat der König mit der Königin still zurück, und die Leichenträger mit ihrem Gefolge schritten in grimmer Feierlichkeit langsam davon.«[31]

Insgesamt forderte der Einsatz der Armee »303 Tote (einschließlich der an Verwundungen Verstorbenen) und zahlreiche Verletzte«.[32]

Bei den Diskussionen um den Abriß des Palastes der Republik der DDR und den Wiederaufbau des Schlosses an seiner Stelle wird dieser Ereignisse nicht gedacht. Es macht nichts, daß König Friedrich Wilhelm IV. »seine Berliner« mit Kanonen beschießen ließ und sein Versprechen, den Bürgern demokratische Rechte zu gewähren, brach. Wichtig ist, das Schloß des Königs wieder aufzubauen und die DDR zu delegitimieren.

König Friedrich Wilhelm IV. Soldaten schossen nicht nur in Berlin auf Demonstranten. Sie waren an vielen Orten im Einsatz. So am 31.7. 1848 in Schweidnitz in Schlesien, wo es 11 Tote und 24 Verwundete gab.[33] Im Mai 1849 bekämpften preußische Truppen als Verstärkung für sächsische Soldaten in Dresden die Demokraten. Sie bekämpften u. a. auch Richard Wagner und Gottfried Semper.[34] Am 9. Mai standen preußische Soldaten in Düsseldorf, Elberfeld, Iserlohn und Solingen im Kampf gegen dortige Bürger und ihre Landwehr.[35] In Hagen, Neuß, Prüm standen 20.000 preußische Soldaten schlecht bewaffneten Arbeitern gegenüber.[36] In der Pfalz und in Baden fanden im Juli 1849 die letzten Kämpfe statt. Thomas Nipperdey berichtet über die preußischen Truppen: *»Mit Standgerichten und Todesstrafen, Hochverratsprozessen und Zuchthaus setzten sie Ruhe und Ordnung durch; in der Festung Rastatt wurde jeder Zehnte erschossen. Obwohl es auch einen revolutionären Terror gegeben hat und viele ›wüste Maulhelden‹ – dieser Gegenterror wurde zur langdauernden Erfahrung und Erinnerung des badischen Volkes, er löste eine ungeheure Erbitterung aus, er schloß anscheinend auf lange eine innere Befriedung aus. ›Schlaf, mein Kind, schlaf leis – dort draußen geht der Preiß – wir alle müssen stille sein – als wie dein Vater unterm Stein.‹*[37]

Preußens Könige gaben freiwillig keinen Deut ihrer Macht auf, lieber ließen sie schießen.

Als unlängst Brandenburg feierlich das Preußenjahr beging, wurde an die Toten, die für Einigkeit und Freiheit gestorben waren, nicht erinnert, da standen die preußischen Tugenden im Vordergrund. Was war schließlich die Verfolgung der Demagogen im Biedermeier gegen die »zweite deutsche Diktatur«?

Zum Vergleich: In dem *»Report der Untersuchungskommission zu den Ereignissen vom 7. und 8. Oktober 1989 in Berlin«* heißt es über die Opfer der Demonstration: *»In den Einrichtungen des Berliner Gesundheitswesens wurden 58 Geschädigte mit 113 Verletzungen behandelt. 19 Frauen, 39 Männer im Alter zwischen 16 und 50 Jahren. 7 Patienten mußten stationär behandelt werden.«*[38]

Die Periode der Reaktion 1850-1871

Nachdem auf diese Weise die Revolution niedergeschlagen worden war, herrschte in Preußen die Reaktion. Nipperdey schildert: *»Ein Polizeisystem entstand, für das der Berliner Poli-*

zeipräsident zur berühmt-berüchtigten Symbolfigur wurde. Prozesse gegen Kommunisten und Demokraten, – Waldeck (ein Demokrat, der Verf.) *freilich wurde von den Gerichten freigesprochen; ein Überwachungssystem mit Spitzeln und Agenten, das, groteske Übersteigerung, weder vor den Gerlachs* (konservative Politiker, der Verf.) *noch vor dem Thronfolger, ja nicht einmal vor dem König selbst Halt machte; Kontrolle der Presse über Zensur, Konzessionszwang, eine eigene Presse und Steuern einerseits, eine eigene Pressepolitik andererseits.«*[39]

Wenn Friedrich Wilhelm IV. ein Spitzelsystem unterhält, ist es natürlich etwas ganz anderes, als wenn ein Honecker das tut.

In den heutigen deutschen Geschichtsbüchern wird Friedrich Wilhelm IV. etwa so dargestellt wie im dtv-Lexikon: »*Geprägt durch die Romantik, verstand er das Amt des preuß. Königs als Mittelpunkt aller christlich-ständischer Traditionen und Reformbestrebungen und als das des Feldherrn in einem verstärkten Dt. Bund unter Österreichs polit. Führung. F. Wilhelm war künstlerisch und wissenschaftlich begabt, doch war seine Politik häufig widerspruchsvoll.*«[40] Kein Wort zum Weberaufstand, zur Berliner Revolution, kein Wort über die Opfer des Militärs und der Gerichte. Vergangenheitsbewältigung gilt nur für die »Delegitimierung« der DDR, Monarchen und Adlige bleiben legitim. Friedrich Wilhelm IV. wird lediglich »politischer Romantiker« genannt.[41]

Ein markantes Beispiel für die Moral des »politischen Romantikers« ist der Brief des Preußenkönigs an seinen Ministerpräsidenten Freiherrn von Manteuffel vom 11. November 1850:

»*Bellevue 11. November 1850*

Bester Manteuffel. Ich habe den Kinkelschen Fluchtbericht gelesen. Dies hat mich auf einen Gedanken gebracht, den ich nicht gerade unter die lauteren klassifizieren will. Nämlich den, ob Stieber nicht eine kostbare Persönlichkeit ist, das Gewebe der Befreiungsverschwörung zu entfalten und dem preußischen Publikum das lange und gerecht ersehnte Schauspiel eines aufgedeckten und (vor allem) bestraften Komplotts zu geben? Eilen Sie also mit Stiebers Anstellung und lassen Sie ihn sein Probestück machen. Ich glaube, der Gedanke ist folgenreich, und ich lege großen Wert auf seine sofortige Realisierung. Niebuhr erinnert Sie in meinem Namen an

das Wichtigste, was uns dermalen obliegt, an den englischen Allianzversuch durch Radowitz und Bunsen – Moses und Aaron. Es ist keine Minute zu verlieren. Verbrennen Sie dieses Blatt.
Vale!
Friedrich Wilhelm«[42]

Zur Erläuterung: Gottfried Kinkel war ein preußischer Dichter, der als Demokrat am badisch-pfälzischen Aufstand teilgenommen hatte und 1849 zu lebenslanger Festungshaft verurteilt worden war. Er wurde 1850 aus der Festung Spandau befreit und floh nach England. Stieber war Chef der preußischen Polizei. Er war 1852 Hauptzeuge im Kölner Kommunistenprozeß und Mitverfasser des Buchs »*Die Communistenverschwörungen des neunzehnten Jahrhunderts*«.

Briefe dieser Art hinterließen die unromantischen »Machthaber« der DDR nicht, in den politischen Prozessen der DDR wurden auch keine gefälschten Dokumente verwendet wie seinerzeit in Köln. Das alles macht nichts. Es bleibt dabei, die erste deutsche Diktatur begann 1933.

Preußen hatte 1850 eine Verfassung erhalten. Sie war ein Ergebnis der Revolution und ein Fortschritt. Sie war dennoch nicht das, was 1848 mit der Revolution gewonnen werden sollte. Sie war eine »oktroyierte« Verfassung, die dem Volk aufgezwungen wurde. Der König herrschte von da an nicht mehr absolut, aber die Regierung wurde von ihm ernannt. Nur die Gesetzgebungsbefugnis lag nicht mehr bei ihm. Sie wurde vom Parlament ausgeübt, das, wie Uwe Wesel schreibt, »*vorsichtshalber aus zwei Kammern bestand*«.[43] Eine Kammer, das Herrenhaus, war der königlichen Familie, hohen Adligen und reichen Bürgern vorbehalten. Die zweite Kammer wurde in einem Drei-Klassen-Wahlrecht gewählt. Die drei Klassen richteten sich nach der Höhe ihres Steueraufkommens. Da alle Klassen dieselbe Anzahl Abgeordnete wählten, hatten die wenigen Reichen genauso viel Abgeordnete wie die vielen Armen. Demokratie war das zweifellos nicht. Die Forderungen nach Gleichheit und Freiheit hatte die oktroyierte Verfassung also nicht erfüllt und folglich auch nicht den Ruf nach ihnen verstummen lassen. Das Wahlrecht konnte keine positiven Ergebnisse bringen. Die Wahlbeteiligung war in allen drei Klassen gering, sie fiel von der ersten zur dritten Klasse ab. 1866, als sie am höchsten war, betrug sie in der ersten Klasse 60,4 %, in der zweiten 47,5 % und in der dritten 27,6 %. Warum sollen die Leute zur Wahl gehen, wenn sie ohnehin nichts ausrichten konnten? Das ist im gegenwärtigen Rechtsstaat nicht anders als im damaligen.

Paul Börner sagte rückblickend: »*Doch leider ist unsere Revolution nur eine halbe gewesen, und alle die finsteren Mächte, von denen wir versäumt hatten, uns zu befreien, fanden sich wieder ein und kämpften mit erneuten Hoffnungen erneuten Kampf.*«[44] In einem »*Bundesreaktionsbeschluß*« wurden die deutschen Bundesstaaten 1851 verpflichtet, »*die strafrechtliche Unterdrückung aller Zeitungen und Zeitschriften sicherzustellen, ›welche atheistische, socialistische oder communistische oder auf den Umsturz der Monarchie gerichtete Zwecke verfolgen‹.*«[45]

»*Die Politik der deutschen Regierungen in den 50er Jahren war die Politik der ›Reaktion‹*«, schreibt der Historiker Thomas Nipperdey und setzt Reaktion in Anführungszeichen.[46] Das muß man wohl nicht tun. Günter Vogler und Klaus Vetter stellen mit einem Zitat von Friedrich Wilhelm IV. den Preußen-Staat in einem anderem Licht dar. Der König sprach: »*Wie gegen Demokraten nur Soldaten helfen, so gegen Revolution nur handelnde Fürstenmacht von Gottes Gnaden*«.[47]

Von Gottes Gnaden war Erich eben nicht.

Nicht alle »Demagogen« wurden von den adligen Potentaten – heute würde man sie Machthaber nennen – ermordet oder ins Gefängnis geworfen, vielen gelang es zu emigrieren. Es war die erste deutsche Emigrationswelle, die die politische Verfolgung durch die Reaktion ausgelöst hatte. Die Namen können sich mit den DDR-Dissidenten aus Literatur und Kunst wie Wolf Biermann, Bärbel Bohley, Sarah Kirsch, Erich Loest, Monika Marohn, Lutz Rathenow u. a. wohl durchaus messen. Heute weiß man allerdings nicht, was von ihnen in 100 Jahren noch geblieben sein wird, man kann es nur ahnen. Von den vor den deutschen Fürstenhäusern geflohenen Emigranten spricht man noch heute. Zu ihnen gehörten Georg Büchner, Hugo Hoffmann v. Fallersleben, Georg Forster, Ferdinand Freiligrath, Heinrich Heine, Georg Herwegh, Georg Büchner, Karl Marx, Friedrich Engels, Richard Wagner, Georg Weerth. Auch Schiller mußte aus Deutschland nach Deutschland fliehen. Die Bücher von Gutzkow, Mundt, Laube, Heinrich Heine und Wienbarg wurden vom damaligen Bundestag verboten. August Heinrich Hoffmann, der Dichter des Deutschlandliedes, wurde aus politischen Gründen als Professor abgesetzt und mit Ausweisung bedroht.

Recht und Freiheit im Kaiserreich

Die industrielle Revolution veränderte im Laufe des 19. Jahrhunderts die politische Szene. Die wachsende Arbeiterklasse meldete sich immer stärker als politische Kraft. 1863 hatte Lassalle den Allgemeinen Deutschen Arbeiterverein gegründet. In Eisenach wurde vom 7. bis 9. August 1869 die Sozialdemokratische Arbeiterpartei gegründet. In Gotha schlossen sich beide auf einem Einigungsparteitag (23. bis 27. Mai 1875) zusammen.

Die Ideen von Marx und Engels ergriffen immer mehr Menschen. Die Furcht vor dem Gespenst des Kommunismus, von dem Marx im Kommunistischen Manifest von 1848 gesprochen hatte, ging immer stärker bei den herrschenden Adligen, Grundbesitzern und Unternehmern um. Das war in Frankreich nicht anders als in Deutschland. Kaiser Napoleon III. suchte vor innenpolitischen Schwierigkeiten sein Heil in einem Krieg mit Deutschland. Er hatte seine Macht über- und die der deutschen Truppen unterschätzt. Sie drangen bis Paris vor und schlossen es ein. Am 18. Januar 1871 wurde der König von Preußen zum deutschen Kaiser Wilhelm I. ausgerufen. Die französische Regierung sah sich am 28. Januar genötigt, um einen Waffenstillstand zu bitten. Das Volk von Paris wollte sich jedoch nicht ergeben. Es riß die Macht an sich und führte Wahlen durch, in deren Ergebnis am 28. März 1871 die Pariser Kommune proklamiert wurde. Dem Deutschen Reich und seinem Kaiser standen die französischen Feinde näher als die Pariser Arbeiter. Er ließ die gefangenen französischen Soldaten frei, damit sie ihrem Kaiser helfen konnten, die Revolution niederzuschlagen. Vom 21. Mai bis 28. Mai 1871 erstürmten sie Paris und richteten unter den

Kommunarden ein Blutbad an, dem mindestens 30.000 Menschen erlagen. Bebel verkündete später im Reichstag, »*daß ehe wenige Jahrzehnte vergehen, der Schlachtruf des Pariser Proletariats: ›Krieg den Palästen, Friede den Hütten, Tod der Not und dem Müßiggang!‹! der Schlachtruf des gesamten europäischen Proletariats wird*«.[48] Solidarität herrschte bei den Unterdrückern wie bei den Unterdrückten.

1867 hatte Bismarck in Preußen das allgemeine Wahlrecht eingeführt, 1871 setzte er dasselbe im Deutschen Reich durch. Frankreich war 1848 schon vorausgegangen. Bismarck hatte geglaubt, die Arbeiter gegen die liberalen Bürger mobilisieren zu können. Er hatte sich verkalkuliert, die Arbeiter wählten sozialdemokratisch. Die Zahl der bei den allgemeinen Wahlen für die Sozialdemokraten abgegebenen Stimmen stieg von 102.000 (1871) auf 352.000 (1874) und nach dem Einigungsparteitag 1877 auf 493.000.[49] Der »eiserne Kanzler« beschloß, dieser neuen Gefahr ein Ende zu machen. Zwei Attentate auf den Kaiser lieferten den gewünschten Vorwand für harte Maßnahmen.

Im Mai 1878 schoß der Klempnergeselle Hödel auf Kaiser Wilhelm. Er war einen knappen Monat vorher aus der SPD ausgeschlossen worden. Bismarck benutzte das folgenlose Attentat, um *gegen das weitere Anwachsen ›der bedrohlichen Räuberbande, mit der wir gemeinsam unsere Städte bewohnen‹ vorzugehen*«[50]. Der Reichstag lehnte jedoch das Gesetz ab. Kurz darauf schoß ein Dr. Nobiling mit einer Schrotflinte auf den Kaiser und verletzte ihn. Diese Tat genügte Bismarck, um den Reichstag aufzulösen. Der neu gewählte Reichstag akzeptierte nunmehr am 19. Oktober 1978 das als Sozialistengesetz bekannte Ausnahme- sowie weitere Gesetze gegen die Sozialdemokraten.

Bismarck hatte am 17. September an die Wand gemalt, was Deutschland unter den Sozialisten passieren würde: »*Ja, meine Herren, wenn wir in einer solchen Weise unter der Tyrannei einer Gesellschaft von Banditen existieren sollen, dann verliert jede Existenz ihren Wert (Bravo! rechts), und ich hoffe, daß der Reichstag den Regierungen, dem Kaiser ... zur Seite stehen werde! Daß bei der Gelegenheit vielleicht einige Opfer des Meuchelmordes unter uns noch fallen werden, das ist ja wohl noch möglich, aber jeder, dem das geschehen könnte, mag eingedenk sein, daß er zum Nutzen, zum großen Nutzen seines Vaterlandes auf dem Schlachtfeld der Ehre bleibt! (Lebhaftes Bravo rechts).«*[51]

So wurden Sozialisten schon damals verleumdet und zwar von einer Gestalt der deutschen Geschichte, der die Nachwelt nur rühmend gedenkt.

In der *»Geschichte der deutschen Sozialdemokratie«* von Joseph Rovan heißt es zu den Auswirkungen der Sozialistengesetze: *»Für die Sozialdemokraten regnete es Verhaftungen, Prozesse, Verbote«.*[52] Näheres über die Opfer, ihre Zahl, ihre Strafen erfährt man auf den 27 Seiten, die dem zwanzigjährigen Kampf gewidmet sind, nicht. Von den Wahlerfolgen wird konkreter berichtet. Susanne Miller und Heinrich Potthoff widmen 1991 in ihrer 537 Seiten langen »Kleinen Geschichte der SPD« den Sozialistengesetzen drei Seiten. Die Opfer bleiben ungenannt. So sieht Vergangenheitsbewältigung ca. 100 Jahre später selbst bei den Rechtsnachfolgern der damaligen Opfer aus.

Mehr erfährt man dagegen bei Bernt Engelmann in seinem Buch *»Die unsichtbare Tradition. Richter zwischen Recht und Macht. 1779-1918«*, darunter folgendes: *»Insgesamt wurden mehr als 260 Sozialdemokraten zu Gefängnisstrafen verurteilt, nach Verbüßung ihrer Strafe meist aus ihrem Wohnort ausgewiesen und unter Polizeiaufsicht gestellt. In Leipzig, wo es bei der Ausweisung des Tischlers und Parteifunktionärs Richard Schumann eine tätliche Auseinandersetzung mit Polizeibeamten in Zivil gegeben hatte, die gewaltsam in die Wohnung eingedrungen waren, ohne sich sogleich als Polizisten zu erkennen zu geben, kamen zur Anklage wegen Geheimbündelei noch solche wegen Aufruhrs, Landfriedensbruchs, Widerstands und Körperverletzung sowie im Fall Schumanns wegen Rädelsführerschaft, weil er seine Nachbarn zu Hilfe gerufen hatte. Elf Angeklagte wurden zu zusammen 25 Jahren, Schumann zu vier Jahren Zuchthaus verurteilt, starb aber schon kurz darauf im Gefängnis, vermutlich an den erlittenen Mißhandlungen; ein weiterer Verurteilter fiel wenig später in Wahnsinn.«*[53]
Wie man sieht, sind die Rechtsnachfolger nicht immer die Gesinnungsnachfolger.

Als Rechtsstaat gilt das deutsche Kaiserreich dennoch, Unrechtsstaat wurde es nie genannt und Diktatur erst recht nicht. Der Rechtshistoriker Blasius schreibt: »*Die Normen des Rechtsstaats, die auch auf die Fassung des politischen Strafrechts abfärbten, sollten jedoch im Deutschen Reich keine Gewähr für eine Mäßigung des Staats im Umgang mit seinem politischen Gegner bieten.*«[54] Und: »*Justiz und Staatsverbrechen müssen im Deutschen Kaiserreich von der Unterdrückungsgeschichte der politischen Arbeiterbewegung aus angegangen werden.*«[55] Und: »*In den in der Zeit der Sozialistengesetze geführten politischen Prozessen begegnen wir zweifellos Justizwillkür und Rechtsbeugung ...*«[56] Man erfährt so, rechtsstaatliche »*Justizwillkür und Rechtsbeugung*« sind kein Widerspruch in sich.

Eine Rede wie die, die Wilhelm II. 1891 anläßlich einer Rekrutenvereidigung hielt, verändert das Bild dieses Teils der deutschen Vergangenheit bei den heutigen Rechtsnachfolgern des Deutschen Reichs nicht. Der Kaiser sprach: »*Kinder Meiner Garde! Ihr habt euch Mir mit Leib und Seele ergeben, ihr seid jetzt Meine Soldaten! ... Bei den jetzigen sozialistischen Umtrieben kann es vorkommen, dass Ich euch befehle, eure eigenen Verwandten niederzuschießen oder niederzustechen, aber auch dann müsst ihr Meine Befehle ohne Murren befolgen.*«[57] Die Majestät schreibt sich groß und die Untertanen klein. So war das.

Die Rechtsstaatlichkeit des wilhelminischen Deutschland erschöpfte sich jedoch nicht im Kampf gegen die »sozialistischen Umtriebe« – andere Feinde wurden auch bekämpft. Wilhelm II. machte das im Jahr 1900 in Bremerhaven deutlich, als er Truppen des Expeditionskorps verabschiedete, das an der Niederschlagung des sogenannten Boxeraufstandes in China teilnehmen sollte: »*Kommt ihr vor den Feind, so wird derselbe geschlagen! Pardon wird nicht gegeben! Gefangene werden nicht gemacht! Wer Euch in die Hände fällt, sei Euch verfallen! Wie vor 1000 Jahren die Hunnen unter ihrem König Etzel sich einen Namen gemacht, der sie noch jetzt in Überlieferung und Märchen gewaltig erscheinen läßt, so möge der Name Deutscher in China auf 1000 Jahre durch Euch in einer Weise betätigt werden, daß niemals wieder ein Chinese es wagt, einen Deutschen auch nur scheel anzusehen.*«[58] Die Rede wurde Hunnenrede genannt. Auch damals kämpften die Deutschen in einer internationalen Gemeinschaft.

Das war noch nicht alles. 1904 begingen die Truppen Wilhelms II. den Völkermord an den Hereros, dem 60 – 80.000 Menschen zum Opfer fielen.

Schließlich mündete die Politik Wilhelms II. im Ersten Weltkrieg. Der Mord am österreichischen Thronfolger Franz Ferdinand in Sarajevo am 28. Juni 1914 wurde zum Vorwand für einen Krieg genutzt. Alle beteiligten Staaten wußten, greift Österreich Serbien an, wird Rußland dem Angegriffenen zu Hilfe kommen, das wird Deutschland an die Seite Österreichs bringen, worauf Frankreich und England dem Zaren zu Hilfe kommen werden. In Kenntnis dieser Konstellation schrieb Wilhelm II.: »*Mit den Serben muß aufgeräumt werden, und zwar bald*.«[59] Die Deutschen fühlten sich also schon damals zum »Aufräumen« berufen, nach dem Beitritt ergriff dieselbe Berufung, wie wir sehen werden, die Westdeutschen, als sie die DDR-Vergangenheit bewältigten.

Der erste Weltkrieg forderte 7.379.000 Menschenleben, darunter 1.796.000 Deutsche.[60] Keiner fragte, ob die Männer in den Krieg wollten, sie mußten sich in Lebensgefahr begeben, mußten sterben. Die deutsche Justiz fragte damals nicht nach Menschenrechten.

Ihr Repräsentant, Senatspräsident Max Reichert, hatte schon vor Kriegsausbruch gefordert: »*Was die Wehrmacht nach draußen ist, muß die Rechtsprechung nach innen sein!*«[61] Die Justiz folgte dieser Forderung. Engelmann berichtet: »*Insgesamt wurden im Herbst 1917 von Kriegs- und Zivilgerichten annähernd tausend Männer und Frauen zu mehrjährigen Zuchthaus- und Gefängnisstrafen verurteilt, weil sie für einen baldigen Frieden ohne weiteres Blutvergießen und ohne deutsche Ansprüche auf fremde Gebiete, für ausreichende Nahrung für alle, nicht allein für die Privilegierten, und für die Abschaffung des reaktionären Dreiklassen-Wahlrechts in Preußen und Sachsen, wo es seit 1896 nach preußischem Vorbild eingeführt worden war, sowie die Verantwortlichkeit der Regierung gegenüber dem gewählten Parlament demonstriert hatten.*«[62]

Trotz allem, der Kaiser war – im Gegensatz zu Ulbricht und Honecker – kein Diktator, und das Deutsche Reich war ein Rechtsstaat. Sozialistengesetze, Kolonialkrieg, Völkermord an den Hereros, Erster Weltkrieg, alles ist vergessen. Eine Nostalgiewelle umgibt das Kaiserhaus. Wenn ein Mitglied der (ehemals) kaiserlichen Familie stirbt, wird der Abschied in der Kaiser-Wilhelm-Gedächtniskirche zelebriert, und über das Fernsehen nimmt Deutschland ergriffen Anteil. An der Ostsee badet der Deutsche stolz in »Kaiserbädern«. Ist das alles bedeutungslos, oder läßt sich darin eine politische Tendenz erkennen?

Recht und Freiheit in der Weimarer Republik

Auch in der Weimarer Republik sah die Justiz rot, wenn es um Kommunisten, linke Sozialdemokraten oder Pazifisten ging. Die Novemberrevolution 1918 war genauso erfolgreich oder erfolglos wie die Märzrevolution 1848. Genau wie diese triumphierte sie und erreichte ihr Ziel dennoch nicht. Der Kaiser war geflohen, aber die Generale, die Beamten, die Richter und die Wirtschaftskapitäne hielten die Stellung. Der DDR-Historiker Wolfgang Ruge resümiert, daß *»sich der junkerlich-bürgerliche deutsche Imperialismus in einen bürgerlich-junkerlichen Imperialismus«*[63] verwandelt hatte. Der Historiker und Publizist Sebastian Haffner sagt in seinem Buch mit dem bezeichnenden Titel *»Der Verrat. 1918/1919 – als Deutschland wurde, wie es ist«*: *»Die deutsche Revolution von 1918 war eine sozialdemokratische Revolution, die von sozialdemokratischen Führern niedergeschlagen wurde: ein Vorgang, der in der Weltgeschichte kaum seinesgleichen hat.«*[64]

An die Bewältigung der monarchistischen Vergangenheit dachte man nicht. Der Versailler Vertrag, der 1919 den Ersten Weltkrieg völkerrechtlich beendete, hatte in seinen Artikeln 227 bis 230 Deutschland zur Bestrafung von Kriegsverbrechern verpflichtet. Wilhelm II. sollte *»wegen schwerster Verletzung des internationalen Sittengesetzes und der Heiligkeit der Verträge unter öffentliche Anklage«* gestellt werden. Das scheiterte, weil die Niederlande den Ex-Kaiser nicht auslieferten. Deutschland kam seiner Vertragsverpflichtung nicht nach. Professor Gustav Radbruch, der jetzt bei den höchsten deutschen Gerichten so beliebt gewordene Erfinder der Radbruchschen Formel, sprach in diesem Zusammenhang *»von einer schweren Belastung des Reichs-*

gerichts«⁶⁵. Heute wird von der Schuld Wilhelm II. kaum noch gesprochen. Eine Ausnahme ist der Artikel *»Eine Schuld ohne Sühne«* in *Die Zeit* vom 16. August 1996. Das Reichsgericht gilt im übrigen als makelloses Aushängeschild des deutschen Rechtsstaates.

Die Justiz der Weimarer Republik bestand aus den Richtern und Staatsanwälten des Kaiserreichs. Prozesse gegen des Kaisers Soldaten wollte sie nicht führen. Sie war monarchistisch, nicht republikanisch, sie setzte die Tradition des Sozialistengesetzes fort. Dasselbe galt für die Haltung der Polizei und des Militärs. Die Sozialdemokratie hatte sich allerdings verändert. Sebastian Haffner sagt von der SPD: *»In der Bismarck-Zeit war sie, wenigstens in ihrer Selbsteinschätzung, die Partei der roten Revolution. Zwischen 1890 und 1914 war sie nur noch in Worten revolutionär; heimlich hatte sie begonnen, sich als Bestandteil des Wilhelminischen Deutschland zu fühlen. Von 1914 an wurde diese Wandlung offenbar.«⁶⁶* An die Stelle der Sozialdemokraten waren die Kommunisten getreten. Karl Liebknecht, Rosa Luxemburg u. a. hatten die Partei wegen ihrer Haltung zu den Kriegskrediten verlassen und den Spartakusbund sowie schließlich die Kommunistische Partei Deutschlands gegründet. Sie war der Hauptfeind der Justiz. Der Reichskanzler Joseph Wirth von der katholischen Zentrumspartei mochte auf die Abgeordneten der äußersten Rechten weisen und sagen: *»Da steht der Feind, und darüber ist kein Zweifel: dieser Feind steht rechts!«⁶⁷* Die Richter und Staatsanwälten sahen das anders, ganz anders, für sie stand der Feind links. Kirchheimer sagte von der Justiz, sie sei, vorsichtig ausgedrückt, republikfeindlich gewesen.

Politische Justiz hatte Hochkonjunktur. Der Mathematiker Otto Julius Gumbel wies das 1921 nach *»am Beispiel der politischen Morde seit dem 9. November 1918. 314 waren es von rechts, 13 von links. Für die von links hatte die Justiz achtmal die Todesstrafe ausgesprochen und insgesamt 176 Jahre Freiheitsstrafe, für die von rechts keine Todesstrafe, sondern nur insgesamt 31 Jahre Freiheitsstrafe und einmal lebenslange Festungshaft. Das ergibt für jeden Mord von links etwa 29 Jahre, für jeden von rechts zwei Monate, was nicht nur in der parteilichen Rechtsprechung der Gerichte seine Ursache hat, sondern auch darin begründet war, daß*

Polizei und Staatsanwaltschaft bei Straftaten von rechts unzulänglich ermittelten und oft gar keine Anklage erhoben worden war.« [68] Gumbels Angaben wurden von Gustav Radbruch überprüft, als dieser 1924 Reichsjustizminister war. Seine Untersuchung bestätigte Gumbels Angaben.[69]

Politische Justiz hatte Hochkonjunktur und wirkte gegen links. Allein in den drei Monaten vom 1. Dezember 1924 bis zum 28. Februar 1925 wurden 1.694 Personen wegen kommunistischer Betätigung verurteilt.[70] Mehr als 10.000 Ermittlungsverfahren fanden von 1924 bis 1927 wegen angeblichen Hoch- und Landesverrats statt, in denen 1.071 Personen verurteilt wurden. Demgegenüber hatte es im Kaiserreich in den 31 Jahren von 1882 bis 1913 nur 32 Verfahren dieser Art gegeben.[71] Insgesamt wurden nach einer Mitteilung von Wilhelm Pieck auf der 1. Reichstagung der Roten Hilfe Deutschlands (RHD) nur in der Zeit vom 1. Januar 1924 bis zum 30. April 1925 konkret 981 Prozesse gegen 7.000 Kommunisten durchgeführt, von denen 5.768 verurteilt wurden.[72] Kurt Tucholsky schrieb 1922 über die Urteile in politischen Prozessen: *»Die Sprüche sind da – die Sprüche sind falsch – und sie haben dafür einzustehen! ... Wir haben es satt. Herr Radbruch, der Justizminister, kann nicht helfen – denn was vermag einer gegen so viele?«*[73] Neun Jahre später wurde der Chefredakteur der *Weltbühne*, Carl von Ossietzky, wegen eines Artikels in der *Weltbühne* mit dem Titel »*Windiges aus der deutschen Luftfahrt*«, der die Wiederaufrüstung der Reichswehr enthüllte, vom Reichsgericht zu 18 Monaten Gefängnis verurteilt. Das Berliner Kammergericht lehnte durch Beschluß vom 11. Juli 1991 einen Antrag auf Wiederaufnahme des Verfahrens ab, der Bundesgerichtshof bestätigte durch Beschluß vom 3. Dezember 1992 diese Entscheidung aus Rechtsgründen[74]. Das Recht ist heute wie damals ein unüberwindliches Hindernis, wenn Menschen wie Ossietzky geholfen werden soll – selbst noch nach ihrem Tod. Wieder kein Indiz, wo der heutige Staat steht? Er steht nicht bei den Freunden, sondern bei den Feinden von Ossietzky.

Auch in einem Strafverfahren gegen den Maler und Zeichner George Grosz zeigte das Reichsgericht seine politische Haltung. Der Künstler war wegen Zeichnungen, die Christus am Kreuz mit Soldatenstiefeln und Gasmaske zeigten, vom Schöffengericht wegen Gotteslästerung 1921 zu 2.000 Mark Geldstrafe verurteilt worden. Auf seine Berufung sprach ihn das Landgericht frei. Das Reichsgericht hob das freisprechende Urteil wieder auf. Wegen einer anderen Christusdarstellung war die Nazizeitschrift »Der Stürmer« von der Polizei verboten worden. Hier hob das Reichsgericht das Verbot auf. Es fand, daß eine »*Beschimpfung oder Verächtlichmachung einer Religionsgemeinschaft*«[75] nicht vorgelegen habe.

Kurt Tucholsky schrieb 1929: »*Die kalte Härte des Reichsgerichts in allen Sittenfragen, seine völlige Verständnislosigkeit den Forderungen des Lebens gegenüber, seine scheinbare Objektivität, die nie eine gewesen ist, gibt uns das Recht, dieser Richterkaste jede Qualifikation zur moralischen Erziehung des Volkes abzusprechen.*«[76] So war das Reichsgericht aus der Sicht von Tucholsky, und wie wird es heute gesehen?

Unter den Nazis setzte das höchste deutsche Gericht den von ihm in der Weimarer Republik eingeschlagenen Weg konsequent fort. Dies kam insbesondere in seiner Rechtsprechung zum »*Gesetz zum Schutz des deutschen Blutes und der deutschen Ehre vom 15.9.1935*« zum Ausdruck. Das Gesetz verbot die Eheschließung »*zwischen Juden und Staatsangehörigen deutschen oder artverwandten Blutes*« und erklärte in seinem § 2: »*Außerehelicher Verkehr zwischen Juden und Staatsangehörigen deutschen oder artverwandten Blutes ist verboten.*« Für Zuwiderhandlungen wurde Zuchthausstrafe angedroht. Das Reichsgericht legte das Tatbestandsmerkmal »außerehelicher Verkehr« auf seine Art aus. Professor Werle sagte dazu: »*Geleitet vom ›gesunden Volksempfinden‹ und der zielbewußten Rassenpolitik‹ hielt das Reichsgericht zum Schutze der ›Rassenehre des deutschen Volkes‹ nicht einmal eine körperliche Berührung der Beteiligten für zwingend erforderlich. So kam vollendete Rassenschande schon dann in Betracht, wenn eine Prostituierte sich vor dem Mann entkleidete und unter ›Hin- und Herbiegen ihres Körpers‹ vor ihm auf- und abging.*«[77]

Nach der Befreiung des deutschen Volkes vom Faschismus sah die bundesdeutsche Justiz das Reichsgericht anders, als es Tucholsky gesehen hatte, und nahm auch dessen Rechtsprechung zum Blutschutzgesetz der Nazis nicht tragisch. 1954 sagte der Staatssekretär im Bundesjustizministerium, Walter Strauß, zur Feier des 75. Geburtstages des höchsten deutschen Gerichts aus der Zeit von Kaiser Wilhelm bis Adolf Hitler in Karlsruhe: *»Genau so wie unsere Bundesrepublik keine Neugründung, vielmehr eine nicht nur historische, sondern unmittelbar rechtliche Fortsetzung des Deutschen Reiches darstellt, also mit dem 1867, 1870/71 geschaffenen Staat identisch ist, so sehen wir den BGH nicht als eine rechtshistorische Fortsetzung des Reichsgerichts an, sondern betrachten ihn als identisch mit dem Reichsgericht. Die fünf Jahre 1945-1950 bedeuten demgegenüber nur ein tragisches Justitium. Ihr eigenes Gericht also feiert heute seinen 75. Geburtstag.«*[78] Das Reichsgericht mit seiner unbewältigten Vergangenheit wurde also tatsächlich als eine Institution reklamiert, die der BRD gut zu Gesicht stand. Im Jahr 2000, bei der Feier des fünfzigjährigen Bestehens des BGH, erlaubte man sich das allerdings nicht wieder. Der Präsident des BGH erklärte vielmehr, der BGH lebe nicht mehr *»aus alter, sondern aus neuer, eigener Wurzel«*.[79] Doch noch 1994 hatte der damalige BGH-Präsident Odersky den ersten Präsidenten des BGH, Weinkauf, dafür gelobt, daß es ihm zu danken sei, *»daß die Senate des BGH in der Arbeitstechnik und in der Gestaltung der Voten und Urteile an das vom Reichsgericht hoch ausgebildete Niveau anknüpften«*.[80] Die Aufarbeitung der ersten deutschen Diktatur fällt ersichtlich schwer. Man will, oder richtiger: man muß sich distanzieren, man will es aber eigentlich nicht.

Die Verfolgung der Kommunisten außerhalb der Justiz unter Duldung der Justiz war in der Weimarer Republik noch brutaler als die gerichtliche. Wieviel Tote sie verursacht hat, wird nicht mehr festzustellen sein. Engelmann führt *»mindestens 1.100 Morde und eine Vielzahl von schweren Körperverletzungen, Vergewaltigungen, Brandstiftungen und Diebstähle der konterrevolutionären Truppen* (an), *die zwischen dem 1. und 6. Mai 1919 in München und Umgebung begangen wurden«* und *»von der Justiz gänzlich ungeahndet blieben«*.[81] Gumbel spricht von 255 Einzelmorden und Massakern zwischen dem 11. Januar und dem 6. Mai 1919.[82]

Am 1. Mai 1929 wurden in Berlin 31 Demonstranten von der Polizei unter dem Kommando des sozialdemokratischen

Polizeipräsidenten Zörgiebel erschossen, mehr als 1.000 verhaftet.[83]

Bei den Reichspräsidentenwahlen im Jahr 1932 forderte die SPD ihre Anhänger zur Wahl von Hindenburg auf und gab die Losung aus: »*Hitler statt Hindenburg, das bedeutet Chaos und Panik in Deutschland und ganz Europa, äußerste Verschärfung der Wirtschaftskrise und der Arbeitslosigkeit, höchste Gefahr blutiger Auseinandersetzungen im eigenen Volk und mit dem Ausland. Hitler statt Hindenburg, das bedeutet Sieg des reaktionärsten Teils der Bourgeoisie über die fortgeschrittenen Teile des Bürgertums und über die Arbeiterklasse, Vernichtung aller staatsbürgerlichen Freiheiten, der Presse, der politischen, der gewerkschaftlichen und der Kulturorganisationen, verschärfte Ausbeutung und Lohnsklaverei. Gegen Hitler! Das ist die Losung des 13. März.*«[84] Die Losung der Kommunisten lautete: »*Wer Hindenburg wählt, wählt Hitler, wer Hitler wählt, wählt Krieg.*«[85]

Kommunistenverfolgung in der Nazizeit

Es kam, wie von der KPD angekündigt: Am 30. Januar berief Hindenburg Adolf Hitler zum Reichskanzler. Drei Monate zuvor erst hatte die NSDAP bei der Reichstagswahl zwei Millionen Wähler verloren. Mit 11.737.000 Stimmen war sie jedoch immer noch die stärkste Partei, ihr folgten die SPD mit 7.248.000, die KPD mit 5.980.000 und das Zentrum mit 5.325.000 Stimmen.

In den folgenden Wochen und Monaten jagten sich die Ereignisse. Der faschistische Terror nahm bis dahin unbekannte Ausmaße an:

Am 1. Februar 1933 wurde der Reichstag durch eine Notverordnung verfassungswidrig aufgelöst.[86] Neuwahlen wurden für den 3. März anberaumt. In einem Aufruf der neuen Regierung vom gleichen Tag wurde verkündet, daß die »Parteien des Marxismus« von jeglicher Mitbestimmung der Geschicke Deutschlands ausgeschlossen werden würden.

Am 2. Februar wurde in Preußen und vier anderen Ländern ein Demonstrationsverbot für die KPD erlassen.

Am 4. Februar erließ Reichspräsident Hindenburg die Notverordnung zum Schutz des deutschen Volkes, die eine Vielzahl von Repressionsmöglichkeiten eröffnete. So konnten politische Gegner der Regierung von der Polizei bis zu drei Monaten ohne Gerichtsbeschluß inhaftiert werden.

Goebbels erklärte am 6. Februar, es werde der Tag kommen, *»da nur mehr die Sage von den Kommunisten erzählt«.*

Am 22. Februar ordnete Göring als preußischer Innenminister an, daß etwa 50.000 Angehörige der SA, der SS und des Stahlhelms als Hilfspolizisten einzustellen sind.

Am 27. Februar brannte das Gebäude des Reichstags. Noch an der Brandstelle behaupteten Hitler, Göring und Goebbels, der Brand hätte als Signal zu einem kommunistischen Aufstand gelten sollen. Mehr als 10.000 Kommunisten, Sozialdemokraten und bürgerliche Oppositionelle wurden nach dem Brand verhaftet.

Am 28. Februar erließ Hindenburg die »Notverordnung zum Schutz von Volk und Staat«.

Am 5. März erhielten NSDAP und ihre deutschnationalen Koalitionspartner zusammen 52% der abgegebenen Stimmen, auf die SPD entfielen 18,3% und auf die KPD 12,3%.

Am 9. März annullierte die Regierung *»die 81 Mandate, die die KPD bei der Reichstagswahl trotz der gegen sie gerichteten Verfolgungs- und Unterdrückungsmaßnahmen erhalten hatte«.*[87]

Am 21. März fand ein Staatsakt in der Potsdamer Garnisonkirche statt. Hindenburg und Hitler hielten die Reden. An den Sarkophagen Kaiser Wilhelm I. und des Preußenkönigs Friedrich II. wurden Kränze niedergelegt. Prinzen und Prinzessinnen des Hauses Hohenzollern wohnten dem Staatsakt bei, der am Jahrestag der Eröffnung des ersten Deutschen Reichstags im Jahr 1871 stattfand.

Am 23. März tagte der neu gewählte Reichstag und beschloß mit Zweidrittelmehrheit das *»Gesetz zur Behebung der Not von Volk und Reich«*. Nur die noch nicht inhaftierten 94 Mitglieder der SPD-Fraktion stimmten gegen das Gesetz, das später unter dem Namen Ermächtigungsgesetz bekannt wurde. Die Abgeordneten aller bürgerlichen Parteien votierten für ihre eigene Entmachtung und die Beseitigung der Demokratie in Deutschland.

Kennzeichnend für die Haltung der SPD war das Auftreten ihrer Fraktion in der Reichstagssitzung vom 23. März 1933. In einer mutigen Rede begründete Otto Wels, der Vorsitzende der SPD, die Ablehnung des Ermächtigungsgesetzes, das Hitler unbeschränkte Vollmachten verschaffte, durch seine Partei: »*Nach den Verfolgungen, die die Sozialdemokratische Partei in der letzten Zeit erfahren hat, wird billigerweise niemand von ihr verlangen oder erwarten können, daß sie für das hier eingebrachte Ermächtigungsgesetz stimmt. Noch niemals, seit es einen Deutschen Reichstag gibt, ist die Kontrolle der öffentlichen Angelegenheiten durch die gewählten Vertreter des Volkes in solchem Maße ausgeschaltet worden, wie es jetzt geschieht (sehr wahr! bei den Sozialdemokraten) und wie es durch das neue Ermächtigungsgesetz noch mehr geschehen soll. Eine solche Allmacht muß sich umso schwerer auswirken, als auch die Presse jede Bewegungsfreiheit entbehrt.*«[88] Er fuhr jedoch fort: »*Die Zustände, die heute in Deutschland herrschen, werden vielfach in krassen Farben geschildert. Wie immer in solchen Fällen fehlt es auch nicht an Übertreibungen. Was meine Partei betrifft, so erkläre ich hier: wir haben weder in Paris um Intervention gebeten, noch Millionen nach Prag verschoben, noch übertreibende Nachrichten ins Ausland gebracht.*«[89]

Außer den SPD-Abgeordneten stimmte niemand, auch nicht die Abgeordneten des Zentrum, gegen das Ermächtigungsgesetz. Aufgearbeitet wurde das von den Nachfolgern dieser Parteien nicht. – Mehrere Wochen später stimmte die durch Verhaftungen inzwischen geschwächte Reichstagsfraktion der SPD der sogenannten Friedensresolution Hitlers zu. In solchen Äußerungen und Handlungen offenbarten sich für einfache widerstandswillige Parteimitglieder Anpassungstendenzen der Führung.[90] Der Nachkriegsvorsitzende der Berliner SPD, Franz Neumann, äußerte in einem Rundfunkinterview zutreffend: »*Im allgemeinen war zuerst wenig Widerstand da*«.[91]

Die Justiz begrüßte das neue Regime freudig. Das Präsidium des Deutschen Richterbundes erklärte bereits am 19. März 1933: »*Der deutsche Richter bringt der neuen Regierung volles Vertrauen entgegen.*«[92] Die Rechtsanwälte wollten hinter den Richtern nicht zurückstehen. Am 26. März 1933 erklärte der Vorstand des Deutschen Anwaltverein: »*Der Vorstand des Deutschen Anwaltvereins begrüßt die Erstarkung nationalen Denkens und Wollens, die sich im deutschen Volk vollzogen hat.*«[93] Im Aprilheft des Anwaltsblatts hieß es unter »*Vereinsnachrichten*«: »*Das von der nationalen Regierung in Angriff genommene große Werk der Einigung des deutschen Volkes zur vaterländischen Erneuerung fordert den rückhaltlosen Krafteinsatz aller! Der deutschen Anwaltschaft fällt die besonders hohe Aufgabe zu, dem Recht zu dienen, die Ordnung zu fördern, dem Redlichen sein Recht zu sichern und die Schwachen zu schützen, um so zur Überwindung der Zerrissenheit und zur Gesundung des Reiches beizusteuern.*« Weiter wurde mitgeteilt: »*Um eine engere Verbindung des Deutschen Anwaltvereins mit den die Reichsregierung tragenden nationalen Parteien herzustellen, habe ich Herrn Kollegen Dr. Voß, Berlin, gebeten, bis zur Neuwahl des Vorstandes sich als nationalsozialistischer Vertrauensmann bei dem Deutschen Anwaltverein zur Verfügung zu stellen.*« In den Vereinsnachrichten des Maihefts des Anwaltsblattes wurde mitgeteilt, daß Dr. Voß zum Präsidenten gewählt worden sei. Der neu gewählte Präsident erklärte: »*Ich empfehle allen Mitgliedern, die nicht rein arischer Abstammung sind, sofort aus dem Deutschen Anwaltverein und den ihm angeschlossenen Vereinen (Bezirksgruppen usw.) auszutreten.*«

Der scheidende Präsident, Dr. Rudolf Dix, begann seine Ansprache an die Abgeordnetenversammlung des Deutschen Anwaltvereins am 18. Mai 1933 mit den Worten: »*Herr Minister!* (gemeint war der Reichsjustizkommissar und Bayerische Justizminister Dr. Frank, der am 1.10.1946 wegen Kriegsverbrechen und Verbrechen gegen die Menschlichkeit vom Internationalen Militärgerichtshof in Nürnberg zum Tode verurteilt und hingerichtet werden sollte – d. Verf.) *Herr Ministerialdirektor! Meine Kampf-, Volks- und Berufsgenossen von der Abgeordnetenversammlung des Deutschen Anwaltvereins! Ich eröffne die erste Abgeordnetenversammlung nach der nationalen Erhebung mit dem Rufe: Unser geliebtes deutsches Vaterland, unser verehrter Reichspräsident, der Feldmarschall von Hindenburg, und der Führer der nationalen Bewegung, unser Volksgenosse, der Kanzler des Deutschen Reichs Adolf Hitler – Heil! – Heil! – Heil! (Die Abgeordnetenversammlung hat sich erhoben)*«.

Man hatte sich angepaßt, teils aus vollem Herzen, teils halbherzig und teils wohl auch widerwillig, aber man hatte es getan. Das war typisch für die Situation in Deutschland. Wenn schon Anwälte so handelten, die für kritisches unabhängiges Denken bekannt sind, wie sah es dann erst in anderen Berufsgruppen und Vereinen aus? Man hatte auch viereinhalb Monate später, am 30. September 1933, die Mitgliedschaft auf arische Rechtsanwälte beschränkt.[94]

Doch die Anpassung nützte dem Anwaltverein ebenso wenig wie sie anderen nützte. *»Am 27.12.1933 löste sich der Deutsche Anwaltverein durch Beschluß seiner Mitgliederversammlung [...] – selbstverständlich ohne Widerspruch – formell auf.«*[95]

Als nach der Befreiung vom Hitlerfaschismus der DAV 1947/48 wieder gegründet wurde, sah man keinen Anlaß zur Auseinandersetzung mit der Vergangenheit. Angelika Königseder kennzeichnete 2003 (!) die Situation mit den Worten: *»Die Anwaltschaft insgesamt wollte nahtlos an die Zeit vor 1933 anknüpfen. So gut es ging, blendete man die Jahre von 1933 bis 1945 aus.«* Und sie fügte hinzu: *»Noch 1971 bezeichnete ein Rezensent des Buches von Fritz Ostler ›Die deutschen Rechtsanwälte 1871 – 1971‹ das Kapitel über die Anwaltschaft in der DDR – und nicht etwa das über die NS-Zeit – als ›düsterstes‹.«*[96] Zwei Arten von Vergangenheitsbewältigung: rechte Vergangenheiten bleiben unbewältigt, linke werden überbewältigt.

Ist die Frage unberechtigt, woher die heutigen Führer der Richter, Staatsanwälte und Anwälte sowie ihre Standesgenossen das Recht ableiten, über ihre DDR-Kollegen zu Gericht zu sitzen?

Die Juristen, der Mittelstand, die Unternehmer, die Beamten und die Militärs leisteten den Nazis keinen Widerstand. Dem Terror der Nazis widersetzten sich vor allem die Arbeiter.[97] In vorderster Front standen dabei die Kommunisten. *»Die Führung der KPD sah den aggressiven innen- und außenpolitischen Kurs der neuen Regierung voraus und warnte: ›Schamloser Raub der Löhne, schrankenloser Terror der braunen Mordpest, Zertrampelung der letzten spärlichen Überreste der Rechte der Arbeiterklasse, hemmungsloser Kurs auf den imperialistischen Krieg – das alles steht unmittelbar bevor.‹«*[98]

Die KPD richtete sich als erste auf einen Kampf aus der Illegalität ein. Bereits am 6. Juni 1932 hatte das Sekretariat des ZK eine Kommission gebildet, die den Übergang in die Illegalität vorbereiten sollte.⁹⁹ Die KPD wurde dadurch »*die einzige politische Kraft der Widerstandsbewegung, die bis Mitte 1944 mit kurzen Unterbrechungen eine Landesleitung in Deutschland hatte, die, gestützt auf die Beschlüsse des Zentralkomitees und die meiste Zeit in Verbindung mit der Parteileitung im Ausland, dem Kampf der Kommunisten und der mit ihnen verbündeten Sozialdemokraten, Christen, Angehörigen der Mittelschichten und des Bürgertums Richtung und Ziel wies*«.¹⁰⁰

Von einer anderen Sicht der politischen Lage ging die Führung der SPD aus, wie dies auch aus der Haltung ihrer Fraktion im Reichstag ersichtlich war. Parteivorstand und Reichstagsfraktion der SPD erklärten in einem Aufruf vom 31. Januar 1933, »*daß der Regierung Hitler ohnehin nur eine kurze Lebensdauer beschieden sein werde*« und »*die Partei werde den Boden der Legalität nicht verlassen, solange die Regierung die verfassungsmäßigen Rechte nicht antaste*«.¹⁰¹

Widerstand gegen den braunen Terror ging also vor allem von der Arbeiterbewegung aus. Ihre beiden großen Parteien, SPD und KPD, konnten jedoch ihre Gegensätze nicht überwinden und sich nicht zu gemeinsamen Aktionen durchringen, obgleich ihre Mitglieder eine Aktion, wie etwa einen Generalstreik, erwarteten. Der amerikanische Professor Eric A. Johnson schreibt: »*Die KPD erkannte zwar die Bedrohung, sah sich jedoch isoliert. Hätte sie mit der noch immer mächtigen SPD gemeinsame Sache machen können, dann wäre der Schrecken, der schon bald in Deutschland um sich greifen sollte, vielleicht zu vermeiden gewesen. Die SPD verfügte nicht nur über enge Verbindungen zu den Gewerkschaften, ihr unterstand außerdem die disziplinierte, gut bewaffnete, 250.000 Mann starke paramilitärische Schutzorganisation* »Reichsbanner Schwarz-Rot-Gold«. [...] *Aber die SPD-Führung lehnte die wiederholten Forderungen der KPD nach einem Generalstreik und der Bildung einer Einheitsfront zum Sturz Hitlers ab.*«¹⁰²

Hitler erkannte in den Kommunisten gleichfalls seine schärfsten und entschlossensten Gegner und verfolgt sie deswegen zuerst und am brutalsten, ohne Recht und Gesetz zu beachten. Die frühen Verhaftungen von Kommunisten erfolgten auf der Grundlage von Karteien, die die politische Polizei während der Weimarer Republik angelegt hatte.[103]

Eineinhalb Jahre nach seinem Machtantritt sah sich Hitler allerdings veranlaßt, mit gleicher Brutalität gegen Gegner in seinen eigenen Reihen und in denen seiner Verbündeten vorzugehen. Am 30. Juni 1934 ließ Hitler den SA-Führer Röhm, weitere Nazis, aber auch andere unliebsame Persönlichkeiten, darunter den ehemaligen Reichskanzler Schleicher und dessen Frau, ermorden. Die genaue Zahl der Opfer ist unbekannt, Schätzungen sprechen von 1.000 Toten.[104] Polizei, Gerichte und Staatsanwaltschaften behinderten Hitler bei diesen und ähnlichen Gewalttaten nur unwesentlich und partiell. Blasius kennzeichnet die Haltung der deutschen Justiz mit den Worten: *»Stand die politische Justiz bei Hitlers Machtergreifung Pate, wurde sie nach 1933 sein Erfüllungsgehilfe bei der das Recht mißachtenden Verfolgung und Vernichtung politischer Gegner.«*[105]

Reichspräsident Hindenburg dankte Hitler in einem Telegramm vom 2. Juli 1934, *»daß Sie durch Ihr entschlossenes Zugreifen und die tapfere Einsetzung Ihrer eigenen Person alle hochverräterischen Umtriebe im Keime erstickt haben. Sie haben das deutsche Volk aus einer schweren Gefahr gerettet«*.[106] Noch heute erinnern u. a. Straßennamen in Berlin und in anderen westdeutschen Städten an diesen ehemaligen Reichspräsidenten, der Hitler zum Reichskanzler machte und ihn wegen seiner Mordtaten lobte. Symptom für die »Bewältigung« rechter deutscher Vergangenheit, Symptom für die innere Einstellung der herrschenden Kreise.

Die Gesamtzahl der Opfer der politischen Justiz und der sonstigen politischen Repression in Deutschland während der Nazizeit ist unbekannt. Nur aus begrenzten Bereichen stehen entsprechende Angaben zur Verfügung. Eine Schätzung besagt: *»200.000 Deutsche fielen dem faschistischen Terror zum Opfer«.*[107] Dazu kommen die Kriegsopfer, *»über 4 Millionen Gefallene, und etwa 410 000 Luftkriegsopfer«.*[108]

Von den politischen Gegnern des Faschismus brachten die deutschen Kommunisten zweifellos die größten Opfer für ihre

Überzeugung. Zeitzeugen und Historiker aus unterschiedlichen politischen Lagern bezeugen das. Johnson schreibt z. B.: »*1933 und 1934 befaßten sich rund 70 Prozent der Krefelder Gestapoakten mit Kommunisten*«.[109] Der katholische Publizist Eugen Kogon, der 1938 von den Nazis festgenommen worden war und von 1939 bis 1945 im KZ Buchenwald gesessen hatte, schrieb in seinem 1946 erschienenen Buch »*Der SS-Staat*«: »*Das Verdienst der Kommunisten um die KL-Gefangenen kann kaum hoch genug eingeschätzt werden. In manchen Fällen verdankten ihnen die Lagerinsassen buchstäblich die Gesamtrettung.*«[110]

Auch Müller und Potthoff bringen auf ihre Weise zum Ausdruck, daß die Kommunisten von allen Antifaschisten die größten Opfer brachten. Sie schreiben: »*Die Kommunistische Partei wurde mit Gewaltmaßnahmen und Massenverhaftungen ihrer Funktionäre unterdrückt und verfolgt, die Presse der Sozialdemokratie im Wahlkampf mit Verboten überzogen.*«[111]

Wie unterschiedlich rechte und linke Vergangenheit heute bewertet wird, hat Juraprofessor Eckhard Jesse deutlich gemacht. Er meinte: »*Die Verbrechen im Dritten Reich richteten sich in erster Linie gegen andere Völker, die in der DDR gegen die eigene Bevölkerung, deren Freiheiten die politische Führung in den unterschiedlichsten Varianten beschnitt.*«[112] Unklar bleibt, ob Jesse die Juden, die in den Gaskammern und KZ umgebracht wurden, zu den Deutschen zählt, ob er die 4 Millionen gefallenen deutschen Soldaten als Opfer der Verbrechen gegen die eigene Bevölkerung betrachtet? Unklar bleibt weiter, ob sich der Wert eines Menschenlebens für Jesse nach der Nationalität richtet, unklar bleibt, ob Jesse wirklich meint, im »Dritten Reich« seien im Gegensatz zur DDR die Freiheiten des eigenen Volkes nicht »*in den unterschiedlichen Varianten*« beschnitten worden, unklar bleibt schließlich, ob er sich der Tatsache bewußt ist, daß die Verfolgung des »DDR-Unrechts« nach Marxen/Werle nur 203 Verurteilte zu Freiheitsstrafen ergeben hat[113], so daß die Zahl der Verbrechen niedriger gewesen sein muß. Die von Jesse vorgenommene Gleichstellung der Verbrechen im »Dritten Reich« und in der DDR läßt nur den Schluß zu, daß die Bewältigung der NS-Vergangenheit selbst in der Elite der bundesdeutschen

Gesellschaft, vorsichtig ausgedrückt, noch nicht allseits geglückt ist.

Politische Justiz in Deutschland bedeutete von 1800 bis 1945 immer Justiz von rechts gegen links, immer die Verfolgung von Demokraten sowie Sozialisten/Kommunisten zur Aufrechterhaltung der Privilegien des Adels und der Reichen. Erstmalig 1945, nach der Zerschlagung des Hitlerregimes, wird dies – vorübergehend – anders.

Politische Justiz nach dem Zweiten Weltkrieg

Verfolgung der Nazi- und Kriegsverbrecher in der BRD

1945, nach dem Zusammenbruch des Hitlerfaschismus, richtete sich politische Justiz erstmals in Deutschland gegen rechts. Es war allerdings zunächst nicht die deutsche Justiz, sondern die Militärjustiz der vier Alliierten. Die Militärverwaltungen ließen in ihren Besatzungszonen zu ihrer Sicherheit verdächtige Deutsche internieren. Henke stellt fest: »*An die 200.000 Personen haben sich insgesamt in der Internierungshaft der Westmächte befunden; in der amerikanischen Zone belief sich deren Zahl Ende 1945 auf ungefähr 100.000.*«[114] Henke fügt hinzu: »*So schwer erträglich und mitunter bitter ungerecht das einzelne Schicksal der Internierten in den westlichen Lagern auch gewesen ist, politisch gesehen war diese riesige Ausschaltung qua Siegerrecht eine höchst effektive flankierende Maßnahme der alliierten Demokratisierungsbestrebungen in den unruhigen ersten zwei, drei Nachkriegsjahren, in denen nicht nur schädliche Ideologien und kompromittierte Institutionen, sondern gerade auch unerwünschte Personen unter Quarantäne zu halten waren.*«[115] Wieviel Tote es in den westlichen Internierungslagern gab, sagen weder Henke und Woller noch andere Autoren, die nur die Zahl der Toten in sowjetischen Lagern nennen.[116]

Von der sowjetischen Besatzungszone berichtet Helga A. Welsh: »*Zwischen 1945 und 1950 gab es nach sowjetischen Angaben insgesamt 10 Lager, in denen insgesamt 122.671 Deutsche interniert waren. Davon wurden 14.202 Häftlinge dem Ministerium des Innern und damit der deutschen Gerichtsbarkeit übergeben. Weitere 12.770 Personen wurden in die UdSSR gebracht und 6.680 in Kriegsgefangenenlager überführt. Mehr als ein Drittel verstarb in den Lagern.*«[117]

Schon 1947/48 endete die Entnazifizierung in den westlichen Besatzungszonen. Henkel spricht von dem »*bereits 1947/48 ein-*

setzende(n), Mitte der fünfziger Jahre vollendete(n) Rückstrom von Beamten und Angestellten in ihr Dienstverhältnis, aus dem sie im Zuge der frühen Säuberungsmaßnahmen hatten ausscheiden müssen«.[118] Damit war also spätestens 10 Jahre nach dem Zusammenbruch des Hitlerreiches dessen Bewältigung in der Verwaltung der BRD durch Wiedereinstellung der alten Nazi-Beamten nicht nur beendet, sondern rückgängig gemacht.

In der Sowjetischen Besatzungszone war die Entnazifizierung durch Befehl Nr. 35 der SMAD vom 26. Februar 1948 bis zum 10. März 1948 beendet worden. Helga A. Welsh stellte fest: *»Im Vergleich zu Westdeutschland wurde die Entnazifizierung in der sowjetischen Besatzungszone tatsächlich politisch wesentlich radikaler durchgeführt«.*[119]

Anders war es nach dem Beitritt (oder Anschluß?) der DDR. Kein Abgewickelter wurde wieder eingestellt, noch im 14. Jahr nach dem Beitritt wurden Sportfunktionäre aus ihren Ämtern entfernt, weil sie DDR-Staatsorganen gedient haben, wurden Gauck-Akten durchforstet, um Behörden und Institutionen von IM zu befreien. Ein Ende darf nicht sein, die Vergangenheit muß bewältigt, d. h. jeder freundliche Gedanke an Sozialismus muß erstickt werden, koste es, was es wolle.

Unberührt von der Beendigung der Entnazifizierung blieb in allen vier Besatzungszonen die strafrechtliche Verfolgung der Naziverbrechen. So stand die Bundesrepublik 1949, nach ihrer Gründung, nolens volens vor der von den alliierten Siegern gestellten Aufgabe, die von diesen begonnene Verfolgung der NS-Verbrechen fortzusetzen. Von den Amerikanern waren zwischen 1946 und April 1949 in den zwölf Nürnberger Nachfolgeprozessen 177 Personen angeklagt worden, von denen 35 freigesprochen, 118 zu Freiheitsstrafen und 24 zum Tode verurteilt worden waren. Darüber hinaus hatten Militärgerichte der U.S. Army 1.517 Personen bis 1947 verurteilt, von denen gegen 324 die Todesstrafe ausgesprochen worden war. Britische Militärgerichte hatten Verfahren gegen 1.085 Personen durchgeführt, von denen 240 mit dem Tode bestraft worden waren. Französische Gerichte verurteilten 2.107 Angeklagte, davon 104 zum Tode.[120] Insgesamt wurden folglich von den Westalliierten in drei Jahren 4.862 Nazi- und Kriegsverbrecher verurteilt, davon 692 zum Tode.

Auch die westdeutsche Justiz ahndete die Untaten der Nazis. Henke berichtet: »*Zwischen dem 8. Mai 1945 und dem 31. Dezember 1989 wurden gegen insgesamt 98.042 Personen Ermittlungs- oder Strafverfahren wegen NS-Verbrechen eingeleitet. Davon wurden 6.486 verurteilt, 12 zum Tode, 162 zu lebenslänglicher, 6.197 zu zeitiger Freiheitsstrafe, 114 zu Geldstrafen.*«[121] Demnach betrug der Anteil der Verurteilten an der Zahl der Beschuldigten 6,6 %.

Bei der Verfolgung des SED-Unrechts kamen auf über 100.000 Beschuldigte 300 Verurteilte, wie Generalstaatsanwalt Schaefgen erklärte, das sind 0,3 %. Daraus ist ersichtlich: Der Verfolgungseifer gegen Rote war größer, viel größer als gegen Braune, und die Verbrechen der Roten waren – sofern es überhaupt welche gab – unendlich viel kleiner. So war das in Deutschland schon immer, und so soll es nach dem Willen der Herrschenden auch bleiben. Von den Todesurteilen gegen Nazis durch alliierte und westdeutsche Gerichte spricht niemand mehr, dagegen werden die Todesurteile sowjetischer und ostdeutscher Gerichte betont und so der Eindruck hervorgerufen, daß sie Unrecht gewesen wären.

Man sagt heute, die bundesdeutsche Justiz habe damals versagt. Der BGH selbst streut sich Asche aufs Haupt. In einem Urteil vom 16. November 1995 führt er aus: »*Beispiele für die dargestellte Problematik bietet namentlich auch (die insgesamt fehlgeschlagene) Auseinandersetzung mit der NS-Justiz. Die nationalsozialistische Gewaltherrschaft hatte eine* ›*Perversion der Rechtsordnung*‹ *bewirkt, wie sie schlimmer kaum vorstellbar war (Spendel, S. 43) und die damalige Rechtsprechung ist nicht zu Unrecht oft als* ›*Blutjustiz*‹ *bezeichnet worden. Obwohl die Korrumpierung von Justizangehörigen durch die Machthaber des NS-Regimes offenkundig war, haben sich bei der strafrechtlichen Verfolgung des NS-Unrechts auf diesem Gebiet erhebliche Schwierigkeiten ergeben (vgl. Gribbohm, NJW 1988, 2842-2843 f.) Die vom Volksgerichtshof gefällten Todesurteile sind ungesühnt geblieben, keiner der am Volksgerichtshof tätigen Berufsrichter und Staatsanwälte wurde wegen Rechtsbeugung verurteilt; ebensowenig Richter der Sondergerichte und der Kriegsgerichte. Einen wesentlichen Anteil hatte nicht zuletzt die Rechtsprechung des BGH (vgl. BGHS, 10, 294*

= NJW 1957, 1158; BGH, NJW 1968, 1339 -1340; vgl. dazu LG Berlin DRiZ 1967, 390-393, r. Sp.). Diese Rechtsprechung ist auf erhebliche Kritik gestoßen, die der Senat als berechtigt erachtet. Insgesamt neigt der Senat zu dem Befund, daß das Scheitern der Verfolgung von NS-Richtern vornehmlich durch eine zu weitgehende Einschränkung bei der Auslegung der subjektiven Voraussetzungen des Rechtsbeugungstatbestandes bedingt war (vgl. Spendel S. 13-69 f.).«[122]

Der Senat »*neigt zu dem Befund*«, was für jedermann sonnenklar ist, für die hohen Richter ist es immer noch nicht klar. Und dann dies: »*eine zu weitgehende Einschränkung bei der Auslegung der subjektiven Voraussetzungen des Rechtsbeugungstatbestandes*«. Alles war nur ein Fehler bei der Auslegung von Rechtsvorschriften, sozusagen ein Rechtsirrtum. Irren ist schließlich menschlich. Offensichtlich ist jedoch: Die niedrige Zahl der Verfahren und der Verurteilungen wegen Kriegs- und Naziverbrechen war nicht irgendwelchen juristischen Fehlern geschuldet, sondern sie war das Ergebnis zielbewußter politischer Haltungen und politischer, z.T. vom Parlament getroffener Entscheidungen. Man wollte sich mit den Nazis nicht anlegen – man brauchte sie. Da liegt die Ursache der unterschiedlichen Ergebnisse der beiden deutschen Vergangenheitsbewältigungen. Die ehemaligen Nazis brauchte man, die »Roten« brauchte man nicht – im Gegenteil. Die Gesetzgebung des Bundestages spricht eine eindeutige Sprache.

Schon am 31. Dezember 1949 verabschiedete der Bundestag das Gesetz über die Gewährung von Straffreiheit (BGBl. I, S. 37), unter das alle Straftaten aus der Nazizeit fielen, die mit einer Strafe bis zu einem Jahr bestraft worden wären. Nicht einmal fünf Jahre später, am 17. Juli 1954 folgte die nächste Amnestie (BGBl. I, S.203), die alle Straftaten bis zu drei Jahren betraf, »*die unter dem Einfluß der außergewöhnlichen Verhältnisse des Zusammenbruchs der Zeit zwischen 1. Oktober 1944 und 31. Juli 1945 in der Annahme einer Amts-, Dienst- oder Rechtspflicht, insbesondere eines Befehls*«, begangen worden waren.

Weitere zwei Jahre später, nach der Übertragung der vollen Souveränität auf die BRD, folgte am 30. Juni 1956 das 1. Gesetz zur Aufhebung des Besatzungsrechts[123], mit dem u. a. alle alliierten Gesetze zur Bestrafung von Verbrechen gegen die Menschlichkeit außer Kraft gesetzt wurden. Diese waren allerdings auch bis zu diesem Zeitpunkt, wie Henke schreibt, »*von vielen deutschen Gerichten wegen seines rückwirkenden Charakters nur sehr zögernd oder überhaupt nicht zur Anwendung gebracht*«[124] worden.

Schließlich bestimmte das Gesetz das Ablaufen aller von den Besatzungsmächten gehemmten Verjährungsfristen zum 31. Dezember 1956. Infolgedessen verjährten alle NS-Verbrechen außer Mord an jenem Tag. Um voll zu erfassen, was es bedeutete, daß alle Straftaten außer Mord 1960 verjährt waren, muß man wissen, daß die Gerichte Mord nur selten als erwiesen ansahen. Ingo Müller sagt dazu: »*So fragwürdig die verschiedenen Mordmerkmale des § 211 sein mögen, manchmal war doch eines ganz offensichtlich gegeben und nötigte die Gerichte zu erheblichen argumentativen Verrenkungen. Die 6.652 Tötungen zum Beispiel, die dem Euthanasiearzt, SS-Obersturmführer der Reserve und Mitglied der ›Leibstandarte Adolf Hitler‹, Dr. med. Borm, nachgewiesen worden waren, nannte das Landgericht Frankfurt im Jahr 1970 zwar ›heimtückisch‹ und ›niederträchtig‹ es sprach den Massenmörder aber gleichwohl frei. [...] Der Bundesgerichtshof bestätigte am 20. März 1974 den Freispruch, da dem SS-Obersturmführer angeblich nicht zu widerlegen war, daß er bei dem Massenmord ›hauptsächlich an einen Akt der Barmherzigkeit gedacht‹ habe*«.[125]

Den Bestrebungen der Gerichte und des Bundestages, die Naziverbrecher vor Strafverfolgung zu verschonen, entsprachen Gnadenerweise der Westalliierten für die von ihnen Verurteilten. Der vormalige stellvertretende Hauptankläger beim Internationalen Militärtribunal in Nürnberg, Kempner, sprach von einem »*Gnadenfieber*«. Man nahm Rücksicht auf die Westdeutschen, weil man sie brauchte. Die Industriellen sagten: »*Wenn Deutschland wieder aufgebaut werden soll, dann müssen wir in ganz starkem Maße daran mitwirken, und unsere gefangenen früheren Chefs müssen entlassen werden.*«[126] Und die Militärs sagten: »*Es kann kein Heer aufgestellte werden, irgendeine Wiederaufrüstung innerhalb einer westlichen Allianz ist überhaupt nicht möglich, solange der letzte General (und es waren ja eine ganze Anzahl) im Gefängnis sitzt*«.[127]

In der SBZ bzw. in der DDR konnten die Wirtschaft wieder aufgebaut und die Nationale Volksarmee aufgestellt werden, ohne daß Kriegsverbrecher entlassen werden mußten. Immer derselbe Unterschied.

Wie sollte auch die strafrechtliche Verfolgung der ehemaligen Nazis erfolgreich sein, wenn die Richter und Staatsanwälte, die diese Vergangenheit juristisch bewältigen sollten, selbst ehemalige Nazis waren, die ihren Anteil an diesen Verbrechen hatten? Auch die öffentliche Meinung förderte die Verfolgung von Naziverbrechen nicht. Mit dem Kommentator der Rassengesetze, Globke, als Vertrautem und Berater des Kanzlers, mit Nazis in der Regierung und in den führenden Positionen der Wirtschaft sowie Hitler-Generalen in der Bundeswehr konnte keine Atmosphäre entstehen, die eine konsequente Aufarbeitung der Nazivergangenheit ermöglichte.

Gefragt, politisch gefragt war nicht Antifaschismus, sondern Antikommunismus. Deutschland rüstete wieder gegen die UdSSR auf, die Nazis wurden dafür gebraucht. Henke schildert diese Situation so: *»Westdeutschland konnte noch lange Jahre nach der Gründung der Bundesrepublik nicht zur Republik der Gegner und Verfolgten des überwundenen Regimes werden. Und zwar unter anderem deshalb nicht, weil es von niederschmetternder Symbolkraft war, daß nicht wenigstens hohe und höchste Ämter in Politik, Verwaltung und Justiz zu Residuen einer wirklich neuen Elite geworden waren, einer Elite, die schon der erste Augenschein als zweifelsfrei unbefleckt auswies, und daß es ferner nicht einmal gelungen war, unabhängig vom Verfahren der ›Entnazifizierung‹ wenigstens zentrale Bereiche des Staatswesens absolut rein zu halten.*

Für die Integration der Masse der ›Ehemaligen‹, über deren Unvermeidlichkeit inzwischen (trotz unterschiedlicher Akzente) kein Streit mehr besteht, waren hohe moralische und politische Kosten zu entrichten.«[128]

»Die ›Entnazifizierung‹ der Richter war im Westen nicht entfernt so einschneidend verlaufen wie in der sowjetischen Besatzungszone, so daß die richterliche ›Verfilzung mit dem vergangenen Unrecht‹ von vornherein ein ernstes Hindernis der Strafverfolgung war.«[129]

»Der folgende Stillstand der Strafverfolgung (ab 1951 – d. Verf.), *der einige Jahre später dank einer Handvoll unermüdlicher*

Kritiker gegen eine breite Mehrheitsmeinung wieder durchbrochen werden konnte, war nur ein Phänomen von wenigen Jahren. Das genügte aber, daß der ab Ende der fünfziger Jahre gemachte und bis heute fortdauernde zweite Anlauf, dem Recht Genüge zu tun im Zeichen des ›zu spät‹ stand – auch wenn in Westdeutschland bis 1990 insgesamt 98.042 Ermittlungs- und Strafverfahren eingeleitet und dabei 6.486 Personen verurteilt wurden.«[130]

Die »*Auseinandersetzung mit der NS-Justiz*« ist also nicht »*insgesamt fehlgeschlagen*«, wie der BGH selbstkritisch meint. Die Schuld, die der BGH stellvertretend für alle Richter bekennt und auf sich nimmt, ist nicht ausschließlich seine Schuld, sondern in erster Linie die Schuld der damals regierenden Politiker, die bereit waren »*hohe moralische und politische Kosten zu entrichten*«. Die Justiz folgte dieser Politik wie der Hund seinem Herren. Vom Primat des Rechts war wieder keine Rede.

Deswegen sahen Gerichte, Staatsanwälte und Gesetzgeber alles ganz anders, als es darum ging, die DDR-Vergangenheit zu bewältigen. Nichts verjährte, die Verjährungsfristen wurden, wie noch zu zeigen sein wird, mehrmals verlängert, das Rückwirkungsverbot spielte keine Rolle mehr, Amnestie kam nicht in Betracht, »*eine zu weitgehende Einschränkung bei der Auslegung der subjektiven Voraussetzungen des Rechtsbeugungstatbestandes*« erfolgte nicht, da waren alle schuldig, handelten alle vorsätzlich, da hörte die Gleichsetzung des »Dritten Reiches« mit der DDR auf. Und deswegen sieht der Bundesgerichtshof Verbrechen des Naziregimes auch heute noch anders als Schüsse an der Mauer durch DDR-Grenzsoldaten.

In demselben Jahr 1995, in dem der 5. Strafsenat des BGH sich so selbstkritisch über »*die insgesamt fehlgeschlagene Auseinandersetzung mit der NS-Justiz*« äußerte und feststellte, daß »*nationalsozialistische Gewaltherrschaft [...] eine ›Perversion der Rechtsordnung‹ bewirkt* (hatte), *wie sie schlimmer kaum vorstellbar war*«, sprach der selbe BGH (allerdings dessen 2. Strafsenat) einen Angeklagten frei, der »*am 13.10.1943 in Italien am Monte Carmignano bei Caiazzo nördlich von Neapel als Leutnant der deutschen Wehrmacht gemeinschaftlich mit anderen Soldaten seiner Kompanie aus niedrigen Beweggründen und grausam 15 italienische Zivilpersonen, 5 Frauen und 10 Kinder im Alter zwi-*

schen 4 und 14 Jahren, getötet«[131] hatte. Der Freispruch wurde mit Verjährung begründet, da »*eine solche Tat im Falle ihres Bekantwerdens kriegsgerichtlich verfolgt worden wäre*«[132] und somit die Verjährungsfrist nicht unterbrochen worden, sondern abgelaufen wäre. Hitlers Justiz hätte also diesen Mord strafgerichtlich verfolgt, meint der BGH, während natürlich von der Justiz der DDR angenommen wird, daß sie Unrecht nicht verfolgt hätte. Zweierlei Maß, denn wo ein Wille ist, ist auch ein Weg. In den Augen der Bundesrichter waren die Nazis letztlich doch bessere Menschen als die DDR-Sozialisten.

Die Bewältigung der NS-Vergangenheit durch die Justiz der BRD »*schlug fehl*«, weil die Politik das wollte. Ist das ein Zeugnis für den Rechtsstaat, für die Herrschaft des Rechts über die Politik?

Kommunistenverfolgung in der BRD 1949 bis 1968

Zeitlich annähernd parallel zur Verfolgung der NS-Verbrechen, aber wesentlich intensiver als diese, lief von 1951 bis 1968 die Verfolgung der Kommunisten in der BRD. Hierin unterschied sich die BRD von allen anderen westeuropäischen Ländern, stand aber ganz in der Tradition der deutschen Justiz. Parallelen wies sie auch auf zur Ära McCarthy in den USA.

Genaue Zahlen über Ermittlungsverfahren, Angeklagte und Verurteilte liegen nicht vor. Alexander v. Brünneck, der 1978 die detaillierteste Untersuchung über diese Phase der politischen Justiz der BRD veröffentlicht hat, nimmt an, »*daß von 1951 bis 1968 staatsanwaltschaftliche Ermittlungsverfahren gegen etwa 125.000 Personen anhängig waren. Dabei handelt es sich eher um eine zu niedrige als zu hohe Schätzung. Die Gesamtzahl der Ermittlungen von Polizei und Verfassungsschutz dürfte weit höher gewesen sein.«*[133]

Während die Verfolgung der Nazi- und Kriegsverbrechen ab 1949 kontinuierlich sank, von 1.523 Verurteilungen 1949 über 908 im Jahr 1950 auf 44 im Jahr 1954 und auf 21 im Jahr 1955,[134] zeigte der Verfolgungseifer gegen Kommunisten die entgegengesetzte Tendenz. A. v. Brünneck berichtet, daß es 1950 noch keine Verurteilungen wegen politischer Delikte gab, 1951 jedoch 77 und 1953 allein 1.357 wegen Verstöße gegen §§ 49b, 90a, 128 bis 129 StGB.[135]

Wie groß der Verfolgungseifer gegen Kommunisten war, ergibt sich aus der Gegenüberstellung der Zahl der Beschuldigten mit der Zahl der Verurteilten. Auf die geschätzten 125.000 Beschuldigten kamen schätzungsweise 6.000 bis 7.000 Verurteilte.[136] Dies entspricht in etwa der Zahl der KPD-Mitglieder. Nach amtlichen Angaben »*entfielen etwa 3 Verurteilungen auf 5 Mitglieder der KPD*«.[137]

»Der Spiegel« schrieb 1966: »*Zwanzigmal verdächtigen oder beschuldigen sie Unschuldige, ehe sie einen Kommunisten fangen, der dann auch verurteilt wird*«.[138]

A. v. Brünneck hält das Mißverhältnis zwischen der Zahl der Ermittlungen, der Anklagen und der Verurteilungen für »*ein spezifisches Merkmal der Politischen Justiz gegen Kommunisten*«[139]. Zum Vergleich gibt er an: »*Im allgemeinen machten die Verurteilungen z. B. von 1961 bis 1964 16,8 % bis 18,8 % der staatsanwaltschaftlichen Ermittlungsverfahren aus.*« Jedoch: »*Bei den politischen Delikten erreichten die Verurteilungen zwischen 1960 und 1966 nur 2,8 bis 4,3 % der staatsanwaltschaftlichen Ermittlungsverfahren [...] Die Intensität der Ermittlungen war damit, bezogen auf die Zahl der späteren Verurteilungen, bei politischen Delikten etwa fünfmal so hoch wie im Durchschnitt aller Delikte.*«[140] Das trifft heute auf die Verfolgung des DDR-Unrechts noch mehr zu.

Das Mißverhältnis wird noch deutlicher, wenn man berücksichtigt, was damals verurteilt wurde, wenn verurteilt wurde. Die spätere Präsidentin des Bundesverfassungsgerichts, Jutta Limbach, erklärte 1994 in einem Artikel mit der Überschrift »Politische Justiz im Kalten Krieg«[141]: »*Zugegebenermaßen grob vereinfachend stellt Alexander von Brünneck in seiner Studie über diese Episode bundesdeutscher Justiz fest, daß sich das gesamte politische Strafrecht jener Zeit in einer einzigen Formel zusammenfassen ließ: ›Wer sich als Kommunist betätigte, konnte bestraft werden‹.*« Zum vollen Verständnis ist zu ergänzen, daß unter »Betätigung als Kommunist« bereits das Tragen einer Mainelke aus Ost-Berlin, eine Trauerrede am Grab eines Kommunisten[142] oder die Organisation von Kinderferien für bundesdeutsche Kinder in der DDR[143] verstanden wurde. Jutta Limbach sprach in diesem Zusammenhang von »*strafrechtlichen Exzessen*«[144] und von einer »*wenig rühmlichen Epoche bundesdeutscher Justiz*«. [145] Professor Maihofer, der später Bundesinnenminister wurde, erklärte schon 1964, »*daß die Zahlen der Ermittlungsverfahren gegen Kommunisten ›einem ausgewachsenen Polizeistaat alle Ehre machten‹*«.[146] Jutta Limbach meinte auch: »*Im nachhinein ist man klüger!*«[147]

Denen, die unter den »*strafrechtlichen Exzessen*« gelitten haben, hat die Erklärung der späten Einsicht noch keinen Gewinn gebracht. Niemand hat sie als Opfer bedauert, ihnen gar ein Denkmal gesetzt oder eine Entschädigung zugesprochen, niemand hat sich bei ihnen auch nur entschuldigt. Es gibt offenbar nicht nur zweierlei Täter, sondern auch zweierlei Opfer.

Die »*wenig rühmliche Epoche*« endete 1968. Die Kommunisten waren rechtsstaatlich überwältigt, sie waren bedeutungslos geworden. Generalbundesanwalt Güde erklärte sie in einer Fernsehsendung am 4. Januar 1965 für »*völlig ungefährliche Feinde, für ungefährlich gewordene*«.[148] Die zweite Welle politischer Strafverfolgung in der BRD war beendet, eine neue kündigte sich an. Die Studentenunruhen mit ihren Forderungen nach Beendigung des Vietnamkriegs und ihrer antikapitalistischen, antiimperialistischen Tendenz erreichten 1968 ihren Höhepunkt und mündeten danach in den Terrorismus der RAF.

Bei der Verfolgung der Kommunisten spielten die wirtschaftlichen Konsequenzen, die bereits mit den Ermittlungsverfahren verbunden waren, eine erhebliche Rolle. A. v. Brünneck zählt diese Konsequenzen unter den Stichworten »*administrative Benachteiligungen*«, »*Verlust von Wiedergutmachungsleistungen*« und »*Verlust des Arbeitsplatzes*« auf.[149]

Er nennt zum ersten Komplex u. a. folgende Beispiele:

»*Ein Schüler, der sich im kommunistischen Sinne politisch betätigt hatte, mußte aus diesem Grunde dreimal die Schule wechseln; nachdem er wegen seiner Ostkontakte für einen Monat in Untersuchungshaft genommen und 1963 zu acht Monaten Gefängnis verurteilt worden war, zog er es vor, sein Abitur in Leipzig zu machen.*«

»*Wiederholt wurden Kommunisten gewerberechtliche Erlaubnisse verweigert. Der Antrag der Ehefrau eines verurteilten Kommunisten, ihr den Betrieb einer kleinen Privatpension zu genehmigen, lehnte der zuständige Landrat 1963 ab, weil der Ehemann nicht ›die Gewähr für eine ordnungsgemäße, den gesetzlichen und polizeilichen Anforderungen entsprechende Führung des Gastwirtschaftsbetriebes bietet‹.*«

»*In den 50er Jahren wurde Kommunisten und möglichen Sympathisanten gelegentlich der Reisepaß verweigert, weil sie ›die innere oder die äußere Sicherheit oder sonstige erhebliche Belange der Bundesrepublik Deutschland [...] gefährdete (n)‹.*«

Zum Komplex »*Verlust von Wiedergutmachungsleistungen*« macht A. v. Brünneck folgende Ausführungen: »*Ein besonders offenkundiger Fall der politischen Diskriminierung von Kommunisten mit außerstrafrechtlichen Mitteln war die Aberkennung und Rückforderung von Wiedergutmachungsleistungen.*«

Als Beispiele führt er u. a. an:

»*Die Rente wurde oft schon gestrichen und zurückgefordert, wenn es nur zu Ermittlungsverfahren gekommen oder wenn nur die Mitgliedschaft in der KPD oder einer kommunistischen Bündnisorganisation festgestellt worden war. Bei dem ehemaligen KPD-Bundestagsabgeordneten Renner z. B. wurde 1959 die Zahlung der Verfolgtenrente eingestellt und eine Kapitalentschädigung von 27.000 DM zurückgefordert, obwohl er in der Bundesrepublik nicht verurteilt worden war.*«

»*Beträchtliches Aufsehen erregte die Verweigerung der Entschädigung für Ernst Niekisch, den der Volksgerichtshof 1939 zu lebenslangem Zuchthaus verurteilt hatte. Er bekleidete in der SBZ/DDR einige höhere Ämter, bis er 1955 wegen politischer Differenzen mit der SED brach.*«

Zum letzten Komplex der wirtschaftlichen Sanktionen gegen Kommunisten, dem »*Verlust des Arbeitsplatzes*«, trifft A. v. Brünneck folgende Feststellungen:

»*Schon seit 1950 wurden Kommunisten aus dem Öffentlichen Dienst entlassen.*«

»*Die arbeitsrechtlichen Sanktionen waren ein selbständiger Bestandteil der Politischen Justiz gegen Kommunisten [...] Oft ging ihre Bedeutung über die strafrechtlichen Sanktionen hinaus [...]*

Hier ist abermals zu beobachten, wie trotz förmlicher Wahrung der gesetzlichen Vorschriften dem Sinn von rechtsstaatlichen Sicherungen und Freiheitsgarantien nicht entsprochen wurde.«

»Schon Anfang der 50er Jahre bildete sich bei den Arbeitsgerichten eine feste Rechtsprechung heraus, wonach jede Form von parteipolitischer Betätigung im Betrieb die Entlassung rechtfertigte. Theoretisch betraf diese Rechtsprechung alle politischen Richtungen; praktisch wurde sie jedoch vorwiegend gegen Kommunisten angewandt.«

»Auch mündliche kommunistische Äußerungen konnten den Rechtsfrieden stören.«

»Unabhängig von einer parteipolitischen Betätigung im Betrieb billigten die Arbeitsgerichte die Entlassung von Kommunisten, gegen die Ermittlungs- und Strafverfahren aufgrund politischer Delikte anhängig waren.«

»Diese Praxis war deshalb so bedenklich, weil die Zahl der Ermittlungsverfahren bei politischen Delikten vergleichsweise hoch war. Immer wieder wurden dabei Verdachtskündigungen ausgesprochen und von den Arbeitsgerichten gebilligt, obwohl das Ermittlungsverfahren gegen die Betroffenen eingestellt oder sie sogar freigesprochen worden waren.«

»Eine häufige Nebenfolge solcher Kündigungen war der Verlust der Werkswohnung, die gleichzeitig mit dem Arbeitsverhältnis gekündigt wurde. Da es gegen derartige Kündigungen nur einen geringen Schutz gab, die Betroffenen aber nicht sofort eine neue Wohnung fanden, kam es bisweilen zu Zwangsräumungen.«

»Wer aus politischen Gründen seinen Arbeitsplatz verloren hatte, konnte meist nur unter erheblichen Schwierigkeiten eine neue adäquate Stellung finden. Manche Betriebe tauschten ›Schwarze Listen‹ aus, in denen jeder aus politischen Gründen Entlassene oder politisch Verdächtige notiert war.«

Alles was die politische Justiz der BRD bis 1968 gegen Kommunisten praktizierte, wiederholte sie nach 1990 bei der Verfolgung der DDR-Regierungskriminalität.

Die juristische Auseinandersetzung der BRD
mit der DDR 1949 bis 1989

Parallel zur Verfolgung der Kommunisten in der BRD begann die Justiz der BRD früh, sich mit der DDR auseinander zu setzen, d. h. mit den für Kommunisten gehaltenen deutschen Brüdern jenseits der Grenze im Osten.

Die Vorgeschichte der juristischen Bewältigung der DDR-Vergangenheit beginnt mit der Gründung der BRD. Diese war ihrerseits das Ergebnis der Politik der Westalliierten gegen den kommunistischen Osten. Sie hatte sich über die Schritte Bizone, Trizone und Einführung der D-Mark in den drei Westzonen vollzogen. Die DDR war von Beginn an der Staatsfeind Nr. 1 der BRD und damit auch ihrer Justiz.

Die juristische Auseinandersetzung begann mit dem theoretischen Streit um die Rechtslage in Deutschland nach dem Ende des Zweiten Weltkriegs. In einem Kurzlehrbuch für Studenten, *»Deutsches Staatsrecht«*, heißt es: *»Unter der Bezeichnung ›Rechtslage in Deutschland‹ wurde im Schrifttum das Problem verstanden, ob der im Jahr 1867 gegründete und seit 1871 ›Deutsches Reich‹ genannte Staat im Jahr 1945 untergegangen ist oder seiner Rechtsperson nach heute noch fortbesteht; ferner, ob er im Falle seines Fortbestandes in der Bundesrepublik Deutschland oder der Deutschen Demokratischen Republik eine Fortsetzung gefunden hat und wie diese Nachfolge rechtlich ausgestaltet ist; ferner zählt dazu die Frage nach der staatsrechtlichen Vereinigung der beiden Staaten und schließlich die Frage nach dem rechtlichen Schicksal der Ostgebiete.«*[150] Einer der beiden Verfasser dieses Lehrbuchs war Dr. Theodor Maunz, Staatsminister a. D. und ordentlicher Professor an der Universität Erlangen. Er war auch der Mitverfasser des Standardkommentars zum Grundgesetz. Schon in der Nazizeit machte er sich verdient[151], weshalb das CSU-Mitglied 1964 als bayerischer Kultusminister zurücktreten mußte. In der Festschrift zum 225jährigen Bestehen des Verlages C. H. Beck mit dem Titel *»Juristen im Portrait«* heißt es von ihm: *»Unter den großen Namen des deutschen öffentlichen Rechts, die für die Entwicklung dieses Rechtsgebiets in unserer Epoche von maßgeblicher Bedeutung sind, nimmt Theodor Maunz einen besonderen Platz ein«*.[152] Von der faschistischen Vergangenheit und Gegenwart kein Wort. – Wie Maunz befanden sich in der Rechtswissenschaft und der Justiz der Bundesrepublik viele ehemalige Nazis. Ihre antikommunistische Gesinnung brauchten sie nicht aufzugeben. Für sie bestand das Deutsche Reich in der BRD fort – und zwar nur in der BRD. Deutschland, das war die BRD.

Willy Brandt sagte hierzu: »*Ich habe die These vom prinzipiell ungeschmälerten Fortbestand des Deutschen Reiches für Unfug gehalten, mich aber nicht mit denen anlegen mögen, die sie vertraten. Es hätte mich von sinnvoller Arbeit abgehalten.*«[153] Das war eine billige Ausrede. Gab es damals etwas Sinnvolleres und Dringenderes als die konzeptionelle Frage, soll Deutschland dort weitermachen, wo es aufgehört hatte, oder mußte es ein neues Deutschland geben?

Während die Bundesrepublik Wert darauf legte, Rechtsnachfolger des Deutschen und damit letztlich des »Dritten Reiches« zu sein, legte die DDR Wert darauf, mit dieser Vergangenheit nichts zu tun zu haben. Daraus folgte, die BRD erhob Anspruch auf ganz Deutschland, die DDR war mit ihrem Teil zufrieden, die BRD erkannte die DDR nicht an, die DDR erkannte die BRD an. Eine Regierungserklärung vom 29. September 1955 sprach den Anspruch der Bundesrepublik aus, ganz Deutschland völkerrechtlich allein zu vertreten. Das war die sogenannte »Hallstein-Doktrin«. Dieser Alleinvertretungsanspruch hatte nicht nur diplomatische, sondern auch praktische juristische Folgen. Wo galten z.B. die Gesetze der BRD? Das bundesdeutsche Strafgesetzbuch bestimmte in § 3: »*Das deutsche Strafrecht gilt für Taten, die im Inland begangen worden sind.*« In einem führenden Kommentar hieß es dazu noch im Jahr 1977: »*Inland ist im Gegensatz zu der bis zu den Ostverträgen herrschenden Meinung, wonach das deutsche Landgebiet in den Grenzen vom 31. 12. 1937 gemeint sei (so z. B. Bundesverfassungsgericht Bd. 1 S. 332; BGH Bd. 5 S. 364; Bd. 8 S. 170), nicht mehr das Gebiet östlich der Oder-Neiße-Linie, die als Westgrenze Polens anerkannt worden ist [...] Hingegen gehört nicht nur das Gebiet der Bundesrepublik einschließlich Berlins (Bundesverfassungsgericht in Neue Juristische Wochenschrift 1973, S. 1540), <u>sondern auch das der DDR strafrechtlich zum Inland</u> (Bundesverfassungsgericht Bd. 1, S. 341; Bd. 11, S. 158;*

Bd. 12 S. 65; [...]). Das ergibt die Terminologie der Strafgesetze, die zwischen dem Inland und dem Geltungsbereich des Gesetzes, der im wesentlichen den Bereich der Bundesrepublik umfaßt, scharf unterscheidet.«[154] (Unterstreichung vom Verf.)

Die Rechtsanschauungen wechselten mit der politischen Lage und den politischen Verträgen. Vor den Ostverträgen (Vertrag mit Moskau 12. August 1970, Vertrag mit Warschau 7. Dezember 1970) war die Rechtslage anders als danach. In der DDR erklärte der Verfassungs- und Rechtsausschuß der Volkskammer am 26. September 1968: *»Die westdeutsche Bundesrepublik erhebt in ihren Gesetzen expressis verbis Anspruch auf fremdes Staatsgebiet und fremdes Vermögen. Fremdes Staatsgebiet, vor allem das der DDR, aber darüber hinaus auch Gebiete anderer europäischer Staaten, sind durch Gesetz zum Inland der westdeutschen Bundesrepublik erklärt.«* Der Ausschuß bezeichnete das Verhalten der BRD als *»juristische Aggression«*.[155]

Neben diesen spektakulären Konsequenzen des Alleinvertretungsanspruchs gab es auch alltägliche, praktische mit z. T. skurilem Charakter, die u. a. Gerichte und Staatsanwaltschaften beider deutscher Staaten beschäftigten und belästigten. So gab es viele Anlässe, aus denen Justizbehörden der beiden Staaten miteinander korrespondieren mußten. Für solche Korrespondenz bestanden strenge Vorschriften. Die bundesdeutschen Behörden durften die DDR-Institutionen nicht mit ihrem korrekten Namen anschreiben, das hätte die Anerkennung der DDR bedeutet, und umgekehrt durfte im Sinne der DDR unkorrekt adressierte Post nicht angenommen werden. Die Vorschriften für den zwischenstaatlichen Verkehr wechselten im Laufe der Jahre ebenfalls mit den sich verändernden Beziehungen der beiden Staaten zu einander. Es war nicht leicht, sie zu kennen und immer auf dem laufenden zu bleiben.

Schon vor dem Beitritt der DDR zur BRD verurteilten bundesdeutsche Gerichte DDR-Bürger wegen ihrer in der DDR begangenen und nach DDR-Recht gesetzmäßigen, nach BRD-Recht aber für ungesetzlich gehaltenen Handlungen. Dabei spielte die Auslegung des Inlandsbegriffs eine wesentliche Rolle. Professor Gerald Grünwald, ein bekannter Strafrechtswissenschaftler der BRD, setzte sich als einer der ersten mit dieser

Rechtsprechung kritisch auseinander. Anhand eines Urteils des Landgerichts Stuttgart vom 11. Oktober 1963 gegen einen fahnenflüchtigen Stabsgefreiten der Grenztruppen der DDR, der zuvor einen Grenzverletzer nach Warnruf und Warnschuß tödlich verletzt hatte, konstatierte er u. a.: »*Handlungen, die nach dem Recht der DDR nicht strafbar sind, können auch in der Bundesrepublik nicht bestraft werden. Erlaubnissätze, die nach dem Recht der DDR bestehen, sind demnach auch von den Gerichten der Bundesrepublik zu beachten.*«[156] Die Gerichte focht dies jedoch nicht an. »Mauerschützen« waren schon vor dem Beitritt für die bundesdeutsche Justiz Totschläger.

Nicht nur die Grenzsicherung der DDR, auch ihre Rechtsprechung wurde längst vor dem Beitritt bundesdeutscher Justizhoheit unterworfen. So wurde ein DDR-Richter, der in die BRD gegangen war, 1957 vom BGH wegen Rechtsbeugung verurteilt, da eine von ihm verhängte Strafe zu hoch gewesen sei.[157]

Insgesamt kann festgestellt werden: Die Geschichte der Auseinandersetzung der bundesdeutschen Justiz mit der DDR sowohl vor als auch nach dem Beitritt der DDR zur BRD ist die Geschichte einer politischen Verfolgung mit den Mitteln der Justiz, wie sie in diesem Umfang in Deutschland – abgesehen von der Zeit zwischen 1933 bis 1945 – noch nie stattgefunden hat.

BRD-Justiz gegen die RAF

Die politische Justiz der BRD bekämpfte nach Beendigung der exzessiven Kommunistenverfolgung in den 60er Jahren nicht nur den Feind im Osten. Neue Feinde waren ihr im Innern entstanden, nachdem die Kommunisten auch durch das Wirken der BRD-Justiz zur politischen Bedeutungslosigkeit verurteilt worden waren. Die gesellschaftlichen Widersprüche waren mit dem Verbot der Kommunistischen Partei aber nicht verschwunden. Unter den Intellektuellen und vor allem unter den Studenten wuchs, ähnlich wie in den USA und in Frankreich, die Unzufriedenheit mit den gesellschaftlichen und politischen Verhältnissen. Der Vietnamkrieg und die soziale Ungerechtigkeit in der kapitalistischen Welt empörten den geistigen Nachwuchs der Nation. Die Studenten demonstrierten. Polizei und Justiz reagierten in gewohnter Weise.

Der Historiker Manfred Görtemaker sah die Lage im Rückblick aus dem Jahr 1999 so: »*In den USA vollzog sich die Politisierung des gegenkulturellen Protestes lediglich früher und radikaler als in Westeuropa*«.[158] Zu den Berliner Studentenunruhen am 5. Februar 1965 bemerkt Görtemaker: »*Irritierend wirkten nicht nur die Proteste an sich, sondern auch die Tatsache, daß sie mit einer Glorifizierung des chinesischen und vietnamesischen Kommunismus und ihrer Führer Mao Tse-tung und Ho Chi-Minh sowie einer beinah kultischen Verehrung Ernesto Che Guevaras als Symbolfigur des Guerillakampfes in der Dritten Welt einhergingen*«.[159] Die Wahl Georg Kiesingers zum Bundeskanzler, obgleich er Mitglied der NSDAP seit 1933 war, und der Erlaß der Notstandsgesetze heizten den studentischen Widerstand Ende der 60er Jahre zusätzlich an. Als am 2. Juni 1967 Studenten gegen den Berlin-Besuch des Schah protestierten, wurde Benno Ohnesorg von einem Polizisten erschossen. Im Februar 1968 demonstrierten aus Anlaß eines Internationalen Vietnam-Kongresses »*etwa 10.000 Teilnehmer unter Mao-, Ho Chi-Minh- und Che Guevara-Plakaten durch die Berliner Innenstadt*«.[160] Das paßte nicht in die Frontstadtfunktion, die Berlin im Kalten Krieg hatte. Das Medienecho fiel entsprechend aus. Knapp zwei Monate später wurde am 11. April 1968 Rudi Dutschke auf dem Kurfürstendamm von einem durch die Springerpresse aufgehetzten Mann niedergeschossen und schwer verletzt. An den Folgen dieser Verletzung starb Dutschke 1979. Gewalt zeugte Gegengewalt.

Aus dem schließlichen Scheitern des politischen Protestes der Studenten im Jahr 1968 erwuchs der Gedanke des bewaffneten Kampfes, des Guerillakrieges und die Gründung der Roten Armee-Fraktion, der RAF. Den von ihr durchgeführten Anschlägen fiel eine Anzahl führender Männer der BRD zum Opfer. Zu ihnen gehörte der Siemens-Manager Karl-Heinz Beckurts, der Ministerialdirektor Gerold von Braunmühl, Generalbundesanwalt Siegfried Buback, der Berliner Kammergerichtspräsident Günter von Drenkmann, der Sprecher der deutschen Bank Alfred Herrhausen, der CDU-Politiker Peter Lorenz, der 1975 in Geiselhaft genommen wurde, der Vorstandssprecher der Dresdner Bank Jürgen Ponto, der Chef der Treuhand-Gesellschaft Detlev Carsten Rohwedder und der Präsident der Arbeitgeberverbände, Hanns Martin Schleyer. Terrorismus wurde zum beherrschenden Schlagwort in den Medien.

Im Mai 2000 zog der Chef des Bundeskriminalamtes folgende Bilanz der Auseinandersetzung mit den Terroristen: »*67 Tote und 230 zum Teil schwer verletzte Menschen auf beiden Seiten; 500 Millionen Mark Sachschaden; viele Milliarden Mark Kosten zur Bekämpfung der RAF; 31 Banküberfälle mit einer Beute von insgesamt sieben Millionen Mark; 104 von der Polizei entdeckte konspirative Wohnungen; 180 gestohlene PKW; dazu über eine Million sichergestellte Beweismittel wie Geld, Waffen, Sprengstoff, Ausweise, elf Millionen Blatt Ermittlungsakten; 517 Personen verurteilt wegen Mitgliedschaft in einer terroristischen Vereinigung; 914 verurteilt wegen deren Unterstützung*«.[161]

»Terrorismus« ist ein Begriff, der seit über 150 Jahren benutzt wird, um Bürger und Justiz im Kampf gegen politische Gegner zu mobilisieren. Blasius schreibt dazu unter Bezugnahme auf ein Schreiben des preußischen Innenministers an die Präsidenten der Oberlandesgerichte vom Dezember 1848: Der Begriff des Terrorismus »*wird polemisch zur Abwehr einer breiten Volksbewegung eingesetzt, die auf Verwirklichung der ihr verwehrten Freiheitsrechte dringt*«.[162]

Bismarck nutzte die Attentate auf Wilhelm I. zum Erlaß des Sozialistengesetzes und George W. Bush die Anschläge vom 11. September 2001 zum Angriff auf Afghanistan und den Irak.

Der RAF fehlte der Rückhalt in der Bevölkerung, insofern gilt ihr gegenüber die richtige Feststellung von Blasius nicht. Richtig bleibt jedoch: Terror verüben – nach Auffassung der Herrschenden – nur die Feinde, die eigenen Bomber sind Freiheitsbringer.

Der Kampf gegen den Terrorismus der RAF wurde auf die politische, genauer: die parlamentarische Tagesordnung gesetzt. Eine Gesetzesänderung folgte auf die andere. Alle neuen Gesetze bedeuteten Einschränkungen der Rechte der Angeklagten, Erschwerung der Verteidigung und damit Einschränkung der Rechte der Bürger. In zeitlicher Reihenfolge waren dies:

das Gesetz zur Reform des Strafverfahrensrechts vom 20. Dezember 1974,
»das Antiterroristengesetz« vom 18. August 1976,
das »Kontaktsperregesetz« vom 30. September 1977
das Gesetz zur Änderung der Strafprozeßordnung vom 14. April 1978 und
das Strafverfahrensänderungsgesetz vom 3. Oktober 1978.
Die Zahl der Verteidiger, die ein Angeklagter wählen konnte, wurde auf drei beschränkt. Ein Verteidiger durfte andererseits nicht mehr als einen Angeklagten verteidigen. Die Möglichkeit des Ausschlusses von Verteidigern wurde eingeführt, Angeklagte konnten von der Teilnahme an der Verhandlung ausgeschlossen werden, in Verfahren wegen Bildung einer terroristischen Vereinigung gemäß § 129a StGB konnte der schriftliche Verkehr zwischen dem inhaftierten Angeklagten und seinem Verteidiger überwacht werden, durch das sogenannte Kontaktsperregesetz konnte sogar die vollständige Unterbrechung des Kontaktes zwischen inhaftierten Terroristen und ihren Verteidigern erfolgen usw. Die Änderungen mögen z. T. harmlos klingen, doch sie waren es nicht. Rechtsanwälte und für sie der Deutsche Anwaltverein äußerten Bedenken. Rechtsanwalt Wilhelm Krekeler veröffentlichte 1979 einen Artikel *»Strafverfahrensrecht und Terrorismus«* mit dem Untertitel *»Bewährung oder Niederlage des Rechtsstaates?«.* Er endete mit den Worten: *»Durch die seit dem 1.1.75 in Kraft getretenen Gesetzesänderungen sind tiefe Breschen in die Befestigungsmauern unserer rechtsstaatlichen Verfahrensordnung geschlagen worden. Der Gesetzgeber hat allen Anlaß über Maßnahmen nachzudenken und sie in die Tat umzusetzen, die die geschlagenen tiefen Breschen beseitigen oder zumindest verkleinern.*

Nicht nur Anhalten, sondern Umkehr ist geboten.«[163]

Auch als es keine Terroristengruppen wie die RAF oder die »Bewegung 2. September« mehr gab, und die Ereignisse vom 11. September 2001 nicht zu erahnen waren, blieb die Verschärfung der gesetzlichen Bestimmungen bestehen. Warnende Stimmen wurden laut. E. Denninger sagte 1973 voraus: *»Es könnte sehr wohl sein, daß der Kampf gegen Kriminalität, Terrorismus und illegale Gewalt aller Art durch massiven Einsatz legaler Gewaltmittel* *in zahlreichen Einzelgefechten auf der ganzen Linie gewonnen wird, daß dabei aber letzten Endes der freiheitliche Rechtsstaat und mit ihm die ›innere Sicherheit‹ für alle Bürger doch verloren gehen.«*[164]

Anders als in den vorangegangenen Wellen politischer Prozesse gegen die Nazis und die Kommunisten war die Zahl der Ermittlungsverfahren gegen Terroristen relativ klein, da die Terroristen keine Massenbasis hatten. Groß war dagegen die Zahl der Verurteilten. Vergleicht man die 1.431 wegen RAF-Tätigkeit Verurteilten mit den ca. 300 wegen vermeintlichen DDR-Unrechts Verurteilten, so offenbart sich, in welchem Umfang die Publizität um das DDR-Unrecht aufgebläht wurde, damit die DDR als »Unrechtsstaat« präsentiert werden konnte.

Die RAF-Prozesse zeigten alle für politische Prozesse typischen Merkmale. So fanden in ihnen die Verschärfungen des Prozeßrechts ihre Ergänzung durch die Haltung der Richter. Rechtsanwalt Heinrich Hannover, der Ulrike Meinhof und Peter-Jürgen Boock verteidigt hatte,[165] sprach davon, daß die Richter in Stammheim gegenüber dem Wort des Verteidigers die Ohren versperrten.[166] Er konstatierte weiter: »*Im politischen Strafprozeß geht es nicht um Wahrheitsfindung, sondern um die Vernichtung von Feinden und die Rehabilitierung von Freunden.*«[167] Das ist eine entscheidende Besonderheit. Politische Justiz gegen Nazis war z. B. in der BRD eine Justiz gegen Freunde, sie war gnädig und mild. Politische Justiz gegen »Rote« war immer eine Justiz gegen Feinde. Dementsprechend lautet eine weitere Erfahrung Hannovers: »*Verteidigung im politischen Strafprozeß ist ein in der Regel aussichtsloser Kampf gegen die Übermacht der öffentlichen Vorverurteilung*«.[168]

In dieselbe Richtung geht auch eine Erklärung des Verteidigers im Düsseldorfer Friedenskomitee-Prozeß Diether Posser gegenüber dem Gericht: »*Wenn Sie alle Beweisanträge der Verteidigung ablehnen, dann würde ich es ehrlicher finden, unsere Mandanten durch Verwaltungsakt ins Konzentrationslager einzuweisen, statt uns Verteidiger als rechtsstaatliches Dekor zu mißbrauchen*«.[169]

Von DDR-Verteidigern wurde in der BRD auch gesagt, sie hätten als Feigenblatt gedient, um den politischen Verfahren ein rechtsstaatliches Aussehen zu geben. Politische Verteidigung konnte im Westen zwar lauter und deutlicher werden als in der

DDR, aber erfolgreicher war sie in den Prozessen, auf die es dem Staat ankam, nicht – und Feigenblatt war sie eben auch.

Was die Verteidigung von »Feinden« angeht, so geht es den Rechtsanwälten der BRD auch nicht besser als es den Verteidigern in der DDR ging. Charakteristisch für politische Prozesse ist auch eine Atmosphäre, die Hannover als »*anwaltfeindliches Verteidigungsklima*«[170] kennzeichnet. Der Anwalt, der den politischen Gegner verteidigt, wird selbst zum Feind und zum Gegenstand polizeilicher Überwachung. Insbesondere die Telefonüberwachung wird von Verteidigern nicht nur der BRD, wie von Diether Posser[171], sondern auch von französischen[172], englischen und US-amerikanischen Verteidigern quasi als selbstverständlich angenommen, wie der Verfasser wiederholt von ihnen erfahren hat. Insofern unterscheidet sich ihre Lage nicht von der in der DDR tätigen Verteidiger. Daran ändert auch die Tatsache nichts, daß es Verteidigern in der BRD manchmal gelang, sich auf dem Rechtsweg gegen repressive Maßnahmen zu wehren. So konnte Heinrich Hannover, nachdem er zehn Jahre nach der Überwachung seines Post- und Telefonverkehrs von dieser Tatsache wahrscheinlich durch Zufall Kenntnis erhalten hatte, weitere acht Jahre später in dritter Instanz vom Bundesverwaltungsgericht die rechtskräftige Bestätigung erhalten, daß die Überwachungsmaßnahmen rechtswidrig waren.[173] Geschehenes blieb aber Geschehenes.

Ein anderes Beispiel für die Atmosphäre, in der Rechtsanwälte, die in politischen Verfahren tätig waren, schildert Posser wie folgt: »*Am frühen Abend des 18. August 1961 läutete das Telefon. Zu meiner Überraschung meldete sich ein Ermittlungsrichter beim Bundesgerichtshof. Er sagte lediglich, er sei in etwa zwei Stunden bei mir, ich solle die Wohnung nicht verlassen. Ehe ich nach Einzelheiten fragen konnte, hatte er schon aufgelegt.*« Posser schildert dann, daß er seine Verhaftung befürchtete und seinen Sozius, den damaligen Anwalt und späteren Bundespräsidenten Gustav Heinemann, verständigen wollte. Er fährt fort: »*Die Entfernung zu seinem Haus in der Schinkelstraße 34 betrug von meiner Wohnung etwa 500 m, so daß ich wenige Minuten später bei ihm war. Angemeldet hatte ich meinen unerwarteten Besuch nicht, weil ich damit rechnete, daß mein Telefon abgehört würde.*«[174] Posser hatte seine

69

Verhaftung befürchtet, u. a. weil die Möglichkeit bestehe, »*daß die Initiative von hiesigen Stellen ausgehe, denen ich als kritischer Verteidiger in zahlreichen politischen Strafverfahren unliebsam aufgefallen sei und die deshalb meine vorübergehende Ausschaltung betrieben*«.[175]

Welche »Stellen« mag Posser wohl gemeint haben?

Posser war weder ein Staatsfeind noch ängstlich, wie sein Auftreten in Prozessen zeigte. Er war als Mitglied der SPD von 1968 bis 1988 Minister in Nordrhein-Westfalen und zwar für Bundesangelegenheiten sowie Justiz- und Finanzminister. Dem Vorstand der SPD gehörte er von 1970 bis 1986 an. Sein Verhalten ist daher symptomatisch für die Stellung des Verteidigers in politischen Prozessen in der BRD in jenen Jahren.

Politische Justiz denkt politisch, ist politisch motiviert und urteilt politisch. Die Paragraphen der Gesetze sind für sie nur Werkzeuge oder Instrumente, mit denen sie ihr politisches Ziel erreicht. Die unterschiedliche Handhabung desselben Rechts, desselben Rechtsinstitutes gegen Freund oder gegen Feind enthüllt das, wie Hannover am Beispiel des Rechtsinstituts der »Offenkundigkeit« bzw. der »Gerichtsbekanntheit« zeigt. Was »offenkundig«, was »gerichtsbekannt« ist, muß nicht mehr bewiesen werden – es gilt als wahr. Der Angeklagte und sein Verteidiger sind dagegen machtlos. Deswegen wurde dieses Rechtsinstitut ursprünglich vom Reichsgericht abgelehnt. Es war 1887 der Auffassung, daß seine Anwendung der »*subjektiven Willkür Thür und Thor öffnen*« würde.[176] Die frühe Erkenntnis hat sich in der BRD bewahrheitet.

»Gerichtsbekannt« war in den Terroristenprozessen, daß alle Taten der RAF kollektiv geplant waren, daß also alle Mitglieder der RAF »die Tat als eigene« wollten und damit als Täter verurteilt werden konnten. Hannover zitiert aus der Ablehnung eines Beweisbeschlusses im Schleyer-Prozeß ein Beispiel: »*Im übrigen zweifelt der Senat an der Kollektivität der Tätergruppe und an der Wahrung dieses Grundsatzes auch bei der Tötung Dr. Schleyers auch dann nicht, wenn er von der oben [...] aufgeführten Beweisbehauptung ausgeht. Auch wenn es im Laufe der Entführungszeit Dr. Schleyers in der ›RAF‹ zwei Gruppen mit einander widerstreitenden Ansichten hinsichtlich der Frage der Erfolgsaussichten der mit der Entführung verbundenen Aktionen gab, ist dies für den Senat kein Grund, daran zu zweifeln, daß entsprechend dem Grundsatz der Kollektivität die Tötung Dr. Schleyers für den Fall des Scheiterns der Freipressungsaktion schon vor dem Überfall vom 5. September 1977 durch einstimmigen Beschluß der Mitglieder der Tätergruppe festgelegt war.«*[177] Mit derartigen Argumentationen wurden alle Mitglieder der RAF zu Tätern, ob sie bei der Tat anwesend waren oder nicht, während alle Angehörigen der SS-Mannschaft eines KZ, wenn sie die Ermordung eines Häftlings nicht selbst ausgeführt hatten, allenfalls Gehilfen waren. Bei Freunden ist eben alles ganz anders als bei Feinden.

Hannover hat auch darauf hingewiesen, daß es eine *»Tradition der beweislosen Wahrheitsfindung im politischen Strafprozeß«*[178] gibt, die bis auf die Kommunistenprozesse in der Weimarer Republik zurückgeht.

Aus dem gleichen Grund gibt es auch zwei *»Lesarten von Rechtsbeugung«*, wie Lamprecht 1994 festgestellt hat.[179] Er äußerte den Verdacht, *»daß rote und braune Richter mit verschiedenem Maß gemessen werden«*. Anders ist die unterschiedliche Rechtsprechung gegenüber Nazi-Richtern einerseits und DDR-Richtern andererseits wohl kaum zu erklären. Lamprecht erinnert: *»Fest steht, daß alle 5.243 Todesurteile, die der Volksgerichtshof gefällt hat, ungesühnt geblieben sind. Fest steht auch, daß keiner der 106 Berufsrichter und 179 Staatsanwälte, die unter Freisler dienten, wegen Rechtsbeugung verurteilt worden ist, ebensowenig irgendeiner der abertausend Sonder- und Kriegsrichter. Und fest steht schließlich, daß die dogmatischen Rezepte zur Verschonung der gestrauchelten Kollegen vom BGH ausgegangen sind.«*[180]

Was für das Gerichtsverfahren zutrifft, gilt auch für das Gnadenverfahren. Hannover stellt fest: *»Terrorismus von rechts war und ist hierzulande kein Thema«*.[181] Und im Gnadenverfahren kommt der rechte Terrorist gleichfalls besser weg: *»Zum Vollzug der lebenslangen Freiheitsstrafe bei NS-Gewaltverbrechern gibt es eine aus dem Jahre 1977 stammende [...] Untersuchung von Ulrich-Dieter Oppitz, die mit konkreten Zahlen aufwartet und daraus den Schluß zieht, daß zu Lebenslänglich verurteilte Nazi-Gewaltverbrecher, soweit die Vollstreckungsdauer und Begnadigungshäufigkeit betroffen sind, eine bevorzugende Sonderbehandlung genießen«*.[182]

Die juristische Vergangenheitsbewältigung nach dem 3. Oktober 1990

Die juristische Bewältigung der DDR-Vergangenheit durch die BRD erfolgte total und schlagartig. Die DDR-Hinterlassenschaft wurde keineswegs nur mit den Mitteln des Strafrechts bewältigt. Die Juristen waren an vielen Fronten (darf oder muß man Fronten sagen?) mit ihrer Bewältigung befaßt.

Zuerst setzte die BRD das gesamte bundesdeutsche Recht mittels Art. 8 des Einigungsvertrages im ehemaligen Staatsgebiet der DDR in Kraft. Administrativ lief alles vorzüglich ab. Juristen aus dem DDR-Justizministerium hatten fleißig mit denen des Bundesjustizministeriums zusammengearbeitet und so im Eiltempo das juristische Kunstwerk des Einigungsvertrages vollbracht, in dem alles geregelt wurde. Das alte Recht wurde das neue.

Das bundesdeutsche Recht ist im Kern das Recht des Bürgerlichen Gesetzbuches (BGB) vom 1. Januar 1900, der Zivilprozeßordnung (ZPO) vom 30. Januar 1877, des Strafgesetzbuches (StGB) vom 15. Mai 1871, der Strafprozeßordnung (StPO) von 1. Februar 1877 und des Gerichtsverfassungsgesetzes (GVG) vom 27. Januar 1877. Diese Gesetz sind natürlich vielfach geändert und den modernen Lebensverhältnissen angepaßt worden, den Zeitgeist ihrer Entstehung können und wollen sie jedoch nicht verleugnen. Bismarck und Kaiser Wilhelm stehen als Ahnherren hoch im Kurs. In einer der gängigsten Ausgaben der heute geltenden Fassung des BGB heißt es in der Einleitung: *»Die wesentlichen Materien des bürgerlichen Rechts sind – trotz aller Änderungen – immer noch im BGB von 1900 enthalten.«*[183]

An die Stelle der sozialistischen Moral traten wieder die guten Sitten, und im Erbrecht gab es wieder einen Pflichtteilanspruch. Alles wie bei Kaiser Wilhelm. Scheidung ging wieder nur mit Rechtsanwalt, dauerte lange und kostete viel. Abtreibung war nicht mehr einfach und kostenfrei. Richter waren unabhängig, Gesetze unverständlich. Die berühmten Worte des liberalen Justizministers der Weimarer Republik, Eugen Schiffer, von der Volksfremdheit des Rechts und der Rechtsfremdheit des Volkes galten wieder, wurden jedoch so nicht mehr ausgesprochen. Schüchterner klingen heute Worte wie die des Saarbrücker Professors Lüke: »*Wenn die Menschen das Recht nicht mehr verstehen, was z. B. für Teile des Familienrechts zutreffen dürfte, wird die Gefahr heraufbeschworen, daß der Rechtsstaat zu einem abstrakten Gebilde, zu einer dem Staatsvolk gleichsam übergestülpten Glocke wird. Große Sorge bereitet der Befund, daß der Rechtsstaat bisher nicht nur nicht in den Herzen der Menschen im Osten angekommen ist, um eine Formulierung Steffen Heitmanns aufzugreifen, sondern daß er – anders als in den Jahren nach 1949 – überhaupt nicht mehr in den Herzen der Menschen ist, folglich auch nicht mehr aus ihren Herzen kommt. Dies scheint die eigentliche Krise des Rechtsstaats zu sein.*«[184]

Das Alte wurde also nun das Neue für den neuen Bundesbürger. Das geschah, von Ausnahmen abgesehen, bereits am 3. Oktober 1990 um 0.00 Uhr. Vom Bürgerlichen Gesetzbuch über das Strafgesetzbuch bis zum Sozialgesetzbuch, dem Steuerrecht und der Straßenverkehrsordnung trat eine neue Rechtsordnung über Nacht in Kraft. Hatte der Bürger des Deutschen Reichs noch vom 18. August 1896, dem Zeitpunkt der Verabschiedung des BGB, bis zum 1. Januar 1900, dem Zeitpunkt seines Inkrafttretens, Gelegenheit, sich mit dessen 2.385 Paragraphen zu beschäftigen, so sollte der nunmehr mündige Neubundesbürger eine vielfach größere Paragraphenflut sozusagen im Handumdrehen verinnerlichen. Seine Vertreter in der Volkskammer hatten dies Kunststück bereits vor ihm bewältigt, indem sie dem Einigungsvertrag mit seinen Anlagen und den Tausenden von Paragraphen nach Prüfung (?) von wenigen Tagen zustimmten. Der Bundestag stand vor demselben Problem, auch er mußte dem Einigungsvertrag zustimmen, auch er tat es blindlings. Nur 40 Abgeordnete der SPD hatten Bauchschmerzen. Sie erklärten: »*Schwer erträglich ist für uns die unzureichende parlamentarische Behandlung des Vertrages. Der Bundestag und seine Ausschüsse hatten nicht die Möglichkeit, das Vertrags-*

werk mit seinen zahlreichen Anlagen gründlich und sachgerecht zu prüfen. Kein Ausschuß, kein Abgeordneter hatte die Möglichkeit, auf die Gestaltung der Gesetze, die in diesem Vertrag eingeschlossen sind, Einfluß zu nehmen, beispielsweise durch Änderungsanträge in der zweiten Lesung. Hier werden in einem beispiellosen Schnellverfahren Gesetze verabschiedet, deren Folgen keiner von uns heute übersehen kann.« Auf der ersten Seite der Bundestagsdrucksache, die den Gesetzentwurf enthielt, war zu lesen:

»A. Zielsetzung (Einheit)

B. Lösung (Einigungsvertrag)

C. Alternativen – Keine

D. Kosten (»*Der Einigungsvertrag und seine Anlagen haben nur begrenzte unmittelbare finanzielle Auswirkungen [...]*«)[185]

So wurde den neuen Bundesbürgern Demokratie beigebracht.

Nach und neben der fortwirkenden Gesetzgebung und der emsigen Verwaltung bewältigte vom 3. Oktober 1990 an die Justiz in Gestalt der Straf-, Zivil-, Verwaltungs-, Sozial-, Finanz- und Arbeitsgerichte und letztlich das Bundesverfassungsgericht in ungezählten Prozessen die DDR-Vergangenheit. Völlig bewältigt ist die Bewältigung auch heute noch nicht. Viele Juristen, Polizisten und andere Staatsdiener haben von ihr gelebt, vielen BRD-Bürgern hat sie ein Vermögen beschert. Bettina Gaus beschrieb einen solchen Fall in dem Nachwort zu den »Erinnerungen« ihres Vaters. Sie erinnerte sich, »*daß eine enge Freundin meiner Eltern von einer in bescheidenen, wenngleich auskömmlichen Verhältnissen lebenden Frau zu einer reichen Erbin geworden ist [...] Bemerkenswert finde ich vielmehr, daß ich – die sie ziemlich gut kannte – erst mehrere Jahre nach dem Zusammenbruch der DDR überhaupt erfuhr, daß sie an diese Entwicklung berechtigte Hoffnungen auf Wohlstand knüpfen durfte. Die Vorkriegsstellung: Sie spielte keine Rolle in dem Nachkriegsdeutschland, das ich kennengelernt habe, jedenfalls nicht in materieller Hinsicht. Hin ist hin, weg ist weg.*«[186]

Parallel zur juristischen Vergangenheitsbewältigung lief die ökonomische. Die Wirtschaft der DDR wurde umstrukturiert, das ehemalige Territorium der DDR wurde deindustrialisiert. Die Volkseigenen Betriebe verschwanden. Dafür entstanden neue Supermärkte, Einkaufspassagen, Shoppingzentren. Aus

HO wurde Kaiser, Reichelt, Aldi, Lidl, Spar oder REWE. Sie eroberten die »grünen Wiesen«, gaben den DDR-Einzelhändlern, die den Sozialismus überlebt hatten, den Rest. Ost war out. Die Betriebe wurden geschlossen, Westbetriebe übernahmen ihre Kunden und ihre Immobilien, aber wenig oder keine Arbeitskräfte. Westeigentümer kamen in die »neuen Bundesländer« und forderten ihre Grundstücke von den »Ossis«, die Jahrzehnte dort gelebt, gebaut und gearbeitet hatten. Das passierte, bevor die Justiz zum Zuge kam, und setzte sich danach in rechtlich geordneten Bahnen fort. Alles mußte anders werden, alles wurde anders. Adlige erhielten Goethes Grabstätte, seinen Nachlaß und Sachsens Schätze zurück. Das war die Art, wie zusammenwuchs, was zusammengehörte. Recht und Justiz halfen dabei. Wie sie das taten, soll im folgenden deutlich gemacht werden. Was die Wirtschaft außerhalb des Rechts tat, steht auf einem anderen Blatt und kann hier nicht erörtert werden. Es muß jedoch immer mit berücksichtigt werden.

Die strafrechtliche Vergangenheitsbewältigung

Vorbereitung und Anfang
Das DDR-Bild der Westdeutschen zum Zeitpunkt des Beitritts der DDR war ganz überwiegend finster. Die »rot lackierten Nazis« – wie Schumacher die Kommunisten genannte hatte – waren nicht anders als die braunen. Die DDR war wie der NS-Staat totalitär, war die »zweite deutsche Diktatur«, war ein »Unrechtsstaat«. Nationalsozialismus galt vielen als eine Form des Sozialismus. Politische Unkenntnis und Unbildung waren weit verbreitet und sind es wohl noch. Symptomatisch, wenn auch extrem, war zweifellos die Ansicht Enno v. Loewensterns, des Chefredakteurs der Zeitung »Die Welt«, der im Juli 1991 äußerte: *»Was aber die sogenannte DDR und deren Regierung betrifft, so handelt es sich dort nicht einmal um einen eigenständigen Staat; diese sogenannte DDR ist niemals von uns staatsrechtlich anerkannt worden. Es gab ein einheitliches Deutschland, von dem ein gewisser Teil von einer Verbrecherbande besetzt war. Es war aus bestimmten Gründen nicht möglich, gegen diese Verbrecherban-*

de vorzugehen, aber das ändert nichts daran, daß es ein einheitliches Deutschland war, daß selbstverständlich ein einheitliches deutsches Rechts dort galt und auf die Verbrecher wartete und daß Salzgitter sozusagen das Symbol dieses Sachverhalts war.«[187]
Und er ergänzte: »*Natürlich ist der tausendfache Mord des Herrn Honecker eine andere Dimension als der einfache Mord eines Raubmörders auf irgendeiner Bonner oder Lübecker Straße.«*[188]
Wenn auch Äußerungen von dieser Radikalität selten sind, so dürfte dennoch eine ähnliche Einstellung das Denken vieler Menschen und auch Juristen in der BRD beherrscht haben. Wenn das schon eine der führenden seriösen Zeitungen der BRD von ihrem Chefredakteur schreiben ließ, ist vorstellbar, was Konsumenten der Boulevardblätter gedacht haben und noch denken. Die Art und Weise, in der der Beitritt der DDR zur BRD vollzogen wurde, die Art und Weise, in der insbesondere die Bewältigung der DDR-Vergangenheit erfolgte, ist ohne das verzerrte DDR-Bild, das die bundesdeutschen Medien in den Köpfen der Westdeutschen erzeugten, nicht zu verstehen.

Die Juristen hatten dieses DDR-Bild mehr oder weniger ebenfalls verinnerlicht. Selbst unter den Rechtswissenschaftlern, die, wie wir sehen werden, berufsbedingte Skeptiker bezüglich der juristischen Vergangenheitsbewältigung waren, gab es einige – nicht viele –, die Opfer der Medien waren. Martin Kriele sagte z. B. auf einer Konferenz der Staatsrechtslehrer: »*Jedenfalls gibt es keinen Grund, die DDR-Verbrecher nach anderen Prinzipien zu behandeln als die Nazi-Verbrecher. Es gibt zwar allerlei trübe – und zum Teil auch respektable – Motive, mit Mördern und Folterern aus der DDR anders zu verfahren als mit solchen aus der Nazizeit, aber es gibt keinen sachlich rechtfertigenden Grund dafür.«* [189]

Wäre man mit den »*DDR-Verbrechern*« so verfahren wie mit den Nazis, hätte es gar keine Strafverfolgung gegeben. Gegenüber den braunen Verbrechern wurden beide Augen zugedrückt, Mörder wurden amnestiert, begnadigt und freigesprochen. Gegenüber den DDR-Beschuldigten wurden dagegen die gewagtesten Rechtskonstruktionen erdacht, um sie zu verurteilen.

Selbst Strafrechtsprofessoren, die der strafrechtlichen Bewältigung der DDR-Vergangenheit kritisch gegenüberstanden, wurden von der öffentlichen Meinung beeinflußt. So berichtete Klaus Lüderssen in einer Fußnote von den vielen Anzeigen, die vorliegen: »*Zwangsadoptionen (= Kindesentführung; vgl. Frankfurter Rundschau vom 5.8.1992), Freiheitsberaubungen oder Körperverletzungen, unter Umständen auch Aussageerpressungen durch Stasi-Leute, Verletzungen des persönlichen Lebens- und Geheimbereichs, Tötungen von Kindern direkt nach der Geburt, Ausreiseversprechen in Verbindung mit Verkauf von Immobilien, Vorteilsannahme und Bestechlichkeit im Austausch gegen ›Privilegien‹, die Komplexe Stasi/RAF und ›Waldheimprozesse‹ [...]*«[190]

Auch Historiker stellten sich zur Verfügung, um das DDR-Bild zu schwärzen. Horst Möller, Direktor des Instituts für Zeitgeschichte München, schrieb 1994: »*Die NS-Diktatur hat etwas mehr als eine halbe Million Menschen ins Exil getrieben – zweifellos eine Menschenrechtsverletzung extremen Ausmaßes. Aus vergleichbaren Motiven der Verfolgung haben in den Jahren von 1949 bis 1961 fast 2,7 Millionen Menschen die DDR verlassen und sind geflüchtet.*«[191] Nach Möller war die DDR folglich fünfmal schlimmer als der Nazistaat.

So kann man Geschichte auch darstellen, wenn man in der BRD Geschichtsprofessor ist. Die Gefallenen, die Vergasten, die Erschossenen zählen dann nicht und Flüchtlinge vor dem KZ sind wie Ausreisende von Deutschland nach Deutschland.

Der Berliner Historiker J. Friedrich referierte auf einer Tagung der Evangelischen Akademie Berlin-Brandenburg sogar »*die DDR ›war ein KZ‹ und die Grenzsoldaten ›lebende Schießautomaten‹ und ›SS-Schützen‹*«.[192] Wo Wissenschaftler derartige Parallelen wagen können, muß der allgemeine politische Bildungsstand beschämend sein.

Viele konservierten dieses DDR-Bild auch dann noch, als man es schon aus eigener Anschauung besser wissen konnte, wenn man denn wollte. Christian-Friedrich Schroeder, Professor in Regensburg und Spezialist für Ostrecht, zählte noch 1994 folgende Grausamkeiten auf: »*In der DDR wurden von der SED zahlreiche Handlungen vorgenommen bzw. veranlaßt, die nach Auffassung der zivilisierten Nationen Straftaten darstellen. Das waren vor allem die grausame Unterdrückung von Versuchen zur Gewinnung der Freizügigkeit mit gezielten Todesschüssen, mit Todesautomaten, mit völkerrechtlich verbotenen Dummdummge-*

schossen, mit Minen und Einsperrung, dann die rücksichtslose Ausbeutung und die Tötung und Gesundheitsbeschädigung durch die Vernachlässigung der ärztlichen Hilfe und der Sicherheitsbestimmungen im Strafvollzug, die Unterstützung von terroristischen Attentaten im Westen, der Kinderraub durch Wegnahme von Kindern und die Vermittlung der Adoption durch Fremde, die Zerstörung von Kulturdenkmälern zur Auslöschung der Vergangenheit – es ist bekannt, daß vor allem in den ersten Nachkriegsjahren viele durchaus noch reparaturfähige Gebäude mutwillig zerstört wurden, um auf diese Weise mit der Vergangenheit rücksichtslos zu brechen –, die Zerstörung der Umwelt, die nicht nur fahrlässig erfolgte, sondern sehenden Auges, um die übermäßige Rüstung, den Grenzschutz und andere Unterdrückungsziele finanzieren zu können, die Entziehung des Eigentums gegenüber weiten Schichten der Bevölkerung, ein ständiger Betrug bei Wahlen, die Vernichtung von Ausbildungs- und Berufschancen, die Ausspionierung aller privaten Lebensäußerungen und die Zerstörung der Vertrauensbeziehungen durch ein ausgeklügeltes Spitzelsystem, die planmäßige seelische Zerrüttung von politischen Gegnern, für die der schreckliche Begriff der ›Zersetzung‹ geprägt wurde, die Tötung Frühgeborener zur Verbesserung der Statistik der Säuglingssterblichkeit, die Öffnung von Privatbriefen mit Zueignung des darin enthaltenen Geldes – die Liste der Taten, die für unser Rechtsgefühl unerträglich sind, reist nicht ab.«[193] C.-F. Schroeder wußte aber auch: *»Bei der Frage der strafrechtlichen Behandlung dieser DDR-Regierungskriminalität ist die deutsche Öffentlichkeit in ungewöhnlicher Weise gespalten. Teils wird eine Strafverfolgung apodiktisch als unzulässig bekämpft, auf der anderen Seite wird aber gerade die lässige und schleppende Verfolgung leidenschaftlich angegriffen.«*

C.-F. Schroeder selbst meinte: *»Es gilt bei uns das Legalitätsprinzip, d. h., wenn Straftatbestände erfüllt sind, muß die Strafverfolgung eingreifen«.*[194] Ja, in den Lehrbüchern steht das so.

Politisch begann die Be- oder Überwältigung der DDR schon vor dem sogenannten Beitritt am 3. Oktober 1990. Beim Wahlkampf vor den »ersten freien Wahlen« mischten die Parteien der Bundesrepublik mit. Ihre Medien, ihre Finanzen, ihre Wahlkampfmanager gaben den Ton an. Die sogenannten »Laienspieler« der Volkskammer waren die Statisten. Wenn der neue Chef der Ost-CDU, de Maizière, neben Bundeskanzler Kohl stand, war bereits bildhaft alles gesagt. Nach der Wahl kam der Einigungsvertrag, Schäuble für die BRD und Krause für die DDR schlossen ihn ab. Heute weiß man, Krause ist wegen krimineller Handlungen verurteilt, damals wußte man: Er ist eine politische Null gegen Schäuble. Berater der BRD saßen nach den ersten freien Wahlen in allen DDR-Ämtern und gaben dort den Ton an. Die mitwirkenden DDR-Profis gaben ihr Bestes, sie wollten in der BRD Beamte werden, sie taten, was jene sagten – Beamte wurden sie größtenteils dennoch nicht. Verlorene Liebesmüh. So fing es an, so ging es weiter.

Alles wurde gut vorbereitet. Am 31. August 1990 war in Artikel 17 des Einigungsvertrages vertraglich festgeschrieben worden, daß in der DDR ein »*SED-Unrechtsregime*« geherrscht hatte. Der Bundestag erhob den Vertrag zum Gesetz. Damit hatte das Parlament der BRD ein juristisches Verdikt über seinen ehemaligen politischen Gegner gefällt. Die Schranken der Gewaltenteilung, die dem Bundestag laut Grundgesetz juristische Bewertungen wie »Unrechtsstaat« entziehen, hinderten ihn daran nicht. Das parlamentarische Vorurteil war von da an faktisch unangreifbar. Die Gerichte sollten es juristisch, die Enquetekommission des Bundestages politisch weiter untermauern. Das Ergebnis dieser Verfahren war vorweggenommen. Die Voraussetzungen für ein mehr als zehnjähriges aufwendiges Wirken politischer Justiz waren geschaffen.

Nach dem Beitritt, bevor jedoch die Strafjustiz der BRD die Vergangenheit der DDR tatsächlich zu bewältigen begann, waren die DDR-Juristen in den Bezirken entweder bereits aus den Kreis- und Bezirksgerichten sowie den entsprechenden Staatsanwaltschaften entfernt oder auf untere Plätze verwiesen worden. Ostberlin war praktisch ganz von Ostjuristen, auch als Diplomjuristen gekennzeichnet, frei. Die Stadtbezirksgerichte und das Stadtgericht in der Littenstraße waren geschlossen. Westberliner Gerichte übernahmen ihre Aufgaben. Das Landgericht Berlin, im Westberliner Stadtteil Moabit, wurde zum Zentrum der juristischen Bewältigung der DDR-Vergangenheit.

Die Forderung nach »juristischer Aufarbeitung«, nach »Vergangenheitsbewältigung« beherrschte seit der Wende die

Medien. Schüchterne Versuche, unter die Vergangenheit mit einer Amnestie einen Schlußstrich zu ziehen, waren, wie man sagte, politisch nicht durchsetzbar. Die Regierung gab das Signal: Justizminister Klaus Kinkel verkündete auf einem Forum seines Ministeriums am 9. Juli 1991 in Bonn: »*Wir müssen also – ob wir wollen oder nicht – den Weg des Rechtsstaats gehen. Der Versuch aber, staatliches Unrecht mit den Mitteln des Rechts zu bewältigen, ist nahezu singulär. Die Nürnberger Prozesse, die Verfolgung des Massakers in My Lai und die NS-Prozesse gehören hierher. Mit diesen Prozessen sind wir noch nicht zu Ende, das Verfahren gegen Herrn Schwammberger in Stuttgart hat gerade erst begonnen, und schon müssen wir 45 Jahre später bereits SED-Unrecht aufarbeiten. Auschwitz und Bautzen.*«[195]

»Auschwitz und Bautzen«, »Nürnberg und My Lai« damit hatte der Justizminister den Maßstab vorgegeben und das DDR-Unrecht auf einen Rang erhoben, auf dem es die Medien überwiegend ohnehin schon gesehen hatten und den das Bewußtsein oder Unterbewußtsein des bundesdeutschen Volkes weithin auch akzeptiert hatte: keine politische Justiz, sondern eine juristische Reaktion wie in Nürnberg, der sich der Rechtsstaat nicht entziehen konnte. Eine schwere Pflichterfüllung wie bei den NS-Prozessen. »Auschwitz und Bautzen«, alles dasselbe. Und Kinkel unterstrich: »*Die Aufgabe, die vor uns steht, ist gewaltig. Nicht nur der Rechtsstaat, unsere ganze Gesellschaft muß sich der Bewältigung des DDR-Unrechts stellen.*«[196] Und weiter: »*Das SED-Regime hat Menschen systematisch zerbrochen und Lebensschicksale zerstört. Aus politischen Gründen wurden mißliebige Bürger strafrechtlich verfolgt, in psychiatrische Anstalten gesteckt, zwangsausgesiedelt, an Ausbildung und Fortkommen gehindert.*«[197] Wer wen an der Ausbildung hinderte, sollte bald klar werden. Jahr für Jahr warten Zehntausende vergeblich auf eine Lehrstelle, in der DDR bekam jeder Schulabgänger einen Ausbildungs- oder Studien- und schließlich einen Arbeitsplatz.

Die strafrechtliche Bewältigung der DDR-Vergangenheit wurde von Beginn an nur als eine Fortsetzung der politischen Justiz gegen Kommunisten und gegen die noch existierende DDR angesehen, die die BRD seit ihrem Bestehen ausgeübt hatte. Die DDR wurde zwar gemäß einer nahezu ausnahmslos befolgten Sprachregelung zur »ehemaligen« DDR erklärt, aber das, was sie verkörpert hatte, stand (und steht) als drohendes Gespenst (wie zu Zeiten des Kommunistischen Manifests) vor den geistigen Augen der Mitglieder des Establishments. Für sie war das Problem durch die Wiedervereinigung nicht gelöst. Im Gegenteil! Waren die Kommunisten vor 1990 hinter der Mauer, waren sie jetzt im Lande. Für sie stellte sich dieselbe Aufgabe, die schon im 18. und 19. Jahrhundert vor den damaligen Potentaten gestanden hatte: Die Sozialisten, Kommunisten, die Gleichheitsapostel müssen in Schach gehalten oder, wenn möglich, liquidiert werden. Darum mußte die DDR »delegitimiert«, »ehemalige« tituliert und jede positive Erinnerung an sie getilgt werden.

Mit dem Beitritt der DDR zur BRD, noch in den Morgenstunden des 3. Oktober 1990, begann die bundesdeutsche Justiz ihre »Aufräumarbeit. So drangen u. a. Beamte des BKA in die verschlossene Wohnung des ehemaligen Chefs der Auslandsaufklärung der DDR, Werner Großmann, ein. Als er mit seiner Ehefrau am Nachmittag von einem Besuch bei seinem Sohn zurückkam, wurde er von Beamten, die eine Haussuchung in seiner Wohnung durchführten, festgenommen. Der Haftbefehl datierte vom 17. September 1990. Man hatte sich beim Generalbundesanwalt und beim BGH rechtzeitig auf die Brüder im Osten vorbereitet.

Nach dem Beitritt änderte sich für die BRD-Justiz, was die rechtliche Bewertung des staatlichen Verhaltens der DDR und ihrer Bürger anbelangte, nichts. Das Bundesverfassungsgericht beschrieb 1995 in seiner Entscheidung über die Strafbarkeit und Verfolgbarkeit der Spionage der DDR in der BRD den »*Prozeß der Wiedervereinigung*« ausdrucksvoll dahin, daß »*in dessen Verlauf im Gebiet der ehemaligen DDR die Staatsgewalt von der Bundesrepublik Deutschland übernommen wurde*«.[198] Ja, so war es, die Staatsgewalt wurde übernommen. Auch deswegen sprachen und sprechen manche nicht vom Beitritt, sondern vom Anschluß. Hier wird der offizielle Terminus benutzt. Es soll keineswegs bestritten werden, daß die Volkskammer der DDR es mehrheitlich wollte, daß »*die Staatsgewalt von der Bundesrepublik Deutschland übernommen wurde*«.

Die staatlichen Institutionen der Bundesrepublik übernahmen mit der »*Staatsgewalt*« das Schriftgut der Justiz, der Verwaltung und des Militärs der DDR komplett, geordnet und unversehrt, nur die Auslandsspionage der DDR hatte ihre Akten mit Zustimmung des Runden Tisches vernichtet. Die neuen Staatsanwälte, Richter und Beamten lasen die sozialistischen Unterlagen mit dem ihnen eigenen Verständnis, das in den mehr als 40 Jahren des Kalten Krieges gewachsen war. Die Mühlen der Justiz fingen sofort an zu mahlen, aber sie mahlten langsam. Das erste bundesdeutsche Urteil wegen »Regierungskriminalität« war das vom Landgericht Berlin am 20. Januar 1992 verkündete Mauerschützenurteil. Vorher war nur das Urteil gegen Harry Tisch wegen Vertrauensmißbrauchs ergangen, das jedoch noch auf einer DDR-Anklage beruhte und mit einem Freispruch endete.

Das Strafrecht stand im Zentrum der öffentlichen Aufmerksamkeit, die dieser Bewältigung der DDR-Vergangenheit insgesamt zuteil wurde. Seit dem Fall der Mauer berichteten die Medien fast täglich von den Untaten, die in der DDR begangen worden sein sollten, und von dem Lotterleben der Bonzen. Das war das DDR-Bild, das insbesondere der vormaligen DDR-Bevölkerung geboten wurde. Sie nahm die Berichte der freien Presse für bare Münze. Ein Beispiel bildete ein Artikel, der im »*Spiegel*« vom 26. Februar 1990 unter der Überschrift »*Die Akte Honecker*« veröffentlicht worden war. Aus ihm entnahmen Zeitungen Sensationsmeldungen. Die Münchener »*Abendzeitung*« veröffentlichte danach eine Meldung unter dem Titel »*So ließ sich Honecker zum Millionär machen*«. In ihm hieß es: »*Allein im vergangenen Jahr wurden 75 Millionen D-Mark abgezweigt und gingen auf das Konto Honeckers bei der Ostberliner Handelsbank.*« Die Stimmung der Ostdeutschen wurde auf diese Weise schon in der Endzeit der DDR angeheizt.

Später änderte sich die Stoßrichtung der Meldungen und Reportagen. Es ging nicht mehr um die angeblichen Privilegien der DDR-Bonzen. Die Vergleiche mit dem Lebensstil westdeutscher Politiker ließen den vermeintlichen Luxus der DDR-Prominenz recht dürftig erscheinen. Jetzt berichteten Zeitungen, Rundfunk und Fernsehen von jedem Prozeß gegen einen Grenzer oder gegen Richter und Staatsanwälte, zuletzt kamen die

Dopingverfahren. Von Mord, Folter, Zwangsadoptionen und Einweisungen Mißliebiger in die Psychiatrie war nicht mehr die Rede. Das geschah nur noch außerhalb von Prozeßberichten, vor allem in Büchern, Filmen, Fernsehspielen und Zeitschriften. In Verbindung mit den fast täglichen Nachrichten über Grenzer- und Juristenprozesse reichte die ständige Prozeßberichterstattung aus, um zu belegen: Die DDR war ein Unrechtsstaat. Das Ziel der Delegitimierung wurde so bei den Medienkonsumenten erreicht.

Die Suche nach den Untaten
Die Anstrengungen der Staatsanwaltschaft und der Polizei wurden der historischen Aufgabe gerecht. Man wollte nicht noch einmal bei der Vergangenheitsbewältigung versagen. Es ging ja auch nicht um die eigene Vergangenheit, sondern um die der DDR, nicht um Nazis, sondern um die Untaten der Kommunisten. Die Polizei richtete eine Sonderdienststelle ein, die ZERV, die Zentrale Ermittlungsstelle für Regierungs- und Vereinigungskriminalität. Der Name war das beste. ZERV durchsuchte, zusammen mit der gleichfalls extra eingerichteten Sonderstaatsanwaltschaft Regierungskriminalität beim Generalstaatsanwalt beim Kammergericht unter Leitung von Generalstaatsanwalt Schaefgen, die Archive der NVA, der Justiz, der Polizei und des MfS. Es war alles da, schön ordentlich, eben in der Tradition Preußens. Nur die Unterlagen der Auslandsaufklärung waren, wie gesagt, mit Erlaubnis des Runden Tischs vernichtet. (Von »Rosenholz« erfuhr man erst nach der Jahrtausendwende.) Auch die Täter waren alle da, wenn man von der zeitweiligen Abwesenheit von Markus Wolf und Erich Honecker absah. Also forschte man in Aktenbergen, einschließlich derjenigen von Salzgitter. Mancher der für diese Aufgabe abgeordneten Kriminalbeamten kam sich eher als Historiker vor und fragte sich angesichts seiner heimatlichen unbearbeiteten echten Kriminalität, was das solle.

Schaefgen bilanzierte das Ergebnis anno 2000 so: »*Anfang 1999 sind etwa 62.000 Ermittlungsverfahren bundesweit gegen ungefähr 100.000 Beschuldigte eingeleitet worden.*«[199] Schaefgen zählt die über 7.000 Ermittlungsverfahren wegen Spionage nicht mit. Es waren also in neun Jahren Verfolgung des sogenannten DDR-Unrechts genauso viele Ermittlungsverfahren eingeleitet worden wie in den 44 Jahren Verfolgung der beispiellosen NS-Verbrechen.

Hinzu kam die Kommunistenverfolgung. Schließlich war die DDR für die BRD-Justiz gleich Kommunismus. Folglich muß man die Zahlen addieren: 100.000 beschuldigte DDR-Regierungskriminelle plus 125.000 beschuldigte BRD-Kommunisten gleich 225.000 beschuldigte Kommunisten bzw. solche, die dafür galten wurden.

Dem stehen 98.042 Nazis gegenüber, die in der Zeit von 1945 bis 1990 beschuldigt wurden.

Diese Zahlen verhalten sich umgekehrt proportional zu den begangenen Verbrechen. An Verfolgungseifer gegenüber Kommunisten fehlte es nicht, auch nicht an den entsprechenden finanziellen und personellen Mitteln. Bei der Verfolgung der Nazis war es anders.

Wer denkt, bei der unterschiedlichen Verfolgungspraxis hätte eine Beißhemmung gegenüber Nazis bestanden, oder gar meint, bei der Verfolgung von Kommunisten in der alten BRD und von DDR-Regierungskriminalität sei Antikommunismus im Spiel gewesen, der geht natürlich fehl. Man hat nur die Lehre aus der Geschichte gezogen, macht den Fehler, die Vergangenheit nicht gehörig aufzuarbeiten, kein zweites Mal.

Schaefgen nennt bei seinem Rückblick auf »*10 Jahre Aufarbeitung des Staatsunrechts der DDR*« drei Tätergruppen. An erster Stelle stehen bei ihm – wie könnte es anders sein – »*Straftaten des MfS*«, sodann folgt das »*DDR-Justiz-Unrecht*« und schließlich behandelt er die »*Gewalttaten an der früheren innerdeutschen Grenze*«. Spionage und Wahlfälschung erwähnt er im Gegensatz zu den Professoren Marxen und Werle, die auch eine Bilanz des DDR-Unrechts gezogen haben, nicht. Wie die 100.000 Beschuldigten sich auf die einzelnen Tätergruppen aufteilen, also wie viel davon Angehörige des MfS, Grenzsoldaten oder Richter und Staatsanwälte waren, wird nicht gesagt. Die drei Gruppen stellen zweifellos den eigentlichen Kern des DDR-Unrechts bzw. der Regierungskriminalität dar, wie sie jedenfalls die bundesdeutsche Justiz sah.

Da nicht angegeben wird, wie sich die 100.000 Beschuldigten auf diese Gruppen verteilen, kann man eine zahlenmäßige Relation nur aus der Zahl der angeklagten Personen in den drei Tätergruppen gewinnen. Dabei fällt auf, daß aus den 100.000 Beschuldigten nur 1.212 Angeklagte wurden, die übrigen 98.788 hatten also bereits nach Auffassung der Staatsanwaltschaft keine Straftaten begangen. Marxen und Werle spezifizieren die Angeklagten nach Delikten wie folgt:

Tätergruppen	Zahl der Angeklagten[200]
Gewalttaten an der Grenze	363
Rechtsbeugung	400
Wahlfälschung	127
MfS-Straftaten	143
Denunziationen	15
Mißhandlungen	53
Amtsmißbrauch/Korruption	56
Wirtschaftstraftaten	42
Doping	6
Sonstige	7
Insgesamt	1.212

Zeitlich am Beginn der strafrechtlichen Verfolgung standen die Verfahren gegen die Mitarbeiter des Auslandsnachrichtendienstes des MfS. Gegen sie wurde von der Führung, also von Markus Wolf und Werner Großmann, bis zum einfachen Mitarbeiter ermittelt. Eine unbekannte Zahl von ihnen wurde inhaftiert. 7.099 MfS-Angehörige waren der Spionage beschuldigt worden – verurteilt wurden 22 Personen.[201]

Von diesen Verfahren spricht man heute nicht mehr. Schaefgen erwähnt sie – wie gesagt – überhaupt nicht. Marxen und Werle behandeln sie, beziehen sie aber in die oben wiedergegebenen statistischen Angaben nicht ein. Sie nennen die Spionage einen »Sonderfall«.

Nach Inhaftierungen, Anklagen und Urteilen wegen Spionage hatte die Staatsanwaltschaft – 4 Jahre und 7 Monate nach dem Beginn der strafrechtlichen Aufarbeitung – vom Bundesverfassungsgericht am 5. Mai 1995 gesagt bekommen, das gehe zu weit. Spionage gegen die BRD war in der DDR nicht strafbar, also stehe ihrer Verfolgung das Prinzip der Verhältnismäßigkeit entgegen.

Konnte man ja vorher nicht wissen, schließlich war in der BRD die Spionage aus der DDR immer strafbar. Bei der Angliederung des Saarlandes war 1956 zwischen Frankreich und der BRD vereinbart worden, daß Spione nicht bestraft werden, und so geschah es. Das waren natürlich keine Kommunisten, die da spioniert hatten, und die Interessen Frankreichs wurden auch nicht von einem Krause vertreten. Die Lücke im Einigungsvertrag ist danach verständlich.

Den Spionen folgten später die sogenannten Mauerschützen, d. h. die DDR-Grenzsoldaten sowie ihre Offiziere und die Mitglieder des Politbüros. Sie machten insgesamt etwa ein Viertel aller Gerichtsverfahren[202] wegen »Regierungskriminalität« aus. Wie hoch die Zahl der wegen der Toten an der Grenze in Ermittlungsverfahren Beschuldigten war, sagen weder Schaefgen noch Marxen und Werle. Sie muß jedoch weit über der oben angegebenen Zahl der Angeklagten liegen, da die meisten Ermittlungsverfahren nicht zur Anklageerhebung führten, sondern eingestellt wurden, weil die Beschuldigten selbst nach bundesdeutschen Maßstäben unschuldig waren. Schaefgen berichtet, daß in Berlin von 21.452 erledigten Ermittlungsverfahren wegen des *»Staatsunrechts der DDR«* 419 zu Anklagen geführt hätten.[203]

Der größte Anteil an den Ermittlungsverfahren wegen »Regierungskriminalität« entfiel auf Richter und Staatsanwälte. Marxen und Werle vermuten, »*daß mehr als zwei Drittel aller Ermittlungsverfahren wegen DDR-Unrechts den Tatvorwurf der Rechtsbeugung betreffen.*«[204]

Eine weitere Gruppe von Straftaten, die als sogenanntes DDR-Unrecht verfolgt wurden, bildeten die Wahlfälschungen. Sie wurden bereits im letzten Jahr der DDR strafrechtlich geahndet. Marxen und Werle können die Zahl der Ermittlungsverfahren in diesem Komplex nicht angeben. Sie geben die Zahl der Gerichtsverfahren mit 64 an, womit die Wahlfälschungen, was die Häufigkeit anbelangt, an vierter Stelle der Gerichtsverfahren stehen.

Schließlich die MfS-Straftaten. Hier müßte nun das zu finden sein, was Presse, Rundfunk, Fernsehen und Bücher berichteten. Also die »*zwischen mehreren hundert und annähernd tausend*« Verschleppungen[205], die von Agenten des Staatssicherheitsdienstes nach Schilderung von Fricke verübt worden waren, oder die Täter, die Timo Zilli 1970 im MfS-Gefängnis in Pankow bis zur Bewußtlosigkeit schlugen[206], oder diejenigen Stasiuntäter, die es nach Kunze »*für opportun betrachtete(n), Häftlinge in Eis- und Wasserzellen zu sperren, ihnen Psychopharmaka zu verabreichen*« [207] usw.

Marxen und Werle geben die Zahl der angeklagten MfS-Angehörigen mit 143 an, bei Schaefgen sind es 99, er nennt die mehrfach angeklagten Personen nur einmal, wenn ihre Verfahren zusammengeführt worden sind. Ihnen stehen 223 Angeklagte wegen Rechtsbeugung und 242 Angeklagte wegen Gewalttaten an der Grenze gegenüber. Die Stasi-Verfahren, die bei Schaefgen an erster Stelle rangieren, liegen, was die Häufigkeit der vermuteten Delikte anbelangt, an letzter Stelle. Allein diese Verfahrenszahlen, die nur die Zahl der Angeklagten nennen, widerlegen schon die allenthalben verbreitete, unausrottbare Auffassung über Folter in der DDR und Gewalttaten des MfS: Die akribische, über zehn Jahre währende Arbeit von Polizei, Staatsanwaltschaften und Gerichten erbringen den rechtskräftigen Nachweis, daß diese Vorwürfe gegen das MfS unberechtigt sind. Die Kollektivverfolgung seiner Mitarbeiter in der Öffentlichkeit, die Kürzung ihrer Rentenansprüche, ihre politische Entrechtung und ihre arbeitsrechtliche Benachteiligung sind folglich durch nichts gerechtfertigt.

Ergebnis der strafrechtlichen Vergangenheitsbewältigung
Alles in allem muß man Schaefgen zustimmen, daß das Ergebnis der mehr als zehnjährige strafrechtlichen Aufarbeitung des DDR-Unrechts »*hinter den Erwartungen zurückgeblieben ist*« – natürlich hinter den Erwartungen der Westdeutschen. Blieben von den 100.000 Beschuldigten nur 1.212 Angeklagte übrig, so wurden aus diesen nach Marxen/Werle 289 und nach Schaefgen ca. 300 rechtskräftig Verurteilte. Diese verteilten sich wie folgt auf die einzelnen Delikte:

Tätergruppen	Zahl der Angeklagten[208]	Zahl der Verurteilten[209]
Gewalttaten an der Grenze	363	98
Rechtsbeugung	400	27
Wahlfälschung	127	92
MfS-Straftaten	143	20
Denunziationen	15	4
Mißhandlungen	53	19
Amtsmißbrauch/Korruption	56	22
Wirtschaftstraftaten	42	5
Doping	6	2
Sonstige	7	2
Insgesamt	1.212	289

Von 1.212 Angeklagten wurden also nach dieser Statistik 289 verurteilt. Zum Vergleich noch einmal: Im Zusammenhang mit der RAF wurden 1.431 Personen und bei der Kommunistenverfolgung von 1951 bis 1968 nach Alexander v. Brünneck schätzungsweise 6.000 bis 7.000 Personen verurteilt. Der Vergleich läßt erkennen, was von dem übrig geblieben ist, was Kinkel 1991 so darstellte: »*Die Aufgabe, die vor uns steht, ist gewaltig. Nicht nur der Rechtsstaat, unsere ganze Gesellschaft muß sich der Bewältigung des DDR-Unrechts stellen.*«[210]

Die ungewöhnliche geringe Zahl der Anklagen im Verhältnis zur großen Zahl von Beschuldigten und der immer noch zu großen Zahl von Anklagen im Verhältnis zur geringen Zahl der Verurteilungen läßt Schlußfolgerungen zu. Die erste ist, die Staatsanwaltschaft hat dort Anklagen erhoben, wo sie in Fällen echter Kriminalität nicht angeklagt hätte, und zweitens, die Gerichte haben dort freigesprochen, wo die Rechtsprechung des BGH sie nicht band.

Die Richter der Landgerichte waren wohl überwiegend skeptisch gegenüber dem Anliegen dieser Art von Vergangenheitsbewältigung.

Die ca. 300 Verurteilungen waren überdies extrem problematisch. Was würde wohl das Ergebnis sein, wenn man die Geheimdienste der BRD, ihre Juristen, ihre Politiker, ihre Grenzer und Polizisten mit den gleichen Maßstäben messen würde, mit denen ihre Kollegen aus der DDR gemessen worden sind? Unter Anlegung der strengsten Maßstäbe bundesdeutscher Juristen gab es in der DDR keinen Fall, in dem auf einem Polizeirevier ein Mensch zu Tode geprügelt wurde, wie es in Köln geschah (ND 9.7.03), keinen Fall, in dem eine hilflose Person von Polizisten so aus ihrem PKW ausgesetzt wurde, daß sie erfror, keinen Fall, in dem Auszuweisende so behandelt wurden, daß sie daran starben. Nicht ein Tourist wurde in seinem Hotelzimmer erschossen, weil er im Verdacht stand, ein ausgebrochener Mörder zu sein. Erschossene Demonstranten und von der Polizei getötete Randalierer bei Fußballspielen gab es in der DDR ebenfalls nicht. Dennoch ist die DDR ein Unrechtsstaat und die BRD ein Rechtsstaat, denn sie hat ein Verfassungsgericht, Verwaltungsgerichte, Gewaltenteilung, und ihre Richter sind unabhängig und unabsetzbar. Uwe Wesel hat das so erläutert: »*Was ein Rechtsstaat ist, läßt sich schwer in einem Satz beschreiben.*« Und er fügte hinzu: »*Am Anfang der siebziger Jahre tröstete sich die Frankfurter Allgemeine Zeitung in einem Kommentar zur Apartheid in Südafrika damit, daß wenigstens alles streng rechtsstaatlich vor sich gehe*«.[211] Hauptsache die Form ist gewahrt. Den Betroffenen wird das wenig Trost bringen. Doch vielleicht können solche und ähnliche Tatsachen etwas zur Entmystifizierung des Rechtsstaats beitragen.

Die Folgen der strafrechtlichen Verfolgung für die Betroffenen
Die meisten Ermittlungsverfahren wurden eingestellt, die meisten Angeklagten freigesprochen, und die wenigen Urteile, die Strafen aussprachen, waren mild. Man sagt, daß zeige den Rechtsstaat, da könne man nicht von Siegerjustiz sprechen. Doch über 100.000 wurden beschuldigt, Rechtsbeugung oder Totschlag oder andere Kriminalstraftaten begangen zu haben. Lange mußten sie unter diesem Verdacht leben. Die Verfahren liefen über Monate und Jahre. Die Beschuldigten brauchten Rechtsanwälte, mußten Honorare bezahlen, waren abgestempelt, hatten ein Strafverfahren am Hals, der Betrieb durfte es nicht wissen, öffentlich traten sie am besten nicht hervor, politisch schon gar nicht. Die Familie litt. Der Ossi trug das nicht so leicht, wie es anscheinend BRD-Politiker tragen, wenn gegen

sie staatsanwaltliche Ermittlungsverfahren laufen. War das Ermittlungsverfahren schließlich eingestellt worden, erhielten die Beschuldigten die Kosten für den Verteidiger dennoch nicht erstattet, wurde ihnen die Zeit des Ausgestoßenseins nicht zurückgegeben. Wurden sie freigesprochen, erstattete die Staatskasse in der Regel nicht den vollen Betrag, den der Freigesprochene an seinen Verteidiger gezahlt hatte. Der stellvertretende Vorsitzende der Gesellschaft für Recht und Humanität (GRH), die sich u. a. auch die Hilfe für strafrechtlich verfolgte Richter, Staatsanwälte und andere Amtsträger der DDR zur Aufgabe gestellt hat, stellte fest: »*Bereits die Ermittlungsverfahren kosteten den Verfolgten mehrere Tausend Euro.*«[212]

Den Vorwurf »Siegerjustiz«[213] weisen die Verteidiger der strafrechtlichen Abrechnung mit der DDR auch mit einem anderen Argument zurück. Generalstaatsanwalt Schaefgen sagt: »*In Wirklichkeit ist die justizielle Aufarbeitung ein Teil der Auseinandersetzung weiter Teile der ihrer Menschenrechte beraubten Bevölkerung Ostdeutschlands mit ihren damaligen Machthabern und deren Handlangern im Staats- und Parteiapparat*«.[214] Schaefgen gibt allerdings nicht an, worauf er die Behauptung stützt, daß »*weite Teile der Bevölkerung*« sich so mit »*ihren damaligen Machthabern*« auseinandersetzen wollen. Mit Umfragen, die das Gegenteil ergaben, setzt sich Schaefgen nicht auseinander.

So hieß es z. B. in der »*Innenpolitik*« schon am 26. Oktober 1992: »*Im Osten Deutschlands vertritt inzwischen eine Mehrheit die Meinung, möglichst bald einen Schlußstrich unter die Vergangenheit zu ziehen*«.

Auch der Historiker der Bundeswehr Michael Wolffsohn erklärte 1994: »*Zwei Drittel der Deutschen möchten inzwischen die Bewältigung der DDR-Vergangenheit einstellen.*«[215] Mit anderen Worten: Die westdeutschen Juristen, die die »*justizielle Aufarbeitung*« erledigen, berufen sich zu unrecht auf ein Mandat der Ostdeutschen. Sie müssen wohl glauben, daß sie das nötig haben.

Sachliche westdeutsche und ostdeutsche Beobachter erkannten vielmehr frühzeitig die wirkliche Relevanz der Bewältigung ostdeutscher Vergangenheit durch Westdeutsche. Auf einem Forum des Bundesministers der Justiz 1991 stellte Georgia

Tornow (Die Tageszeitung), fest, »*das vorherrschende Ost-Gefühl sei Kolonialisierung*«.[216] Und der sächsische Justizminister Heitmann sprach an derselben Stelle von einer »*Verstärkung der Überfremdungsängste in unserem Land*«, und von einem »*Kolonialisierungsempfinden*«.[217]

Heitmann hatte Recht. Die westliche Justiz über Ostdeutsche »*verstärkte*« die ohnehin vorhandenen »*Überfremdungsängste*«, d. h. in Wahrheit waren das keine Ängste, sondern die Erkenntnis der Tatsache der Überfremdung, der Tatsache des Kolonialisierungsgeschehens. Westdeutsche Wissenschaftler haben ausgesprochen, was bei Ostdeutschen meist unausgesprochen blieb: Die DDR wurde kolonialisiert. Dieser vorwiegend ökonomische Vorgang kann hier nicht behandelt, er muß aber als Hintergrund der juristischen Vergangenheitsbewältigung gesehen werden. Ausführlich wird er in der von Wolfgang Dümcke und Fritz Vilmar herausgegebenen Schrift über ein Projekt des Otto-Suhr-Instituts der Freien Universität Berlin mit dem Titel »*Kolonialisierung der DDR*« analysiert, auf die verwiesen wird.[218] Hier liegen die wesentlichen Ursachen für die im Verlauf der Jahre, die seit dem Beitritt verflossen sind, zunehmende Entfremdung von Ossis und Wessis.

Die Rechtsprobleme bei der Verfolgung des DDR-Unrechts und ihre Lösung

Für die öffentliche Meinung stand nach dem Medienurteil fest, daß die Schüsse an der Grenze strafbar waren, daß die DDR-Richter und -Staatsanwälte das Recht gebeugt hatten usw. Die Urteile der Landgerichte, des BGH und des Bundesverfassungsgerichts belegten das im Laufe der Jahre. Das Vertrauen der juristischen Laien und nicht nur dieser in den Rechtsstaat blieb unerschüttert. Die Medien nahmen die abweichende Meinung der Mehrzahl der Rechtswissenschaftler nicht zur Kenntnis, jedenfalls berichteten sie nicht darüber. Der mündige Bürger erfuhr also nichts davon. Es sei denn, er hatte die juristische Fachpresse gelesen. Unter der Kinkelschen Losung: »*Wir müssen also – ob wir wollen oder nicht – den Weg des Rechtsstaats gehen*«[219], delegitimierte die Justiz die DDR, wie es Kinkel von ihr erwartet hatte. Die Justiz gehorchte also angeblich nur ihrer Pflicht, nicht dem eigenen Triebe.

Die Tatsachen sprechen eine andere Sprache. Warum waren die Staatsanwälte so hemmungslos eifrig, warum hörte kein Richter auf die Meinung seiner Rechtslehrer? Wo lagen die Rechtsprobleme, die die mit der Regierungskriminalität befaßten Juristen nicht zur Kenntnis nahmen? Es waren viele, in Stichworten hießen sie: Verjährung, DDR-Amnestien, Selbstgefährdung, Schuldnachweis und vor allem Rückwirkungsverbot.

Erstes Rechtsproblem: Rückwirkungsverbot
Das Hauptproblem der strafrechtlichen Verfolgung von DDR-Taten war und ist das Rückwirkungsverbot. In § 1 des Strafgesetzbuches heißt es: »*Eine Tat kann nur bestraft werden, wenn die Strafbarkeit gesetzlich bestimmt war, bevor die Tat begangen wurde.*« In Art. 103 Abs. 2 des Grundgesetzes wird es als grundrechtsgleiches und in Art. 7 der Europäischen Menschenrechtskonvention (EMRK) als Menschenrecht verkündet: »*Niemand kann wegen einer Handlung oder Unterlassung verurteilt werden, die zur Zeit ihrer Begehung nach inländischem oder internationalem Recht nicht strafbar war*«.

Was also in der DDR nicht strafbar war, darf danach auch in der BRD nicht bestraft werden. Das ist unstrittig.

Der Präsident des BGH, Walter Odersky, äußerte z. B. 1991 auf dem ersten Forum des Bundesministers der Justiz in Bonn: »*Selbstverständlich gilt auch bei der Aufarbeitung des SED-Unrechts durch unsere Strafverfolgungsorgane und Gerichte der Grundsatz ›nulla poena sine lege‹, das heißt, eine Tat kann nur bestraft werden, wenn sie zur Zeit, als sie geschah, für den Täter, der sie verübte, strafbar war. Das ist ein Kernsatz unseres rechtsstaatlichen Verständnisses und Sie werden – diese Behauptung wage ich – keinen Richter finden, der etwas anderes zu tun bereit wäre.*«[220]

Schon im folgenden Jahr stellte sich heraus, daß es keine Mühe machte, Richter zu finden, die etwas anderes zu tun bereit waren, nicht zuletzt auch Richter am BGH. Politische Justiz hat eben ihre eigenen Gesetze. Odersky hätte das wissen können und wissen müssen.

Das Rechtsproblem des Rückwirkungsverbots stand besonders – aber nicht nur – bei den Strafverfahren wegen der sogenannten Gewalttaten an der Grenze im Vordergrund. Es handelte sich dabei um die 270 Toten an der Grenze, die die Berliner Staatsanwaltschaft per 9. Juni 2000 gezählt hatte. Die Zentrale Ermittlungsstelle für Regierungs- und Vereinigungskriminalität (ZERV) gab 421 Tote mit Stand 2000 an, wobei sie »*alle Verdachtsfälle auf Tötungen durch die bewaffneten Kräfte der DDR registriert, die ihr mitgeteilt wurden*«. Die Berliner Arbeitsgemeinschaft »13. August« gibt für den gleichen Zeitpunkt die Zahl der Todesopfer mit 957 an. Sie »*registriert in ihrer Statistik nach eigenen Angaben alle, die im Zusammenhang mit dem Grenzregime ums Leben gekommen sind, wobei zweifelhaft bleiben muß, ob sich diese Zahl tatsächlich ermitteln läßt*«.[221]

Wenn in der Öffentlichkeit von den Mauertoten gesprochen wird, werden in der Regel die größten Zahlen genannt. Wegen dieser Todesfälle wurde unter dem Schuldvorwurf Totschlag, oder nach der DDR-Rechtsterminologie Mord, ermittelt. Anklagen und Urteile lauteten danach auch auf Totschlag oder Mord. Entsprechend wurden auch die Grenzsoldaten, die Mitglieder des Politbüros des ZK der SED und des Nationalen Verteidigungsrates der DDR sowie hohe Offiziere der NVA verurteilt.

Wegen dieser Toten und wegen der Verwundeten gab es eine nicht veröffentlichte Zahl von Ermittlungsverfahren, aus denen Gerichtsverfahren gegen 363 Angeklagte hervorgingen, von denen 98 verurteilt wurden. Da für jeden Toten oder Verwundeten nicht nur die unmittelbaren Täter, sondern auch alle ihre Vorgesetzten strafrechtlich verantwortlich gemacht wurden, vom Unteroffizier bis zum Generalsekretär des ZK der SED, war die Zahl der Beschuldigten und Angeklagten wesentlich höher als die Zahl der Opfer.

Andererseits wurden besonders in den Prozessen gegen die Spitzen dieser Verantwortungskette, insbesondere gegen die Mitglieder des Politbüros, bestimmte Opfer wie Michael Bittner und Chris Gueffroy immer wieder in den Anklagen genannt, während andere nie genannt wurden. Theoretisch hätten in den Prozessen gegen die Mitglieder des Nationalen Verteidigungsrates oder des Politbüros alle Opfer genannt werden können. Das geschah jedoch nicht, da sonst die Zahl der angeklagten Fälle die Gerichtsverfahren so ausgeweitet hätte, daß sie nicht mehr in der Lebenszeit der Angeklagten zu beenden gewesen wären. Eine Auswahl war also erforderlich.

Warum bei dieser Auswahl unter den Opfern einige immer wieder gewählt, andere aber übergangen wurden, läßt sich nur vermuten. Wahrscheinlich wählte die Staatsanwaltschaft die Fälle unter dem Gesichtspunkt der größten Öffentlichkeitswirkung aus. Ein Gesichtspunkt, der für politische Strafverfahren charakteristisch ist. Dazu gehört auch, daß die Lebensläufe der Opfer sich mehr oder weniger gut für die Verfahren eigneten. In diesem Zusammenhang fällt auf, daß auf den Mahnmalen für die Maueropfer ihre Namen nicht genannt werden, obgleich die Mahnung, die Opfer nicht zu vergessen, immer wieder unterstrichen wird. Auch das ist ein Indiz für die politische Instrumentalisierung der Maueropfer.

Nach dem Recht der DDR handelten die Grenzsoldaten rechtmäßig und machten sich daher auch ihre Vorgesetzten nicht strafbar. Das Grenzgesetz, das Volkspolizeigesetz und die Schußwaffengebrauchsbestimmung sahen vor, wann und wie geschossen werden durfte. Erforderlich waren vorher Anruf und Warnschuß. Der Flüchtling hatte natürlich vorher schon die Warnschilder und die Sperranlagen hinter sich gebracht, die ihm das Verbot eindringlich vor Augen geführt hatten. Auch in der BRD kann unter diesen Voraussetzungen geschossen werden. Der Jurist spricht von einem Rechtfertigungsgrund, der die Verletzung oder auch Tötung rechtfertigt und damit das Verhalten des Schützen straflos macht. Der Bestrafung der Mauerschützen steht folglich das Rückwirkungsverbot entgegen.

In der DDR war auch nach dem November 1989 und nach den freien Wahlen kein Jurist auf den Gedanken gekommen, das Schießen auf Flüchtlinge an der Grenze sei eine Straftat gewesen. Erst nach dem Staatsvertrag vom 21. Juni 1990, als die DDR ihre Souveränität praktisch an die BRD abgegeben hatte, ändert sich das. BRD-Berater bestimmten von da an den DDR-Kurs. Auch die DDR-Staatsanwälte gehorchten ihren Beratern und fanden, daß die Schüsse an der Grenze strafbar gewesen seien. Darauf wurde gegen Erich Honecker am 8. August 1990 ein Ermittlungsverfahren wegen der Schüsse an der Mauer eröffnet. Noch im Juli jenes Jahres hatten die zuständigen Staatsanwälte seinen Verteidigern gegenüber das für nicht möglich gehalten.[222]

Offen und brutal konnte man das Rückwirkungsverbot in diesen und anderen Verfahren nicht mißachten, aber delegitimiert mußte die DDR werden.

Was also tun?

Es gab zwei Möglichkeiten: Die Tat war eben doch in der DDR strafbar, weil man das DDR-Grenzgesetz nicht anerkannte (Variante 1) – oder das Rückwirkungsverbot galt für diese Tat nicht (Variante 2). Zwischen diesen beiden Varianten pendelten die Gerichte mit viel Scharfsinn und juristischer Dialektik hin und her.

Der EGHR hat die Behandlung dieser beiden Varianten durch die deutschen Gerichte in seinem Urteil über die Beschwerden von Streletz, Keßler, Krenz[223] prägnant dargestellt, bevor er sich mit neuer Begründung für die Variante 1 entschied: *»Anerkanntermaßen wählten die deutschen Gerichte verschiedene Ansätze der Auslegung der Rechtfertigungsgründe, auf die sich die Beschwerdeführer beriefen, besonders des § 27 Abs. 2 des DDR-Grenzgesetzes.*

Das Berliner Landgericht war der Auffassung, daß diese Rechtfertigungsgründe nicht geltend gemacht werden könnten, weil sie offensichtlich und unerträglich ›gegen elementare Gebote der Gerechtigkeit und gegen völkerrechtlich geschützte Menschenrechte verstoßen‹.

Der Bundesgerichtshof kam zu dem Ergebnis, daß selbst zur Tatzeit eine korrekte Auslegung des § 27 (2) des Grenzgesetzes gezeigt hätte, daß solche Rechtfertigungsgründe wegen der Schranken, die im Gesetz selbst festgelegt sind und im Lichte der DDR-Verfassung und ihrer Verpflichtung nach internationalem Recht nicht in Anspruch genommen werden konnten.

Schließlich war das Bundesverfassungsgericht der Auffassung: ›In dieser ganz besonderen Situation untersagt das Gebot materieller Gerechtigkeit, das auch die Achtung der völkerrechtlich anerkannten Menschenrechte aufnimmt, die Anwendung eines solchen Recht-

*fertigungsgrundes. Der strikte Schutz von Vertrauen durch Art. 103 Abs. 2 GG (das Rückwirkungsverbot – d. Verf.) muß dann zurücktreten. Anderenfalls würde die Strafrechtspflege der Bundesrepublik zu ihren rechtsstaatlichen Prämissen in Widerspruch geraten.‹«*²²⁴

Mit dem letzten Satz hatte das Bundesverfassungsgericht das Rückwirkungsverbot des Grundgesetzes und der Europäischen Menschenrechtskonvention für die verurteilten ehemaligen DDR-Bürger schlechthin für unwirksam erklärt. Es hatte dabei, wie es der BGH schon vor ihm getan hatte, auf die sogenannte Radbruch'sche Formel Bezug genommen. Diese hatte auch schon in den erstinstanzlichen Urteilen und in der öffentlichen Diskussion eine große Rolle gespielt.

Gustav Radbruch (1878–1949) war Juraprofessor in Heidelberg und Kiel und wurde in der Weimarer Republik als Sozialdemokrat Justizminister, ich hatte ihn im Zusammenhang mit der Kommunistenverfolgung in der Weimarer Republik bereits erwähnt. Von den Nazis wurde er als Professor entlassen. Nach 1945 wurde er erneut Professor in Heidelberg und veröffentlichte 1946 in der Süddeutschen Juristenzeitung einen Artikel unter der Überschrift »*Gesetzliches Unrecht und übergesetzliches Recht*«. Er war den Problemen gewidmet, denen sich die Gerichte bei der Aburteilung von Naziverbrechen, die durch Gesetze gedeckt waren, gegenübersahen. In diesem Artikel hieß es u. a.:

»*Der Konflikt zwischen der Gerechtigkeit und der Rechtssicherheit dürfte dahin zu lösen sein, daß das positive, durch Satzung und Macht gesicherte Recht auch dann den Vorrang hat, wenn es inhaltlich ungerecht und unzweckmäßig ist, es sei denn, daß der Widerspruch des positiven Gesetzes zur Gerechtigkeit ein so unerträgliches Maß erreicht, daß das Gesetz als ›unrichtiges Recht‹ der Gerechtigkeit zu weichen hat. Es ist unmöglich, eine schärfere Linie zu ziehen zwischen den Fällen des gesetzlichen Unrechts und den trotz unrichtigen Inhalts dennoch geltenden Gesetzen; eine andere Grenzziehung kann mit aller Schärfe vorgenommen werden: wo Gerechtigkeit nicht einmal erstrebt wird, wo die Gleichheit, die den Kern der Gerechtigkeit ausmacht, bei der Setzung positiven Rechts bewußt verleugnet wurde, da ist das Gesetz nicht etwa nur ›unrichtiges Recht‹, vielmehr entbehrt es überhaupt der Rechtsnatur.*«²²⁵

Das höchste deutsche Gericht stellte mit der Anwendung der

Radbruch'schen Formel das Verhalten der Grenzsoldaten und aller ihrer Vorgesetzten auf eine Stufe mit dem Verhalten der SS-Schergen und ihrer Führer. Die Vergasung von Juden in den Gaskammern von Auschwitz glich für sie den Schüssen auf Flüchtende nach Anruf und Warnschuß in der DDR.

Die Außerachtlassung des Rückwirkungsverbots, ob mit oder ohne Radbruch, billigte der EGMR nicht. Er nahm allerdings in seinem Urteil dazu nicht ausdrücklich Stellung. Er ließ es bei der Auslegung der DDR-Gesetze bewenden, indem er meinte, die Schüsse wären auch nach DDR-Recht strafbar gewesen. Er gab dafür eine Begründung, die so falsch war, daß sie kein deutsches Gericht angewandt hatte. Indirekt hatte der Gerichtshof damit das Bundesverfassungsgericht desavouiert, ohne sich selbst die Blöße zu geben, das Rückwirkungsverbot der Menschenrechtskonvention verletzt zu haben.

Die deutschen Gerichte und der EGMR akzeptierten also mit unterschiedlichen Begründungen das DDR-Recht nicht bzw. legten es auf ihre eigene Art aus. Sie verkehrten den Sinn des Gesetzes in sein Gegenteil. In § 17 Abs. 2 Volkspolizeigesetz und in § 27 Abs. 2 Grenzgesetz waren die Voraussetzungen geregelt, unter denen die Schüsse an der Grenze gerechtfertigt waren. Fast wörtlich dieselben Bestimmungen gelten für Polizei, Grenzschutz und Bundeswehr in der BRD. In der Zeitschrift *»Die Kriminalpolizei«* hieß es zu diesem Problem z. B.: *»Bemerkenswert ist, daß die Befugnis zum Schußwaffengebrauch (der Militärpolizei! – der Verf.) die hierauf bezogenen Eingriffsrechte der Polizeien weit übersteigt. So ist der Schußwaffengebrauch, selbst durch zivile Wachpersonen, beispielsweise zulässig, um ein unmittelbar bevorstehendes Vergehen der Wehrmittelbeschädigung (§ 109e StGB ›Sabotagehandlungen an Verteidigungsmitteln‹) zu verhindern. Des weiteren ist der Schußwaffengebrauch gegen eine Person rechtens, die sich einer Personenüberprüfung durch die Flucht zu entziehen trachtet.«*[226]

Da die DDR-Gesetze die dringend gewünschte Verurteilung wegen der Schüsse an der Grenze hätten hindern können und müssen, erfand die Rechtsprechung den »Schießbefehl«, mit dem diese Gesetze von der DDR selbst umgangen worden wären. Da es jedoch weder Dokumente noch Zeugen für die

Existenz eines solchen Befehls gab, wurde er juristisch konstruiert. Das ging so: Weil an der Mauer geschossen worden war, gab es eine entsprechende »Staatspraxis«, und diese Staatspraxis war der »Schießbefehl«. Das wurde »ständige Rechtsprechung« der deutschen Gerichte. Der EGMR übernahm sie gleichfalls. Er verkündete: »*Vielmehr haben sie* (gemeint sind Egon Krenz und die anderen Beschwerdeführer – d. Verf.) *selbst das Regime geschaffen und aufrecht erhalten, indem sie die im Gesetzblatt der DDR veröffentlichten Bestimmungen durch geheime Befehle und Dienstvorschriften, die die Verbesserung der Grenzschutzanlagen und den Gebrauch von Schußwaffen betrafen, überlagerten. In dem an die Grenztruppen gerichteten Schießbefehl haben sie auf das Bedürfnis, die Grenzen ›um jeden Preis‹ zu schützen und ›Grenzverletzer‹ zu verhaften bzw. zu ›vernichten‹, gepocht.*«[227] Man muß es angesichts dieser höchstgerichtlichen Tatsachenfeststellung noch einmal betonen: Es gab keine »*geheimen Befehle und Dienstvorschriften, die [...] den Gebrauch von Schußwaffen betrafen*«, nie sind solche Befehle in einer gerichtlichen Verhandlung vorgebracht, bewiesen oder in einem Urteil angegeben worden. Es gab nur die Auslegung, die – kurz gefaßt – lautete: Es wurde geschossen, also gab es einen Befehl zum Schießen. Da auch an den bundesdeutschen Grenzen geschossen wurde, muß es nach dieser Logik dort gleichfalls einen Schießbefehl gegeben haben. Es wurde überhaupt nicht mehr gefragt, ob die gesetzlichen Bestimmungen von den DDR-Grenzern eingehalten worden waren, nach denen erst ein Anruf, dann ein Warnschuß erfolgen mußte, bevor scharf geschossen werden durfte.

Der EGMR folgte also der Logik und den Tatsachenfeststellungen der deutschen Gerichte. Dabei wies er darauf hin, daß die Feststellung der Tatsachen, also hier die Feststellung der Existenz eines Schießbefehls, nicht in seine Kompetenz falle. Gern hob der EGMR zu seiner Entlastung hervor, daß Tatsachenfeststellungen Sache der nationalen Gerichte wären. So heißt es unter Ziffer 49 des Urteils u. a.: »*Während es gemäß Artikel 19 der Konvention Pflicht des Gerichts ist, die Einhaltung der Verpflichtungen zu sichern, die sich für die Unterzeichnerstaaten aus der Konvention ergeben, ist es nicht seine Aufgabe, sich mit tatsächlichen oder rechtlichen Irrtümern zu beschäftigen, die einem nationalen Gericht angeblich unterlaufen sind, es sei denn, sie hätten die von der Konvention geschützten Rechte und Freiheiten verletzt.«*[228] Und der EGMR fügt hinzu: »*Überdies obliegt es in erster Linie den nationalen Behörden, besonders den Gerichten, das nationale Recht auszulegen und anzuwenden.*«

Danach bleibt also dem EGMR nicht viel Spielraum, anders zu entscheiden, als die nationalen Gerichte entschieden haben. Nur, wenn es der Gerichtshof für opportun hält, findet er dennoch diesen Spielraum. Der Hohe Gerichtshof nutzt ihn nach eigenem freien Ermessen. Die weitaus meisten Menschenrechtsbeschwerden werden abgewiesen. Ausnahmen gibt es, wie unlängst die Bodenreformentscheidung[229] oder vor längerer Zeit die Entscheidung gegen die Berufsverbotepraxis der BRD[230]. Die Existenz eines Menschenrechtsgerichtshofs gibt unter diesen Umständen vielen Menschen Hoffnung auf Gerechtigkeit und festigt den Glauben an den Rechtsstaat. Wer allerdings genau hinsieht, läßt alle Hoffnung fahren.

Alles ist eine Frage der Auslegung. Den Richtern des EGMR ist das bewußt, und sie sehen Anlaß, das zu betonen: »*Die fortschreitende Entwicklung des Strafrechts durch die Rechtsprechung ist ein fest verwurzelter und notwendiger Teil der juristischen Tradition. Artikel 7 der Konvention kann nicht so verstanden werden, als ob er die <u>allmähliche</u> Klärung der Regeln der strafrechtlichen Verantwortlichkeit durch richterliche Auslegung von Fall zu Fall ausschließe, vorausgesetzt, daß die sich daraus ergebende Entwicklung im Einklang mit dem Geist des Delikts steht und vernünftigerweise <u>vorhersehbar</u> ist.* (Unterstreichungen vom Verf.)« [231]

Sie sagen auch: »*Der Gerichtshof (hält) die strikte Auslegung der DDR-Rechtsnormen durch die bundesdeutschen Gerichte im vorliegenden Fall für mit Art. 7 Abs. 1 der Konvention vereinbar.*«

»*Allmählich*« sollte die Klärung der Rechtsregeln durch die Gerichte erfolgen, und »*vorhersehbar*« sollte sie sein. Geschah die Klärung »*allmählich*«, als am 3. Oktober 1990 bundesdeutsche an die Stelle der DDR-Gerichte traten? War das für DDR-Bürger vorhersehbar? War »*vorhersehbar*«, daß die Straßburger Richter andere Begründungen finden würden als die Karlsruher? Alles das bereitete den EGMR-Richtern keine Probleme. Im Gegenteil, sie fanden es richtig, den anderen ehemals sozialistischen Staaten in ihrem Urteil gegen Krenz u. a. noch folgende Empfehlung zu geben: »*80. In diesem Zusammenhang weist der Gerichtshof darauf hin, daß das Problem, das die Bundesrepublik nach der Wiedervereinigung zu bewältigen hatte – nämlich die Frage des Umgangs mit Personen, die unter einem früheren Regime Straftaten begangen hatten – sich auch für eine Reihe von anderen Staaten gestellt hat, die einen Transitionsprozeß zu einem demokratischen Staat durchlaufen haben.*

81. Der Gerichtshof ist der Auffassung, daß es für einen Rechtsstaat legitim ist, gegen Personen, die unter einem früheren Regime Straftaten begangen haben, Strafverfahren durchzuführen. Genauso können die Gerichte eines solchen Staates, die an die Stelle der früheren getreten sind, nicht dafür kritisiert werden, daß sie die zur Tatzeit geltenden Rechtsnormen im Lichte der Grundsätze eines Rechtsstaats anwenden und auslegen.«[232]

Diese Aufforderung zur Vergangenheitsbewältigung macht die politischen Ambitionen des hohen Gerichtshofes deutlich. Hinderlich ist nur, daß es in diesen Staaten keine Westrichter gibt, die auf dem Sprung sind, eine solche hehre Aufgabe zu übernehmen. So wird es also bei dem jetzigen Zustand bleiben: Die Bewältigung der sozialistischen Vergangenheit findet nur in Deutschland statt. In den anderen ehemals sozialistischen Staaten denkt man offenbar wie weiland Wilhelm Busch: Nur die allerdümmsten Kälber wählen ihre Schlächter selber.

Die Wege der Richter, die die Vergangenheit der DDR zu bewältigen hatten, waren also verschlungen. Das Recht, das sie fanden, lag nicht auf der Hand. So verschieden auch die Begründungen für ihre Rechtsansicht waren, so übereinstimmend war jedoch das Ergebnis ihrer Bemühungen – und darauf kam es an. Der ehemalige Präsident des Bundesverwaltungsgerichts, Sendler, hat die Situation mit treffender Ironie so beleuchtet: »*Die feinsinnigen und gleichwohl fragwürdigen Überlegungen, die das Bundesverfassungsgericht vollzieht, um das wirklich rechtsstaatlich fundierte Rückwirkungsverbot abzuschwächen und zu vermeintlich billigen Ergebnissen zu gelangen, sind zu fein gesponnen, als daß sie hier ebenso feinsinnig nachvollzogen und gewürdigt werden könnten.*«[233] Was Sendler über das Bundesverfassungsgericht sagte, gilt uneingeschränkt auch für den EGMR.

Wie die Verfahren auf die einfachen Grenzsoldaten wirkten, schildert eindrucksvoll Peter Reinecke, der als Leiter des Sachgebiets Jugendgerichtshilfe und Jugenddelinquenz bei der Senatsverwaltung für Jugend und Familie in Berlin arbeitete. Die Jugendgerichtshilfe mußte in den Grenzerverfahren tätig werden, wenn die Angeklagten zur Tatzeit zwischen 18 und 21 Jahre alt waren. Er schreibt über die von ihm betreuten Angeklagten: »*Die Beschuldigten wuchsen in einfachen Verhältnissen im ländlichen Bereich auf. [...] Sie lebten als rechtschaffene und bodenständige Arbeiter, Handwerker und Bauern. Alle sind Familienväter. Keiner ist im Sinne allgemeiner Kriminalität straffällig geworden.*« Reinecke resümiert dann: »*Die Bundesrepublik Deutschland ist ein Rechtsstaat. Da aus ihrer Sicht die Schüsse an der deutsch-deutschen Grenze Unrecht waren, muß auf dieses Unrecht reagiert werden, schon aus rechtsstaatlichen Gesichtspunkten. Gerechtigkeit so betrachtet bedeutet Rache, Sühne und möglicherweise auch neues Unrecht. Menschenrechtsverletzungen können so nicht wieder gutgemacht werden. Dies hilft auch nicht den Opfern. Menschenrechte sind nicht durch das Strafrecht zu erzwingen, schon gar nicht rückwirkend. Die hier Beschuldigten sehen im Rechtsstaat nur noch den formalen Rechtsstaat. Durch die gegen sie gerichteten Strafverfahren wird die Bundesrepublik Deutschland nicht als humanitärer und sozialer Rechtsstaat von den Beschuldigten erlebt, obwohl gerade sie darauf ein Anrecht hätten.*«[234]

Zweites Rechtsproblem: Schuldnachweis
»In dubio pro reo« heißt im überkommenen Latein einer der fundamentalen, ehrwürdigen, alten Grundsätze des Strafprozeßrechts: Wenn Zweifel bestehen, ist zu Gunsten des Angeklagten zu entscheiden. Ein schöner Grundsatz. Ob jedoch Zweifel bestehen, entscheidet der Richter selbst. Auf dem Prüfstand war er besonders – nicht ausschließlich – in den Rechtsbeugungsverfahren gegen 400 Richter und Staatsanwälte gestellt. Durchweg betraf der Vorwurf der Rechtsbeugung politische Strafverfahren einschließlich der Verfahren wegen Spionage und der Grenzdelikte. Hier urteilte also die politische Justiz der BRD über die politische Justiz der DDR, des Feindes im Kalten Krieg. Hier ist seine innerdeutsche Fortsetzung besonders deutlich. Die

bundesdeutsche Justiz setzt fort, was sie 40 Jahre lang getan hat, jetzt aber als Sieger mit den Akten. Man könnte auch sagen: mit den Waffen, die der Besiegte niedergelegt hat. Ist das ein fairer Prozeß im Sinne der Menschenrechtskonvention? Was sagt der Europäische Gerichtshof? Er fragt, wo liegt das Problem? Er sieht es nicht und sagt damit Ja zum Vorgehen der BRD-Justiz.

Als die NS-Richter wegen ihrer verbrecherischen Urteile vor den Gerichten der BRD standen, hatten die Richter Zweifel, ob die Angeklagten vorsätzlich das Recht gebeugt hatten und sprachen die Angeklagten frei. Allein die 106 Berufsrichter und 179 Staatsanwälte, die am Volksgerichtshof tätig waren, hatten 5.243 Todesurteile gefällt. Keiner von ihnen wurde verurteilt.[235]

Als die DDR-Richter und Staatsanwälte wegen Rechtsbeugung angeklagt wurden, hatten sie solche Zweifel nicht.

In beiden Fällen mußte der Nachweis geführt werden, was sich der Täter zur Tatzeit bei seinem Urteil oder seiner Anklage gedacht hatte. Gedankenlesen ist bei Nazis wie Kommunisten gleich schwierig. Der Grundsatz *in dubio pro reo* galt für die einen wie für die anderen. Das Ergebnis war jedoch gegensätzlich: Alle NS-Richter wurden freigesprochen, weil nicht festgestellt wurde, daß sie vorsätzlich das Recht gebeugt hatten, 27 DDR-Juristen hingegen wurden wegen Rechtsbeugung verurteilt.[236]

Den Richtern des BGH war der Widerspruch bewußt, sie übten – es wurde bereits darauf hingewiesen – Selbstkritik. In der bereits zitierten, hier entscheidenden Passage hieß es: »*Insgesamt neigt der Senat zu dem Befund, daß das Scheitern der Verfolgung von NS-Richtern vornehmlich durch eine zu weitgehende Einschränkung bei der Auslegung der subjektiven Voraussetzungen des Rechtsbeugungstatbestandes bedingt war.*«[237] Diese Einschränkung bei der Auslegung »*der subjektiven Voraussetzungen des Rechtsbeugungstatbestandes*« – so wird der Vorsatz auch genannt – gab der BGH bei den DDR-Juristen auf. Man könnte meinen, er hat den alten Grundsatz »im Zweifel zu Gunsten des Angeklagten« hier durch sein Gegenteil ersetzt. Manchen Hardlinern ging das dennoch nicht weit genug.

Günter Spendel behauptete z. B. 1996, »*daß man von einer wirklichen Bestrafung schuldiger DDR-Justizfunktionäre meist zurückschreckt*«. Er fügte hinzu: »*Man kann unsere höchsten Straf-*

richter nur beschwören, daß sie die Größe besitzen mögen, selbstkritisch ihre Rechtsprechung zur Rechtsbeugung einer Revision zu unterziehen.«[238] Dagegen äußerte Rolf Lamprecht 1994 über das *»rechte und das linke Auge der Justiz«* in bezug auf die unterschiedliche Behandlung von Nazi- und DDR-Richtern: *»Die braunen Juristen waren, auch wenn sie Abscheuliches begangen hatten, vom eigenen Stamm: gleiche Dogmatik, gleiche Ausbildung, gleiche Qualifikation. Die roten Juristen dagegen kommen aus einer fremden Zucht. Beißhemmungen hat man dagegen nur bei den schwarzen Schafen der eigenen Familie, nicht bei den Schmuddelkindern der anderen.«*[239] Das kommt der Wahrheit näher.

Wie es heute um die Schlußfolgerungen bestellt ist, die aus der *Perversion der Rechtsordnung* zu ziehen sind, zeigt beispielhaft das bereits zitierte BGH-Urteil vom 15. September 1995. Dort meinte der Senat hinsichtlich der Morde von Caiazzo, daß *»eine solche Tat im Falle ihres Bekanntwerdens kriegsgerichtlich verfolgt worden wäre«*. So pervertiert war also die Nazi-Rechtsordnung gar nicht.

Wie es um den Grundsatz *»im Zweifel zu Gunsten des Angeklagten«* bei Urteilen über DDR-Juristen bestellt ist, zeigt beispielhaft ein BGH-Urteil vom 15. September 1995. In ihm heißt es zunächst: *»Die Angeklagte hat jeweils vorsätzlich gehandelt. Der Tatrichter hat festgestellt, die Angeklagte habe gewußt, daß sie gesetzwidrig gehandelt hat. Damit ist die innere Tatseite der Rechtsbeugung, die das Bewußtsein der Rechtswidrigkeit voraussetzt, hinreichend belegt.«* So weit, so gut. Doch dann wird von dem Tatrichter berichtet: *»Unmittelbar im Anschluß an die Feststellung zum Vorsatz der Angeklagten heißt es allerdings in den Urteilsgründen, daß die Angeklagte ihre Handlungsweise für rechtmäßig gehalten habe und daß dies den Vorsatz nicht berühre, weil sich der Vorsatz nicht auf die Rechtswidrigkeit zu beziehen brauche.«*

Das ist rechtlich haarsträubend und hebt die Feststellung, die Angeklagte habe vorsätzlich gehandelt, auf. Doch der BGH meint: *»Diese zusätzliche Wendung stellt die Feststellung des Vorsatzes der Rechtsbeugung indessen nicht in Frage. Der Senat hält es für ausgeschlossen, daß der Tatrichter zwei einander ausdrückliche widersprechende Sätze aneinanderfügen wollte. Vielmehr muß der zweite Satz wie folgt verstanden werden: Der Tatrichter wollte zum*

Ausdruck bringen, daß die Angeklagte im Bewußtsein der Gesetzwidrigkeit ihrer Handlungen gemeint hat, sie sei befugt, aus politischen Gründen, etwa zum Schutze der sozialistischen Staats- und Gesellschaftsordnung vor politischen Gegnern, auch solche Anträge zu stellen, die nach Maßgabe des § 244 DDR-StGB gesetzwidrig sind.«[240] So geschickt kann Auslegung sein. Bei den Nazi-Richtern sah der BGH das ganz anders, da hatten seine Richter »Beißhemmungen«.

Die Professoren sahen alle mehr oder weniger klar, der Vorsatz der Rechtsbeugung war – selbst wenn er vorhanden gewesen sein sollte – kaum oder gar nicht zu beweisen. So schrieb Gerald Grünwald: *»Zu prüfen bleibt dabei freilich die subjektive Tatseite* (das ist hier wiederum der Vorsatz – der Verf.) *und an der scheitert dann in der Regel die Bestrafung.«*[241] Und in einer Diskussion sagte derselbe: *»Auch wenn man die exzessiven Strafen in der DDR kritisiere, lasse sich daraus keine Strafbarkeit wegen Rechtsbeugung herleiten. Bezüglich der subjektiven Seite einer Rechtsbeugung sei das entscheidende Kriterium, ob der DDR-Richter der Auffassung war, daß er gegen die Rechtsordnung der DDR verstoße. Ein Unbehagen, ein schlechtes Gewissen oder auch die Kenntnis, daß Urteile in Salzgitter registriert würden, begründeten nicht ein Unrechtsbewußtsein (= das Bewußtsein, die geltende Rechtsordnung zu verletzen). Es sei in diesem Zusammenhang daran zu erinnern, daß nach einem Bericht des Präsidenten des BGH für das Geschäftsjahr 1965 (in NJW 1966/1554f.) viele Richter von einer Bewerbung für den BGH durch die Befürchtung abgeschreckt wurden, in den Staatsschutzsenat des BGH zu kommen. Daraus sei gewiß nicht auf ein Unrechtsbewußtsein bei der Anwendung des politischen Strafrechts zu schließen. [...] Unsere eigenen Strafgesetze des politischen Strafrechts bis 1968 sollten uns vor Selbstgerechtigkeit und Arroganz bei der Bewertung des DDR-Rechts bewahren.«*[242] In derselben Diskussion sagte Professor Lampe: *»Da insgesamt die Rechtsbeugung in der DDR nur als Beugung des Rechts in der DDR begriffen werden könne, sei eine Verurteilung wegen Rechtsbeugung unter Zugrundelegung westlicher Rechtsauffassung nicht zu rechtfertigen.«*[243] Bei der Bewältigung der DDR-Vergangenheit ist anscheinend die »*westliche Rechtsauffassung*« zur »*östlichen*« geworden.

Professor Roggemann behandelte das Thema Rechtsbeugung durch DDR-Richter in einem größeren Zusammenhang. In einem Artikel »*Richterstrafbarkeit und Wechsel der Rechtsordnung*« schrieb er u. a.: »*So viele (Vor-)Ermittlungsverfahren gegen Richter und Staatsanwälte wegen Rechtsbeugung waren noch zu keiner Zeit anhängig, weder in Deutschland in den rund einhundertzwanzig Jahren seit Geltung dieser Strafvorschrift, noch anderswo nach politischem Systemwechsel. Bis Ende des Jahres 1993 kann von mehr als 10.000 Verfahren gegen DDR-Richter und Staatsanwälte ausgegangen werden, die jedoch erst zu verhältnismäßig wenigen Anklagen und Hauptverfahren geführt haben. Die möglichen Ursachen dieses außerordentlichen Verfolgungsumfangs sind an dieser Stelle nicht weiter zu reflektieren. Ein vergleichender Schluß läßt sich indessen kaum von der Hand weisen: Die Strafverfolgung der Justizverbrechen des Nationalsozialismus in Deutschland nach 1945 und des Staatssozialismus in der DDR nach 1990 verhält sich umgekehrt proportional zur Schwere der begangenen Taten. Der aus heutiger Sicht unfaßbaren Zahl von mindestens ›32.000 Todesurteilen‹, die die deutsche Justiz zwischen 1933 und 1945 fällte, und bei denen es sich in der Mehrzahl um offensichtliche Terrorurteile handelte, stehen neben Verfahrenseinstellungen und Freisprüchen – soweit überhaupt Verfahren eröffnet wurden – nur einige wenige Verurteilungen gegenüber, aber diese Fälle kann man an der Hand abzählen, und sie betrafen Standgerichtsurteile gegen Ende des Krieges. Mit den etwaigen Unrechtsurteilen der DDR verhält es sich, wie die Zahlen zeigen, anders, und zwar nicht nur, soweit es um den Verdacht schwersten Justizunrechts in Form der – bis 1987 zulässigen – Todesstrafe und ›ihrer Verhängung in mindestens 200 Fällen‹ geht, sondern in Folge angeordneter Nichtverjährung auch in zahlreichen anderen, minderschweren Fällen möglicher vorsätzlicher justizieller Fehlhandlungen.*«[244] Roggemann erwähnt nicht, wie viele von den 200 Todesurteilen gegen Naziverbrecher und wie viel gegen gewöhnliche Mörder ergangen waren.

Schließlich schrieb Professor Zuck 1991 zum Problem der Rechtsbeugung durch DDR-Richter unter der bezeichnenden Überschrift »*Amnesty national*«: »*Mir geht es vielmehr darum, daß ein Richter, der wie jeder andere Bürger auch zu der Gesellschaftsordnung gehört, die den Boden und das Umfeld für eine kon-*

krete Rechtsordnung bildet, nicht dafür zur Rechenschaft gezogen werden kann, daß er sich systemkonform verhalten hat, also zeitgemäß.«[245] An anderer Stelle äußerte er später: »*Die Rechtsanwender tun ihre Pflicht, denn mehr als das Recht steht ihnen nicht zu Verfügung (deshalb sind Rechtsanwender immer Systemdiener).*«[246]

Drittes Rechtsproblem: Staatenimmunität

Für das Völkerrecht sind alle Staaten gleich. Weil das so ist, kann kein Staat sich über einen anderen erheben und können Gerichte eines Staates nicht die Handlungen eines anderen Staates oder die seiner Amtsträger verurteilen. Für die Vergangenheitsbewältigung bedeutet das: Die BRD-Gerichte konnten nicht über die Handlungen der DDR und ihrer Polizisten, Soldaten, Richter, Staatsanwälte, Geheimdienstler usw. entscheiden. In diesem Sinn haben sich mehrere deutsche prominente Wissenschaftler des Völkerrechts geäußert.

Schon 1971 wies Professor Michael Bothe daraufhin, daß nach dem Völkerrecht keine Verurteilung der Grenzer und DDR-Politiker wegen der Schüsse an der Mauer erfolgen könne: »*Soweit danach eine Handlung, auch ein Mord oder ein anderes schweres Verbrechen gegen das Leben, sich als Amtshandlung iure imperii darstellt, greift der Grundsatz der Staatenimmunität ein. Der Amtsträger braucht sich nicht vor den Gerichten zu verantworten. Dies gilt sicherlich, soweit der Amtsträger auf dem Gebiet seines Staates handelt und der Erfolg auch auf diesem Gebiet eintritt.*«[247]

Knut Ipsen schrieb 1999 in seinem bekannten Völkerrechtslehrbuch: »*Eine Unterscheidung zwischen Monarchien und Republiken, Demokratien und Diktaturen oder Staaten mit liberalem oder totalitärem Staatssystem ist daher unzulässig.*«[248] Und: »*Der Grundsatz, daß ein Staat vor den Gerichten anderer Staaten immun ist, basiert auf dem Rechtsgedanken ›par in parem non habet iudicium‹ und somit auf dem Prinzip, daß die Staaten im Verkehr untereinander gleich sind, kein Staat also über einen anderen zu Gericht sitzen darf.*« (S. 334)

Jan C. Joerden schrieb 1997: »*»Menschenrecht bricht Staatsrecht‹. So lautet bekanntlich eine These aus Hitlers ›Mein Kampf‹. Schon dies sollte gegenüber einer schlichten Berufung auf Naturrecht zumindest Vorsicht bewirken.*«[249]

Professor Gilbert Gornig aus Göttingen erklärte 1992 mit Verständnis für den Zeitgeist : »*Da die Straffreiheit der im Amte sich befindenden und der bereits abgesetzten Unterdrücker dem gesunden Rechtsempfinden Hohn spricht, wird der Ruf nach dem Völkerrecht laut.*« Nach erschöpfenden rechtlichen Erörterungen kommt er zu dem Resultat: »*Da ein Staat nicht über die hoheitlichen Handlungen eines anderen Staates zu Gericht sitzen darf, darf er auch nicht die Staatsorgane des anderen Staates persönlich für ihre Handlungen in Anspruch nehmen. Die ausländischen Funktionsträger genießen also für ihre hoheitlichen Maßnahmen Immunität. Ihre Handlungen werden nicht ihnen persönlich, sondern ihrem Staat zugerechnet. Voraussetzung dafür, daß das Handeln der Organe ihren Staaten zugerechnet wird, ist jedoch, daß sie offen auftreten. Der Haftungsausschluß gilt allerdings nicht für Verletzungen des Kriegsrechts.*« Dies führt bei Gornig zu der wiederum von dem Ausdruck des Bedauern begleiteten Erkenntnis: »*Erich Honecker, Li Peng, Kim Il Sung hingegen verstießen nicht gegen existente völkerrechtliche Straftatbestände. Werden sie nicht von nationalen Rechtsordnungen strafrechtlich zur Verantwortung gezogen, haben sie auf internationaler Ebene nichts zu befürchten. Schießbefehle, Versagung der Freizügigkeit, ständige Bespitzelung, Zwangsadoptionen reichen zwar aus, den Straftatbestand eines Verbrechens gegen die Menschlichkeit zu erfüllen, nur hat sich eben dieser Straftatbestand völkergewohnheitsrechtlich noch nicht durchgesetzt.*«[250]

Reinhard Merkel sagte 1993: »*Auf die Frage, ob das gegen den ehemaligen Staatsratsvorsitzenden der DDR angestrengte Strafverfahren ein rechtlich gangbarer (und damit politisch akzeptabler) Weg der Vergangenheitsbewältigung sein kann, meine ich, die Antwort lautet: nein.*« Er fügte hinzu: »*Die Behauptung, das Ausreiseverbot und die Schußwaffenregelung der DDR seien so unerträgliche Verstöße gegen fundamentale Prinzipien der Gerechtigkeit gewesen, daß sie einer schweigenden Analogie zu den ›crimes against humanity‹ der Nazis den Griff des Strafrechts ins überpositive Normenreich und damit in Wahrheit einen Bruch des Rückwirkungsverbots rechtfertigten, ist abwegig.*« Daraus folgert Merkel: »*Damit bleibt als Grundlage für die Strafbarkeit Honeckers: nichts.*«

Merkel schließt seine Betrachtung mit den Worten: »*Man wird es vielleicht einmal als Danaergeschenk an die deutsche Justiz begreifen, daß vor Honeckers Rückkehr aus Moskau alle Pressuren und Winkelzüge der Diplomatie aktiviert wurden, um endlich einer Kammer des Landgerichts Berlin die Aufgabe des Weltgerichts zuschieben zu können.«*[251]

Aus einem Artikel des angesehenen Völkerrechtlers Jörg Polakiewicz aus dem Jahr 1992 sind folgende Zitate entnommen: *»Weitgehende Einigkeit besteht darüber, daß eine Entziehung des Lebens dann nicht ›willkürlich‹ im Sinne von Art. 6 I 3 IPBPR* (Internationaler Pakt über bürgerliche und politische Rechte, der Verf.) ist, *wenn einer der in Art. II Abs. 2 EMRK genannten Fälle vorliegt. Gemäß Art. II (a) EMRK wird eine Tötung ›nicht als Verletzung dieses Artikels betrachtet, wenn sie sich aus einer unbedingt erforderlichen Gewaltanwendung ergibt [...], um eine ordnungsgemäße Festnahme durchzuführen oder das Entkommen einer ordnungsgemäß festgehaltenen Person zu verhindern.‹ Damit schließt die Europäische Menschenrechtskonvention den Schußwaffeneinsatz gegen Personen, die sich durch Flucht der Festnahme zu entziehen suchen, auch dann nicht aus, wenn es dabei zu tödlichen Verletzungen kommen kann.[...]Das Völkerrecht verbietet eine Sperrung der Grenzen bislang leider nicht. Die Reglementierung der Ein- und Ausreise sowie des Grenzübertritts und deren Durchsetzung, notfalls auch unter Anwendung von Waffengewalt, sind die Attribute eines souveränen Staates, die auch der damaligen DDR nicht vorenthalten werden könnten.«*

»Den in den Dienstvorschriften und im Grenzgesetz enthaltenen Regelungen des Schußwaffengebrauchs durch Angehörige der Grenztruppen kann ihre Geltung innerhalb des Rechts der DDR nicht abgesprochen werden.«

»Der Widerspruch der dem sogenannten ›Schießbefehl‹ zugrundeliegenden Normativakte zur Gerechtigkeit erreichte, wie oben dargelegt, eben nicht jenes unerträgliche Maß, daß sie als ›unrichtiges Recht‹ der Gerechtigkeit zu weichen hätten.«

»Indem Personen strafrechtlich zur Verantwortung gezogen werden, die ohne erkennbaren Verstoß gegen völkerrechtliche Maßstäbe im Rahmen des damaligen Rechts legal gehandelt hatten, setzen sich die Gerichte nicht nur einem ›nicht ausräumbaren Ideologieverdacht‹ aus, sondern verletzen auch das verfassungsrechtliche Rückwirkungsverbot (Art. 103 II GG).«[252]

Diese Konsequenz genierte weder die deutschen Gerichte noch den Straßburger Gerichtshof. Beide beharrten auf dem Menschenrecht der Ausreise. Jetzt, nach dem Verschwinden der europäischen sozialistischen Staaten, sieht man das anders. Jetzt duldet man nicht nur, sondern verlangt, daß Länder wie Libyen ihre Grenzen sperren, um Flüchtlinge zu hindern, in die Festung Europa einzudringen. Die Bundesrepublik stellt zu diesem Zweck, den ihre Gerichte bei den Grenzerprozessen als menschenrechtswidrig deklarierten, sogar Militärgerät zur Verfügung. Kann man das anders nennen als Heuchelei?

Professor Otto Triffterer aus Salzburg verneinte aus völkerrechtlicher Sicht gleichfalls die Strafbarkeit der sogenannten Regierungskriminalität.[253]

Dieselbe Auffassung vertrat auch das Lehrbuch »Universelles Völkerrecht« von Verdross und Simma mit den Worten: »*Außer den Staaten genießen auch ihre Organe für offen gesetzte Hoheitsakte (›acts of state‹) gerichtliche Immunität im Ausland, da gegen sie in solchen Angelegenheiten gerichtete Klagen als Klagen gegen den Staat betrachtet werden.*«[254]

Aus völkerrechtlichen Gründen waren folglich alle Strafurteile über die sogenannte Regierungskriminalität Unrechtsurteile. Dazu gehörten neben den Prozessen gegen Grenzer und Juristen auch die Verfahren gegen die Mitarbeiter des MfS. Das waren laut Marxen und Werle Gerichtsverfahren gegen 143 Angeklagte, von den 20 verurteilt wurden. Schaefgen gibt mit Stand vom 24. September 1999 die Zahl der angeklagten Personen mit 99 und die der Verurteilten mit 25 an. Schaefgen zählt Personen, die mehrfach angeklagt worden waren, nur einmal, wenn die Anklagen in einem Verfahren verhandelt wurden. Die Gruppe der angeklagten Mitarbeiter des MfS ist also die zahlenmäßig kleinste. Davon wurden nach Schaefgen ein Angeklagter zu einer Freiheitsstrafe, 22 zu Freiheitsstrafen mit Bewährung und je ein Angeklagter zu einer Geldstrafe bzw. zu einer Verwarnung verurteilt. Ohne den Gegenstand ihrer Taten im einzelnen zu kennen: Wir wissen nur, daß Folter, ungesetzliche Einweisung in die Psychiatrie und Zwangsadoptionen nicht darunter waren, und es kann aus diesen Strafen wohl geschlußfolgert werden, daß die Taten nicht schwerwiegend gewesen sein können.

Die öffentliche Anprangerung des MfS erweist sich folglich durch die Ergebnisse der Gerichtsverfahren – selbst unter Außerachtlassung des völkerrechtswidrigen Charakters ihrer Rechtsprechung – als ungerechtfertigte politische Denunziation. Die Zahl von 20 oder 25 Verurteilten, bei angeblich 85.000 offiziellen und 109.000 inoffiziellen Mitarbeitern des MfS in 40 Jahren, besagt für sich genommen bereits alles.[254a]

Die juristische Aufarbeitung der Vergangenheit hat die These vom Unrechtsstaat DDR widerlegt, doch niemand nimmt das zur Kenntnis, weil weder die Medien noch die Behörden den wahren Sachverhalt verbreiten, sondern im Gegenteil die Lügen unbeirrt wiederholen.

Nach dem Urteil von Straßburg schweigen die Völkerrechtsexperten weitgehend. Ob sie nun die Lehrbücher ändern, bleibt abzuwarten.

Viertes Rechtsproblem: Kausalität
Zu den unerläßlichen Voraussetzungen der Strafbarkeit einer Tat gehört ferner, daß sie für das eingetretene Ergebnis, oder, wie der Jurist sagt, für den Erfolg kausal, also ursächlich war. Das ist bei den meisten Straftaten unproblematisch, bei anderen jedoch wirft es Fragen auf, die nur schwer und oft nur mit Hilfe von Sachverständigen zu beantworten sind.

Bei der Strafverfolgung wegen der Toten an der Grenze trat das Problem zunächst bei allen Angeklagten auf, die nicht selbst geschossen hatten. Dazu gehörten vor allem die »Großen«, die man nicht laufen lassen wollte. Ein »Schießbefehl« war nicht gefunden worden, das gab Staatsanwalt Jahntz damals noch in öffentlicher Sitzung zu.

Die Anklage vom 12. Mai 1992 gegen Honecker und andere Mitglieder des Nationalen Verteidigungsrates schilderte die Taten der Angeklagten zusammenfassend auf Seite 770 der Anklageschrift wie folgt: *»Die Angeschuldigten haben durch ihre im Nationalen Verteidigungsrat entfalteten Tätigkeiten die entscheidenden Ursachen zu den Tötungen und versuchten Tötungen gesetzt. In dem zentralistischen Staatssystem der ehemaligen DDR waren die dort getroffenen Anordnungen die eigentliche Tathandlung, die den Tod bzw. die Verletzungen der Flüchtenden herbei-*

geführt haben.« Diese Anklage beruhte folglich auf dem Vorwurf konkreten Tuns in Form von *»Anordnungen«.*

Im Strafrecht wird das »Tun« vom »Unterlassen« begrifflich unterschieden. Straftaten können sowohl in der einen wie der anderen Handlungsform begangen werden. So kann man Menschen auch durch Unterlassung von Handlungen töten und macht sich strafbar, wenn man zu ihrer Vornahme verpflichtet war. In dem später folgenden Prozeß gegen Mitglieder des Politbüros sah die Staatsanwaltschaft in der Unterlassung der »Humanisierung« des Grenzregimes die strafbare Handlung. Dem folgte das Landgericht nicht, sondern verurteilte die Angeklagte wiederum wegen ihres Tuns.

Im zweiten Politbüroprozeß gegen Häber u. a. klagte die Staatsanwaltschaft wiederum wegen der Unterlassung der »Humanisierung« an. Diesmal eröffnete das Landgericht auch so – und sprach die Angeklagten frei. Im Urteil hieß es: *»Die Kammer vermochte eine lückenlose Kausalkette zwischen dem Unterlassen der Angeklagten und den beschriebenen tödlichen Folgen nicht festzustellen.«*[255] Der Vorsitzende Richter Luther hatte hintergründig in der mündlichen Urteilsbegründung angedeutet, daß der BGH vielleicht anderer Auffassung sein könne. Das Landgericht hatte also – um in der Sprache der Gerichte zu sprechen – die Aufhebung seines Urteils billigend (oder war es mißbilligend?) in Kauf genommen. Um so größeren Respekt verdienen die Richter.

Der BGH hob erwartungsgemäß das freisprechende Urteil auf. Er bejahte den Kausalzusammenhang, indem er das DDR-Recht in einer Weise und an einem Fall auslegte, die in der DDR kein Vorbild hatten. Das Problem bestand darin, daß keiner der drei Angeklagten weder für sich allein noch in Verbindung mit den zwei anderen in der Lage gewesen wäre, das Grenzregime zu ändern. Die Verhältnisse waren nicht so. Ihr Unterlassen war folglich nicht kausal für die Todesfälle an der Grenze, weil ihr Tätigwerden nichts geändert hätte. Das erkannte auch der BGH-Senat. Doch ob die Angeklagten konnten oder nicht – sie hatten es nicht versucht und dadurch nach neuer Meinung des BGH eine Ursache für den Tod von Menschen gesetzt.

Diese Rechtsprechung gab es in der BRD erst seit 1990.

Vorher wäre auch dort kein Richter auf den Gedanken gekommen, in einem solchen Fall die Kausalität zu bejahen. Noch viel weniger hätten das DDR-Richter getan. Doch 1990 hatten die BGH-Richter den Fall einer GmbH zu entscheiden, deren Vorstand schädigenden Lederspray vertreiben ließ. Hier wurden alle Vorstandsmitglieder verurteilt, obgleich kein einzelner für sich allein eine andere Entscheidung hätte durchsetzen können. Diese neue und in der rechtswissenschaftlichen Literatur der BRD nicht unumstrittene Rechtsprechung wurde vom BGH auf die DDR angewandt. Das Politbüro der SED wurde wie der Vorstand einer bundesdeutschen GmbH behandelt. Als DDR-Recht aus der Zeit vor 1989 wurde ausgegeben, was für die BRD erst 1990 als Recht gefunden worden war. Alles ganz rechtsstaatlich, unpolitisch und großzügig mild.

Weiter hätte in den Fällen der Grenzsoldaten für das Problem der Kausalität – diesmal ausschließlich nach BRD-Recht – die sogenannte Selbstgefährdung eine Rolle spielen müssen. Jeder, der die Grenze überschreiten wollte, wußte aus den Medien, las auf den Grenzschildern, sah an Mauer, Zaun und Stacheldraht, hörte schließlich aus Warnruf und Warnschuß: hier bestand Lebensgefahr. Diese Gefahr nahm der Flüchtling in Kauf, er gefährdete folglich sich selbst. Der wohl meist genutzte Kommentar zum Strafgesetzbuch von Tröndle und Fischer hält in einem derartigen Fall den Kausalzusammenhang zwischen einer Handlung wie derjenigen des Grenzers und dem Eintritt des Todes nicht für gegeben. Er sagt (etwas schwer verständlich): *»Einen rechtlichen Ursachenzusammenhang hält die neuere Rechtsprechung in den Fällen der Beteiligung an einer eigenverantwortlichen Selbstverletzung oder Selbstgefährdung eines anderen nicht mehr für gegeben«.*[256] Für die Gerichte galt dagegen in den Fällen der DDR-Grenzer der Kausalzusammenhang und damit die Strafbarkeit selbstverständlich als gegeben. Von Selbstgefährdung wurde nicht gesprochen, natürlich nicht.

Fünftes Rechtsproblem: DDR-Amnestien

In der DDR gab es ungewöhnlich viel Amnestien. Die Strafen in der DDR waren härter als in der BRD, doch die Amnestien milderten sie häufig und erheblich. Professor Joachim Bohnert dachte über die Konsequenzen nach, welche die Amnestien für die strafrechtliche Vergangenheitsbewältigung nach rechtsstaatlichen Gesichtspunkten haben müßten. Dabei spielte insbesondere die Amnestie des Staatsrates vom 17. Juli 1987 eine Rolle.

Diese Amnestie war von einem ganz ungewöhnlichem Ausmaß und erstreckte sich auch auf Personen, deren Taten noch nicht aufgeklärt waren. Ausgenommen waren nur »*Personen [...], die wegen Nazi- und Kriegsverbrechen, Verbrechen gegen die Menschlichkeit, Spionage oder Mord verurteilt worden sind*«.[257] Bohnert zog daraus die Schlußfolgerung: »*Insgesamt betrachtet, ist die Strafverfolgung von DDR-Taten, die vor dem 7.10.1987 begangen worden sind, weitgehend unzulässig.*«[258] Eine andere Schlußfolgerung ist, wenn man nicht dem Gesetzgeber nachträglich das Recht abspricht, Amnestien zu erlassen, auch nicht möglich. Man hat zwar der DDR dieses Recht nicht ausdrücklich abgesprochen, doch de facto hat man es wie selbstverständlich negiert, ohne viele Worte darüber zu verlieren. Auch das ging, ohne den Rechtsstaats-Nimbus der BRD zu beeinträchtigen. Nur 289 Angeklagte wurden verurteilt. Hätten die Gerichte die DDR-Amnestiegesetze respektiert, wären allein aus diesem Grund wohl weniger als zehn Verurteilte übriggeblieben. Schon dann wäre die These vom Unrechtsstaat offensichtlich nicht zu halten gewesen.

Sechstes Rechtsproblem: Verjährung
Die strafrechtliche Aufarbeitung der DDR-Vergangenheit, die am 3. Oktober 1990 begann, im wesentlichen im Jahr 2000 abgeschlossen war, die vielleicht, nachdem das letzte Mauerschützenurteil am 9. November 2004 verkündet wurde, nunmehr beendet ist, umfaßte den gesamten Zeitraum der Existenz der DDR. Gegenstand der Verfahren waren Taten, die zum Zeitpunkt der Anklage z. T. Jahrzehnte zurücklagen. Das hieß in vielen Fällen, die Taten waren verjährt.

Das durfte nicht sein.

Der damalige Justizminister sagte in seiner Rede auf dem Deutschen Richtertag am 23. September 1991: »*Bei Ihnen, den Richtern, liegt unter anderem die Entscheidung über eine ganz wichtige Frage: Die Verjährung im strafrechtlichen Bereich. Ich*

meine, daß wir für die vor uns liegenden schwierigen Prozesse keine weiteren Hindernisse aufbauen sollten. Politische Straftaten in der früheren DDR dürfen nicht verjähren. Die Entscheidung darüber liegt allein bei den Gerichten. In Ihre Rechtsprechung habe ich großes Vertrauen. Der Gesetzgeber kann aus rechtsstaatlichen Gründen wegen des Problems der Rückwirkung nicht tätig werden.«[259]
Das Problem der Rückwirkung war dann auch hinsichtlich der Verjährung doch nicht so problematisch, wie der Justizminister gedacht hatte. Der Gesetzgeber wurde tätig – »rechtsstaatliche Gründe« hinderten ihn nicht. Am 15. Juli 1992 erließ der Bundestag zur Berechnung der Verjährungsfristen für DDR-Unrecht das *»Berechnungsgesetz«*. Ihm folgte am 26. März 1993 das *»Gesetz über das Ruhen der Verjährung bei SED-Unrechtstaten«*[260], am 27. September 1993 das *»Gesetz zur Verlängerung strafrechtlicher Verjährungsfristen (2. Verjährungsgesetz)«*[261] und am 22. Dezember 1997 das 3. Verjährungsgesetz.[262] Die Verjährungsfrist für DDR-Straftaten wurde danach erneut und zwar bis zum 2. Oktober 2000 verlängert. Alle Richter folgten dem Wort ihres Ministers und den Gesetzen und schlossen somit messerscharf, daß nicht sein kann, was nicht sein darf.

Der Justizminister hatte vor dem Deutschen Richtertag nicht ohne Grund auf *»die Entscheidung über eine ganz wichtige Frage: Die Verjährung im strafrechtlichen Bereich«* hingewiesen. Nur wenige Autoren beschäftigten sich jedoch mit dieser *»ganz wichtige(n) Frage«*. Von den Wenigen vertrat die Mehrzahl eine Meinung, die der des Ministers entsprach. So auch Ministerialrat Dr. Lemke und Staatsanwalt Hettinger, die in einem gemeinsamen Artikel ausführten, daß die Verjährung *»in Fällen, die aus politischen Gründen nicht verfolgt wurden«*, für die Zeit des *»SED-Regimes«* von einem Ruhen der Verjährung gemäß § 83 Nr. 2 StGB-DDR auszugehen sei.[262a] Ruhen der Verjährung bedeutet, daß während dieser Zeit die Verjährungsfrist nicht läuft und damit keine Verjährung eintritt. Die beiden Autoren zitierten § 83 Nr. 2 des StGB der DDR, der voraussetzte, daß *»ein Strafverfahren wegen schwerer Erkrankung des Täters oder aus einem anderen gesetzlichen Grund nicht eingeleitet oder durchgeführt werden kann«*.

Die Verjährung war also eines der *»weiteren Hindernisse«*, von denen Kinkel gefordert hatte, daß sie nicht aufgebaut werden sollten. Eigentlich brauchten sie ja nicht aufgebaut zu werden, da sie schon vorhanden waren. Der Justizminister war wohl so zu verstehen, daß die Hindernisse wie überzählige Arbeitnehmer abgebaut werden sollten.

Also beriefen sich die beiden Autoren – man kennt das – auf die Rechtsprechung »*für entsprechende Taten während der nationalsozialistischen Gewaltherrschaft*«. Damals sei der Führerwille als Gesetz angesehen worden, und Lemke und Hettinger meinten: »*Entsprechendes gilt aber für Straftaten, die in der ehemaligen DDR aus politischen Gründen nicht verfolgt wurden.*« Was für die Ermordung von Millionen Juden, von Sinti und Roma, von Homosexuellen und Kommunisten »richtig« war, das ist auch für die Schüsse an der Grenze und für die 289 verurteilten SED-Unrechts-Täter richtig, die man sonst nicht hätte verurteilen können.

Das wäre vielleicht so schlimm nicht gewesen, aber dann hätte man die ganze DDR nicht delegitimieren können. Das aber war unerläßlich, denn man brauchte zur Sicherung des »Systems Marktwirtschaft« die totale Ausrottung der sozialistischen Idee in den Köpfen der Menschen. Folglich wurde auch dieses Hindernis beseitigt.

Dies geschah einerseits im Wege der drei Verjährungsgesetze durch den Bundestag und andererseits durch die Rechtsprechung des BGH. In einem Beschluß vom 9. Februar 2000 faßte dieser seine Auffassung zu diesem Rechtsproblem so zusammen: »*Nach ständiger Rechtsprechung des BGH hatte die Staatspraxis der DDR, Straftaten aus politischen oder sonst mit wesentlichen Grundsätzen einer freiheitlich rechtsstaatlichen Ordnung unvereinbaren Gründen generell nicht zu verfolgen, grundsätzlich die Wirkung eines gesetzlichen Verfolgungshindernisses i. S. des § 83 Nr. 2 DDR-StGB [...] Entsprechend wird das Ruhen der Verjährung angenommen für die Strafverfolgung bei Schüssen an der Grenze [...], für von Angehörigen der DDR-Justiz in politischen Strafsachen begangene Rechtsbeugungen und damit tateinheitlich zusammenhängende Delikte [...], für vom MfS veranlaßte Verschleppungen von Bundesbürgern in die DDR [...] und für Freiheitsberaubung durch politische Denunziation [....]*«[263]

Die sogenannte Staatspraxis wird hier wie bei der Umgehung des Rückwirkungsverbots zur juristischen Krücke, um den Schein des Rechts und der Rechtsstaatlichkeit zu wahren. Doch die Argumentation, sie habe »*die Wirkung eines gesetzlichen Verfolgungshindernisses*«, ist nichts anderes als eine Analogie, die Praxis wird dem Gesetz gleichgestellt. Analogien aber sind nach § 1 StGB in der BRD genauso verboten, wie sie es nach dem Strafrecht der DDR waren. In dem in der BRD meist gebrauchten Kommentar zum StGB heißt es dazu: »*Das Analogieverbot gilt für alle materiellrechtlichen Vorschriften [...] Analogie ist die Anwendung eines Rechtssatzes auf einen von ihm nicht erfaßten Sachverhalt, der dem von ihm erfaßten rechtsähnlich ist, sowie das Entwickeln neuer Rechtssätze aus ähnlichen schon bestehenden [...]*«[264] Der BGH hat den ganz unbestimmten und unbewiesenen Sachverhalt »Staatspraxis« dem sehr konkreten Sachverhalt »Gesetz« gleichgestellt.

Später versicherte der BGH zwar: »*Anders als im nationalsozialistischen Führerstaat gab es in der DDR keine Doktrin, nach der der bloße Wille der Inhaber tatsächlicher Macht Recht zu schaffen vermochte. Gesetze waren verbindlich (vgl. Art. 48 Abs. 1 der Verfassung); sie konnten allein von der Volkskammer erlassen werden (Art. 48 Abs. 2 der Verfassung). (NJ 1993, S. 90 – wie 39,1).*« Auswirkungen auf die Rechtsprechung und Gesetzgebung zur Verjährung hatten diese und andere Versicherungen jedoch nicht. Es blieb dabei: Nazis und Kommunisten werden in der Bundesrepublik von den Gerichten nach gleichen Grundsätzen behandelt. Anzumerken ist nur, die Nazis fuhren dabei besser. In den Wind geschrieben waren die Worte von Grünwald: »*Betrachtet man die Diskussion um die Frage des Ruhens der Verjährung, so wird – wie auch sonst in dem Bereich, der mit dem Schlagwort ›Regierungskriminalität‹ sehr unpräzise bezeichnet wird – die Gefahr erkennbar, daß im Eifer der Verfolgung von Handlungen aus der Zeit der DDR die Sensibilität für die rechtsstaatlichen Grundlagen und Beschränkungen des Strafrechts Schaden nimmt. Es entbehrt nicht der Pikanterie, daß gerade im Zusammenhang mit Rechtsproblemen, die die mangelnde Unabhängigkeit der Justiz in der DDR betreffen, der Justizminister und (falls der Bundestag dem SPD-Beschlußantrag folgen sollte) die Legislative den Richtern eindringlich erklären, welche Entscheidungen von ihnen gewünscht werden.«*[265]

Bemerkenswert ist schließlich auch der Inhalt des von Grünwald zitierten Beschlußantrags der SPD-Fraktion im Bundestag: *»Der Deutsche Bundestag vertritt die Auffassung, daß die Verfolgungsverjährung von Straftaten, die in der ehemaligen Deutschen Demokratischen Republik unter Mißachtung rechtsstaatlicher Maßstäbe aus politischen Gründen nicht verfolgt wurden, bis zum Zeitpunkt des Wirksamwerdens des Beitritts (3. Oktober 1990) geruht hat.«*[266] Der Bundestag löste Aufgaben, von denen Kinkel gesagt hatte: *»Die Entscheidung darüber liegt allein bei den Gerichten.«* Wo blieb da die Gewaltenteilung?

Unwiderlegt blieb Grünwald: *»Wäre es zutreffend, daß die Verjährung von aus politischen Gründen nicht verfolgten Straftaten geruht habe, so bedürfte es dieses Gesetzes nicht. Hat die Verjährung hingegen nicht geruht und ist sie eingetreten, so ist die gegenteilige Erklärung im Verjährungsgesetz als Anordnung der Wiedereröffnung bereits abgelaufener Verjährungsfristen verfassungswidrig.«*[267]

Alle Hindernisse wurden auf diese Weise auch bei dem sechsten Rechtsproblem bedenkenlos beseitigt. Die Verjährung von Straftaten, die keine Straftaten waren, wurde wegargumentiert. Die Argumente stachen nicht, aber sie kaschierten, wie im Rechtsstaat die Gerichte der Politik zu Willen waren.

Auch aufgrund der Verjährung wäre von den 289 Verurteilten der größte Teil freizusprechen gewesen.

Das Urteil der Professoren

Die Rechtswissenschaft ging den Weg nicht mit, den Kinkel und der BGH der Justiz gewiesen hatte. Sie lehnte die Nichtbeachtung des gesetzlichen Rechtfertigungsgrundes sowie die Umgehung oder gar bewußte Verneinung des Rückwirkungsverbots ganz überwiegend ab. Sie setzte die Mauertoten nicht mit den Toten gleich, die das NS-Regime zu verantworten hatte. Sie sah auch weitere Gründe, die die Verurteilung der Mauerschützen in einem Rechtsstaat hätten verhindern müssen.

Es kann nicht deutlich genug hervorgehoben werden. Die deutsche Rechtswissenschaft hat entgegen dem Mainstream der öffentlichen Meinung – von Ausnahmen abgesehen – eine saubere rechtliche Position eingenommen. Dies ist um so mehr anzuerkennen, als die meisten Rechtslehrer politische Gegner des von der DDR verkörperten politischen Systems waren.

Nur relativ wenige Autoren sollen mit einigen Zitaten hier beispielhaft dafür genannt werden, wie Rechtswissenschaftler aus den alten Bundesländern den mehr als zehnjährigen Prozeß der strafrechtlichen Bewältigung der DDR von Beginn an kritisch-mahnend begleitet haben. Für den Leser mögen es vielleicht zuviel Zitate sein, doch er soll die Möglichkeit haben, sich authentisch über den Umfang und die Kraft des Widerspruchs deutscher Rechtswissenschaftler gegen die Rechtsprechung deutscher und internationaler Juristen (vom Europäischen Gerichtshof für Menschenrechte) zu informieren.

Die ersten Äußerungen liegen wie die ersten Strafurteile gegen DDR-Grenzer weit zurück. Professor Karl Doehring schrieb 1965 in einem Artikel »*Die Teilung Deutschlands als Problem der Strafrechtsanwendung*«:

»*Das Völkerrecht verbietet heute leider noch nicht die Sperrung von Grenzen schlechthin, und zur Effektivität einer solchen Sperrung könnten die Drohung durch Waffengewalt und unter bestimmten Umständen selbst ihre Anwendung zulässig sein. [...] Das Völkerrecht verlangt von keinem Staat, daß er die freie Ausreise zuläßt und auf effektive Zwangs- und Kontrollmaßnahmen verzichtet, mag auch die Fortentwicklung der Menschenrechte auf eine Abschwächung der diesbezüglichen Autonomie hin tendieren.*«[268] Und weiter: »*Diese Vorschrift* (Art. 103 Abs. 2 GG) *[...] wird heute einhellig als unabdingbarer Inhalt der Rechtsstaatlichkeit der Verfassung der Bundesrepublik angesehen; sie erhebt den gleichlautenden Grundsatz des § 2 StGB zum Verfassungsrechtssatz und findet sich auch in Art. 7 der Europäischen Menschenrechtskonvention. Der Sinn dieser Vorschrift liegt darin, daß die Rechtsordnung es niemandem zumuten will und darf, einer Strafsanktion unterworfen zu sein, deren Inhalt nicht voraussehbar und vorausberechenbar ist.*«[269]

Ein Jahr später, 1966, schrieb Professor Gerald Grünwald:

»Handlungen, die nach dem Recht der DDR nicht strafbar sind, können auch in der Bundesrepublik nicht bestraft werden. Erlaubnissätze, die nach dem Recht der DDR bestehen (gemeint sind die den Schußwaffengebrauch regelnden Vorschriften der DDR), sind demnach auch von den Gerichten der Bundesrepublik zu beachten.«[270]

Als die Mauer gefallen war, schrieb Friedrich Dencker 1990 in einem Artikel »Vergangenheitsbewältigung durch Strafrecht?«: *»Die Gerechtigkeit der strafenden Vergangenheitsbewältigung ist fraglich, besonders fraglich.«*[271] Und: *»Es ist zu bedenken, was eigentlich sinnvollerweise mit dem Wortungetüm ›Bewältigung der Vergangenheit‹ gemeint sein kann. ›Bewältigen‹ kann man eine Aufgabe, eine Schwierigkeit, zeitlich gesehen: Zukunft, nicht aber Vergangenheit – diese ist vergangen, abgeschlossen.«* [272]

Professor Rittstieg erklärte 1991: *»Das strafrechtliche Rückwirkungsverbot verbietet nicht nur die rückwirkende Anwendung nach der Tat geschaffener Straftatbestände, sondern auch die rückwirkende Verschlechterung der Rechtslage durch nachträgliche Aufhebung gesetzlicher Rechtfertigungsgründe. Dies ist die einhellige Auffassung des strafrechtlichen Schrifttums.«*[273]

In demselben Jahr 1991 schrieb Professor Lüderssen: *»Mit anderen Worten: wenn die DDR-Juristen in dem Grenzgesetz keine Verletzung von menschen- und vökerrechtlichen Grundsätzen gesehen haben, die nach § 95 DDR-Strafgesetzbuch die zuständigen Organe dazu berechtigt haben würde, Befehle nicht auszuführen, so muß das hingenommen werden.«*[274]

Professor Josef Isensee schrieb 1992 in einem Nachwort zur Veröffentlichung von Vorträgen, die 1991 gehalten wurden: *»Die Gefahr liegt nahe, daß die Westdeutschen Ahnungslosigkeit, Selbstgerechtigkeit, und Pharisäismus einbringen und daß die demokratisch minorisierten Ostdeutschen ein neues Besatzungstrauma erleiden.«*[275] Und weiter: *»Es wird sich kein Grund ergeben für die Deutschen, die im sicheren Port des Westens gelebt haben, sich zum Zensor der ostdeutschen Vergangenheit aufzuwerfen.«*[276]

Er blieb ein Rufer in der Wüste, als er forderte: *»Der Rechtsstaat ist nicht das hohe Roß, von dem die ›Wessis‹ als verfassungspatriotische Pharisäer auf ihre Landsleute im Osten herabblicken können. Es wäre Dienst am Rechtsstaat, mit der inneren Versöh-*

nung zu beginnen und die Toten die Toten begraben zu lassen. Die innere Wiedervereinigung ist Grund, den Rechtsstaat positiv zu begreifen: als Chance zu gemeinsamer Zukunft.«[277]

Professor Günther Jakobs äußerte sich ebenfalls 1992 sehr deutlich: *»Man mag jetzt erneut behaupten, die Beschränkung der Freizügigkeit durch einen Schießbefehl oder durch das Grenzgesetz sei ein Verstoß gegen überpositives Recht gewesen. Ob es überhaupt so etwas gibt wie ein überpositives Recht auf Freizügigkeit, ist gewiß noch viel problematischer als die Frage nach dem überpositiven Recht auf Leben. Aber wiederum kommt es auf die Beantwortung der Frage nicht an, denn ein überpositives Recht auf Freizügigkeit würde die Beschränkung der Freizügigkeit zwar zum Unrecht stempeln, könnte aber trotzdem – ganz parallel zur geschilderten Rechtslage bei den nationalsozialistischen Gewalttaten – das Faktum der fehlenden Strafbarkeit nicht in sein Gegenteil verkehren.«*[278]

Weiter: *»Aber was gilt für die Initiatoren der Politik, die diese entwarfen, in positivrechtliche Formen faßten und durchsetzten? Diese Personen sind die maßgeblichen Gründe dieser Politik und lassen sich nicht als Nebenpersonen beiseiteschieben. Aber sie sind nicht nur vereinzelt aus gesicherten Positionen ausgebrochen, haben nicht eine gesicherte politische Kultur pervertiert, sondern sie haben eine Politik versucht, die es immerhin schaffte, von großen Teilen der Welt als politische Kraft und nicht als kriminelle Kraft verstanden zu werden. Ganze Bibliotheken künden davon, der kommunistische Ostblock habe etwas mit der Zukunftshoffnung der Menschen zu tun. Gewiß, die meisten Autoren verstanden dieses Regime als durchaus verkrüppelte Kinder der Hoffnung, aber eben doch als deren Kinder. Wenn bei dieser Lage auf die Bestrafung der Politiker gedrungen würde, so beanspruchte die Bundesrepublik damit implizit, ihr Strafgesetzbuch sei schon immer die Grenze jeglicher Politik gewesen. Aber die naturrechtliche Lehre, das Recht bestimme den Rahmen der Politik, ist zu Zeiten der Geltung positiven Rechts eine durch nichts begründete Annahme.«*[279]

Er fügte hinzu: *»Und wenn sich das Problem durch die Wiedervereinigung erledigt hat, so handelt es sich um den Sieg der Politik, an dem das Strafrecht schlechthin überhaupt keinen Anteil hat: Niemand hat der DDR wegen irgendwelcher Strafrechtsnormen der Bundesrepublik den Gehorsam aufgekündigt.«*[280] Jakob argumentierte weiter: »*Durch die Wiedervereinigung wurde das Problem kognitiv so restlos erledigt, daß normativ nichts mehr zu tun bleibt, jedenfalls nicht gerade dringlich; denn nach der Wiedervereinigung sind vergleichbare Fälle, also solche, für die das Geschehene irgendwie vorbildhaft wirken könnte, nicht mehr möglich.*«[281]

»*Das Ergebnis – die Taten waren am Tatort nicht strafbar; der Grund der Taten läßt sich besser als falsche Politik denn als Kriminalität verstehen, und es fand schon eine hinreichende kognitive Lagebereinigung statt.*«[282] Schließlich schloß er mit den Worten: »*Im Verzicht auf Strafverfahren läge die Aussage, dieser Staat werde als politisch schlechthin indiskutabel, als überwunden begriffen. Damit wäre diese Vergangenheit bewältigt.*«[283]

Professor Bodo Pieroth, ein angesehener Kommentator des Grundgesetzes, schrieb 1992: »*Das Ergebnis, daß die nationalsozialistischen Gewalttäter und DDR-Regime-Kriminelle straflos bleiben sollen, widerstreitet evident dem Rechtsgefühl.*«[284] Und er mahnte: »*Aber der Rechtsstaat, einmal etabliert, muß sich treu bleiben: Das Rechtsgefühl darf geschriebene rechtsstaatliche Verfassungsnormen nicht überrollen.*«[285]

Der Staatsrechtslehrer Christian Starck erklärte 1992: »*Hält man sich dieses ›Rechts‹-Verständnis vor Augen, so sind erhebliche Zweifel angebracht, ob die Gesetze der ehemaligen DDR überhaupt als Maßstab für Unrecht in Frage kommen, da sie Wachs in den Händen der alles beherrschenden Partei und die Worte der Gesetze nur Fassade waren.*«[286] Und: »*Ich erwähne diese Rechtsprechung, weil sie zu einer lebhaften Kontroverse geführt hat, in deren Folge der rückwirkende Straftatbestand nicht mehr angewandt worden ist und der Grundsatz nulla poena sine lege* (keine Strafe ohne Gesetz, das ist das Rückwirkungsverbot – d. Verf.) *den Sieg davon getragen hat. Diesen sollten wir auch bei der Aufarbeitung des SED-Unrechtsregimes nicht in Frage stellen. Anwendung kann danach nur das in der damaligen DDR jeweils geltende Strafrecht finden.*«[287]

Gottfried Mahrenholz, ehemaliger Vizepräsident des Bundesverfassungsgerichts, warnte 1992: »*Eine über viele Jahre sich hinziehende ›Aufarbeitung‹ der Vergangenheit durch Strafverfolgung wird in den neuen Bundesländern am Anfang begrüßt werden, insbesondere von den Opfern des DDR-Systems, sie könnte im Laufe der Zeit aber als Belastung empfunden werden, als permanente Diskriminierung eines Teils Deutschlands, und dem Zusammenstehen der deutschen Bevölkerungen eher im Wege stehen. Dann wird kein Raum mehr bleiben für eine historische, politische, moralische Aufarbeitung. Hüten wir uns davor, das schneidige Schwert der Strafrechtspflege, die Notwendigkeit ihres Gebrauchs zu überschätzen. Es kann nicht heilen und nicht verbinden. Weder einen Menschen noch das Volk. Es trennt. Christian Meier schreibt in seiner jüngst erschienen Schrift über die deutsche Nation: ›Ich möchte behaupten, daß wir allesamt noch weit davon entfernt sind, auch nur die Problematik zu begreifen, die uns mit der Vereinigung aufgegeben ist.‹ (Christian Meier, Die Nation, die keine sein will, 1991, S. 7)«*[288]

Auf einem Kolloquium über »*Regierungskriminalität in der ehem. DDR*« im April 1992 verwies Professor Hans-Ludwig Schreiber u. a. auf »*das in Art. 103 II GG garantierte Rückwirkungsverbot, das einer rückwirkenden Übertragung und Anwendung des bundesrepublikanischen Rechts auf Taten in der früheren DDR entgegensteht.*«[289] Weiter erklärte Professor Schreiber: »*Gegen eine derartige Durchbrechung des Rechtsstaatprinzips* (durch das Landgericht Berlin wegen Anwendung des Naturrechts – d. Verf.) *bestehen aber erhebliche Bedenken. Die Möglichkeit der strafrechtlichen Ahndung von DDR-Alttaten sollte nicht die Preisgabe rechtsstaatlicher Substanz rechtfertigen.*«[290]

Joachim Renzikowski schrieb 1992: »*Eine Strafbarkeit scheidet dann aus, wenn der Grenzsoldat gem. § 27 III GrenzG zuerst einen Warnschuß abgab, bevor er geschossen hat, um das Opfer fluchtunfähig zu machen.*«[291]

Die Berliner Justizsenatorin und spätere Präsidentin des Bundesverfassungsgerichts Jutta Limbach schätzte 1993: »*Nur grob über den Daumen gepeilt kann man sagen, daß bei den Strafrechtswissenschaftlern der Zweifel am staatlichen Strafanspruch leicht überwiegt, während bei den Staatsrechtswissenschaftler ein gewisses Übergewicht zugunsten der Meinung besteht, daß das Strafrecht hier eine Aufgabe zu erfüllen hat.*«[292]

Die »Peilung« dürfte etwas zu einseitig ausgefallen sein. Dabei soll keineswegs bestritten werden, daß es auch Rechtswissenschaftler gab, die für einen schärferen Kurs bei der Vergangenheitsbewältigung plädierten oder diese jedenfalls in der gegebenen Form billigten.

Der Juraprofessor und Schriftsteller Bernhard Schlink schrieb 1994: »*Als geltendes Recht nicht anzuerkennen, was als Recht anerkannt und praktiziert wird, sondern was als Recht anerkannt und praktiziert werden müßte, beraubt den Rechtsbegriff einer wesentlichen Dimension: Der Wirklichkeit.*«[293] Er fügte hinzu: »*Die Stunde der revolutionären Gerechtigkeit ist vorbei. Die rechtsstaatliche Normalität schließt das Rückwirkungsverbot ein und die strafrechtliche Bewältigung der kommunistischen Vergangenheit, wie sie derzeit stattfindet, aus.*«[294]

1995 schrieb der beste Kenner des wissenschaftlichen Werkes von Gustav Radbruch in der Bundesrepublik, Arthur Kaufmann, zu dem Ausweg aus der ausweglosen Rechtslage, den der BGH und später das Bundesverfassungsgericht mit ihren Urteilen eröffnen wollten: »*Die Radbruchsche Formel jedenfalls eröffnet einen solchen nicht.*«[295]

Professor Rüdiger Zuck erklärte 1995: »*Mir geht es nur darum zu zeigen, daß das, was wir Vergangenheitsbewältigung nennen, das Resultat politischer Weichenstellung für die Zukunft ist.*«[296] Und er fügte hinzu: »*Wer ein im politischen Wettbewerb unterlegenes politisches System (und ihre Agenten) nach einer Niederlage mit den Mitteln des Rechts richtet, kann sich deshalb nicht auf Gerechtigkeit berufen. Er hat für sich nur das ›vae victis‹ des Siegers und den schönen Schein des Rechts, der die Rache verdeckt.*«[297]

Schließlich resümierte Zuck: »*Es fehlt aber nur die Einsicht, daß das Recht damit wieder in den politischen Kontext eintaucht, und deshalb, weil ein anderer politischer Kontext zu beurteilen ist, zu einem inkommensurablen Maßstab wird. Da das Recht angewendet werden muß, kann man das auch als das Politikdilemma des Rechts bezeichnen. Einen internen Ausweg gibt es infolgedessen nicht. Extern ist das Politikdilemma nur durch eine Amnestie zu lösen. Sie ist, um der ständigen sinnentleerten Instrumentalisierung des Rechts entgegenzuwirken, geboten.*«[298]

Professor Gropp nahm 1996 zu zwei weiteren Urteilen des BGH Stellung, die am 26. Juli 1994 verkündet worden waren. Im Mittelpunkt seiner Ausführungen stand ein Urteil gegen zwei Grenzsoldaten. Er sagt zum Sachverhalt: »*In einer Febru-*

arnacht des Jahres 1972 entdeckten sie in der Mitte des Flusses einen Mann, der die Spree Richtung Westen durchschwimmen wollte. Weil er auf den Zuruf der Angeklagten nicht reagierte, schossen die Angeklagten ohne vorherige gegenseitige Verständigung aus der Hüfte mit Dauerfeuer auf ihn, wobei davon auszugehen ist, daß die ersten Schüsse Warnschüsse waren. Beiden Angeklagten war bewußt, daß sie den Schwimmer tödlich verletzen konnten.« Gropp setzte sich sodann ausführlich mit der Rechtslage und dem BGH-Urteil auseinander und kam zu dem Ergebnis: *»Folgt man der hier vertretenen Auffassung, so blieben die Tötungen durch Grenzsoldaten an der innerdeutschen Grenze im Interesse der Rechtsstaatlichkeit ganz überwiegend straflos; ein zum gegenwärtigen Zeitpunkt wohl unbefriedigendes, im Interesse des Rechtsstaats jedoch unvermeidbares Ergebnis.«*[299]

Professor Peter-Alexis Albrecht sagte 1997 zum Mauerschützen-Urteil des Bundesverfassungsgerichts in Sachen Keßler u. a.: *»Der Beschluß des Zweiten Senats des Bundesverfassungsgerichts vom 24.10.1996 ist ein Lehrbeispiel für die verfehlte Rigorosität des strafrechtlichen Zugriffs auf historisch, ökonomisch, kulturell, sozial und politisch hochkomplexe Zusammenhänge, die sich der Natur der Sache nach strafjuristischer Verarbeitung prinzipiell entziehen. Der Beschluß ist ein Schlußpunkt im Prozeß der Vergewaltigung des rechtsstaatlichen Strafrechts.«*[300]

Ebenfalls 1997 schrieb der bereits zitierte ehemalige Präsident des Bundesverwaltungsgerichts, Professor Horst Sendler: *»Jedenfalls trat der Gesetzgeber bescheiden in den Hintergrund, schob die Justiz auf die Bühne und überließ ihr es, die Kastanien aus dem Feuer zu holen und in den nunmehr fälligen politischen Prozessen auch und wohl in erster Linie politische Verantwortung zu übernehmen. Die Antwort auf die schwerwiegenden Fragen, die mit dem Rückwirkungsverbot zusammenhängen, wurde und wird also nicht politisch entschieden, sondern als Rechtsfrage stilisiert und kaschiert und als selbstverständlich der Justiz anheimgegeben, der man Schwierigstes, das der Gesetzgeber nicht in Angriff nehmen kann oder will, zumutet und zutraut. Ebenso selbstverständlich greift freilich die Justiz bereitwillig zu, und zwar, wie ich in Abwandlung der zitierten Formulierung von Münchs* (v. Münch ist ein bekannter Rechtswissenschaftler – d. Verf.) *fürchte, juri-*

stisch nicht unbedingt vertretbar und politisch unklug – wenn die politische Klugheit überhaupt in die Kompetenz der Justiz fallen sollte. Fügsam und wohl ohne vertieftes Bewußtsein für die damit verbundene Problematik und Verantwortung, füllt die Justiz die Rolle eines Reparaturbetriebes der Politik aus – wahrscheinlich anders als dies von Münch gern verstanden hätte.«[301] Sendler versuchte schließlich zu prognostizieren: »*Wenn man Presseberichten glauben schenken kann (Focus vom 18.11.96), dann scheint sogar Jochen Frowein – gewiß nicht die schlechteste Adresse in diesem Bereich – den Gang nach Straßburg nicht für aussichtslos zu halten.«*[302]

1998 schrieb Claus Dieter Classen zum Urteil des Bundesverfassungsgerichts gegen Keßler: »*Unabhängig davon vermögen auch die konkreten Gründe, die nach Ansicht des BVerfG eine solche Ausnahme* (vom Rückwirkungsverbot – d. Verf.) *rechtfertigen können, nicht zu überzeugen. Die Hinweise auf das Völkerrecht in Form des internationalen Menschenrechtsschutzes, mit denen der BGH und das BVerfG den gegenteiligen Ansatz begründen, sind viel zu undifferenziert ausgefallen. Anhaltspunkte für eine Bestrafung unmenschlichen Handelns gibt es im Völkerrecht vielmehr nur für deutlich enger definierte Bereiche. Wenn man also schon das Völkerrecht für die Bewältigung der hier in Frage stehenden Probleme fruchtbar machen will, hätte man dies in deutlich bescheidenerer Form tun müssen. Erst recht vermag die Beschränkung von möglichen Ausnahmen des nulla-poena-Grundsatzes auf strukturell undemokratische Systeme, die das BVerfG vorgenommen hat, nicht zu überzeugen.«*[303]

1999 zog Professor Gerald Grünwald folgendes Fazit seiner Rechtsauffassungen zu den Schüssen an der Grenze: »*Auch nach der Gesetzeslage und der Rechtspraxis der Bundesrepublik Deutschland sind Eingriffe in das Recht auf Leben zur Durchsetzung von Normen zulässig, die geringerwertigen Interessen des Staates oder der Allgemeinheit dienen.*

Es ist nicht gelungen, die Anerkennung eines allgemeinen Rechtsgrundsatzes durch die Völkergemeinschaft festzustellen, der durch die Inkaufnahme der Todesfolge bei der Verhinderung eines Grenzübertritts verletzt würde und deren Strafbarkeit begründete. Die Bestrafung von Handlungen, die dem Grenzgesetz der DDR ent-

sprachen, ist nicht nur mit dem Grundgesetz der Bundesrepublik Deutschland unvereinbar, sondern auch mit der Europäischen Menschenrechtskonvention und dem Internationalen Pakt über bürgerliche und politische Rechte.«[304]

Anläßlich des 50. Todestages von Georg Radbruch äußerte sich Professor Adomeit 1999 zur Benutzung der Radbruch'schen Formel durch die Gerichte: *»Auch ist die Formel zwar mit ihrem Einsatz als deus ex machina in den Mauerschützenprozessen zu Ruhm gelangt (BVerfGE 95, 96 = NJW 1997, 929), aber auch mißverstanden, in ihrer philosophischen Substanz beschädigt worden. Sie war dafür gedacht, terroristischem Strafrecht entgegengehalten zu werden, nicht aber eine sonst nicht gegebene Strafbarkeit zu begründen. Im Falle Weinhold wäre sie angemessen gewesen (NJW 1978, 13), im Falle eines systematisch indoktrinierten 20jährigen Grenzschützers nicht. Das Grenzgesetz der DDR, inklusive Verpflichtung zum finalen Todesschuß, war pure Staatsraison, lag innerhalb der Notwendigkeit, diesen Staat zu erhalten, was völkerrechtlich jedem Staat zusteht.«* Und wenig später fügte er hinzu: *»Die Verurteilung der DDR-Mauerschützen war nach interlokalem Strafrecht unter Berücksichtigung des DDR-Militärstrafrechts auch noch davon abhängig, daß diesen Straftätern der Sinn der Radbruch'schen Formel (anders gesagt: die Gerechtigkeitswidrigkeit des Grenzgesetzes) ›offensichtlich‹ war. BGH und BVerfG urteilten: ja, offensichtlich – und dies bei einer Frage, auf der zweieinhalbtausend Jahre Rechtsphilosophie lasten!«*[305]

Professor Uwe Wesel sagte 1999 der Berliner Zeitung: *»Die Gerichte der Bundesrepublik sind sich zwar einig, daß die Radbruchsche Formel auf das Grenzgesetz angewendet werden muß. In der Wissenschaft gibt es aber viele, die anderer Meinung sind, darunter auch der bedeutende Heidelberger Staatsrechtler Schmidt-Aßmann im wichtigsten Kommentar zum Grundgesetz.«*[306]

Und genau so stand es, geschrieben von Schmidt-Assmann, in dem führenden Kommentar zum Grundgesetz von Maunz/Dürig. Der Name des 1993 verstorbenen Mitherausgebers Theodor Maunz bürgt dafür, daß der Kommentar nicht linkslastig ist. Schließlich war Maunz ein *»literarischer Unterstützer des NS-Regimes«*.[307] Im Kommentar heißt es: *»In der Literatur wird demgegenüber von beachtlichen Stimmen geltend gemacht,*

Art. 103 Abs. 2 gestatte es nicht, einen zur Tatzeit praktizierten Rechtfertigungsgrund, wenn dieser übergeordneten Normen widerspreche, zum Nachteil eines Angeklagten nicht anzuwenden.« Und weiter: *»Gibt man bei Art. 103 Abs. 2 GG dieses Formalprinzip auf, gibt man im Grunde die Vorschrift selbst auf.«* Der Kommentator kommt zum Schluß: *»Die Schutzwürdigkeit des Vertrauens nachgeordneter Vollzugsorgane in die Existenz des Rechtfertigungsgrundes, auf die der Bundesgerichtshof in der zitierten Urteilsbegründung abhebt, gestattet im Lichte des Art. 103 Abs. 2 GG nur in Ausnahmefällen eine Abwägung. Für die vorliegenden Fälle sprechen die besseren Gründe dafür, auf die faktische Handhabung und nicht auf eine rechtlich immerhin sicher konstruierbare Fassung des Rechtfertigungsgrundes in § 27 Abs. 2 DDR-GrenzG abzustellen. Eine strafrechtliche Verantwortlichkeit nachgeordneter Vollzugsorgane ist daher zu verneinen.«*[308]

Nach dem Urteil des Europäischen Gerichtshofs für Menschenrechte vom 22. März 2001 hörten auch die Wissenschaftler, von wenigen Ausnahmen abgesehen, auf zu räsonieren. Schweigen war jetzt auch für sie Gold. Seltene Ausnahmen bestätigten diese Regel. Eine war Professor Gerd Roellecke. Er schrieb noch im Jahr 2001 zu diesem Urteil: *»Der Jubel der veröffentlichten Meinung beruht auf fehlender Information. Der Gerichtshof hat keine der dogmatischen Fragen überzeugend beantwortet.«* Und: *»Tatsächlich waren und sind die europäischen Richter in genau dem gleichen Sinne befangen oder nicht befangen wie die Richter des BGH oder des Bundesverfassungsgerichts. Sie vertreten das westliche, rechtsstaatlich-demokratische politische System, das sich gegen das realsozialistische durchgesetzt hat.«*[309]

Professor Wolfgang Naucke lobt den EGMR, äußert aber zugleich auch Kritisches. In einem Festschriftbeitrag aus dem Jahr 2002 sagt er: *»Zunächst wird die unabdingbare Geltung des Rückwirkungsverbots bekräftigt [...] Im gleichen Atemzug [...] wird als gesamteuropäische Rechtsauffassung eingeführt, daß jede Regel, auch jede Strafrechtsregel richterlich ausgelegt werden darf und muß und daß bei diesem Vorgang, wenn nur die professionellen Methoden eingehalten werden, Klarstellungen und Fortentwicklungen einer bestehenden Strafrechtsregel möglich seien [...] Nicht nur am Rande: das ist ein juristisch gefährlicher Satz, läßt er doch die all-*

gemeine rückwirkende Anwendung neuer ›vernünftiger‹ Auslegungen zu mit der Begründung, die ›neue Vernunft‹ sei nur ›die eigentliche schon immer richtige Vernunft‹.«³¹⁰

Doch bei Naucke überwiegt die Zustimmung zur Entscheidung des EGMR: »*Und in der Tat, die sehr weit reichende Bedeutung der EGMR-Entscheidungen liegt in dem geglückten Unternehmen, die liberal-rechtsstaatliche Demokratie und ein ihr entsprechendes Strafrecht aus dem Zusammenhang von Ideologie (oder sonstigen politischen Vorverständnissen) und Recht herauszunehmen, und durch die Art des Argumentierens und durch die Gewichtung des Materials klarzumachen, daß es ein liberal rechtsstaatliches Strafrecht in jedem Staat geben muß; und, wenn es doch nicht positiv vorhanden sein sollte, an jede Staatspraxis als Rechtsmaßstab, der einzuhalten war, angelegt werden muß. Das ist nicht Willkür, nicht Dezision und eben auch nicht Ideologie.*«³¹¹

Immer wieder bemerkenswert ist die Unbefangenheit, mit der die Theorien der anderen als Ideologien gebrandmarkt und die eigene »liberal-rechtsstaatliche« Auffassung von Demokratie als selbstverständlich »ideologiefrei« gewertet wird. Das entspricht voll dem Zeitgeist, für den »Ideologie« für Unvernunft steht und eigenes Denken vernünftig und daher ideologiefrei ist.

Es gab, wie könnte es anders sein, auch unter den Rechtswissenschaftlern »Falken«. Sie charakterisieren die politische Grundstimmung in der BRD dieser Epoche und sollen daher auch zu Worte kommen.

So schrieb Professor Willi Bottke 1992: »*Gesetzliches Unrecht waren Normen, die die ›Rassenschande‹ unter dem NS-Unrechtsregime oder die staatsfeindliche Hetze und die Republikflucht unter dem DDR-Unrechtsregime unter Strafe stellten.*«³¹²

Die Professoren Eckhard Jesse und Horst Möller wurden mit ihren kennzeichnenden Aussagen über die besseren Nazis und die schlimmere DDR bereits zitiert.

Professor Horst Möller sah das 1994, allerdings als Historiker, ähnlich wie Jesse: »*Die NS-Diktatur hat etwas mehr als eine halbe Million Menschen ins Exil getrieben – zweifellos eine Menschenrechtsverletzung extremen Ausmaßes. Aus vergleichbaren Motiven der Verfolgung haben in den Jahren von 1949 bis 1961 fast 2,7 Millionen Menschen die DDR verlassen und sind geflüchtet.*«³¹³

Am Ende bleibt die Tatsache, daß die Mehrheit der deutschen Rechtswissenschaftler die strafrechtliche Reaktion auf die DDR, wie sie von der Rechtsprechung einheitlich betrieben wurde, abgelehnt hat. Sie entlarvt die Grenzen des Rechtsstaats: Wo fundamentale politische Interessen auf dem Spiel stehen, wird die Justiz zur Magd der Politik – hier einer falschen, unsozialen, antinationalen Politik.

Nicht weniger bedeutsam ist die weitere Tatsache, daß die wissenschaftliche Diskussion um die Probleme der Vergangenheitsbewältigung eine Diskussion der Westdeutschen ist. Ostdeutsche haben nur in zu vernachlässigender Minderzahl an ihr teilgenommen. Von den Strafrechtsprofessoren der DDR, die es schließlich auch gab, fällt nur Erich Buchholz auf. Auch für ihn standen die Rechtszeitschriften nicht so offen wie für seine westdeutschen Kollegen. Vieles von ihm erschien in einer Literatur, die der ehemaligen Samisdatliteratur der Sowjetunion im Verbreitungsumfang zu vergleichen ist, wie den hervorragenden »Weißenseer Blättern«.

Die Prognose von Professor Isensee erfüllte sich also nicht: *»Es wird sich kein Grund ergeben für die Deutschen, die im sicheren Port des Westens gelebt haben, sich zum Zensor der ostdeutschen Vergangenheit aufzuwerfen.«*

Zur Unabhängigkeit der Justiz und der Stellung der Richter in der BRD

Der eklatante Widerspruch zwischen der Meinung der Rechtsgelehrten und der Richter bei der Lösung der mit der Bewältigung der DDR-Vergangenheit verbundenen Rechtsprobleme provoziert die Frage: Wie kommt das? Die weitere Tatsache, daß auch ehemalige höchste Richter, aber keine amtierenden, unter den Kritikern der Rechtsprechung der obersten Gerichte zu finden sind, macht die Frage noch dringlicher, präzisiert sie zu der Unterfrage: Wie steht es in Deutschland mit der gerühmten Unabhängigkeit der Justiz und der Richter?

Artikel 97 des Grundgesetzes lautet: *»Die Richter sind unabhängig und nur dem Gesetz unterworfen.«* Die »Frankfurter Rundschau« schrieb am 24. Januar 1997: »*Die Verfassung schreibt es zwar vor, doch Deutschlands Richterinnen und Richter sind nicht wirklich unabhängig*«.

Rolf Lamprecht, angesehener Presseberichterstatter aus Karlsruhe, spricht »*Vom Mythos der Unabhängigkeit*«, so der Titel seines 1995 erschienenen Buches mit dem Untertitel: »*Über das Dasein und Sosein der deutschen Richter*«.

Die Richter könnten unabhängig sein, sie müssen wegen ihrer Urteile weder Entlassung noch gar Strafen befürchten. Sie müssen rein gar nichts fürchten. Doch sie sind auch nur Menschen und denken an zwei Dinge: Wenn sie ein Urteil sprechen, das der übergeordneten Instanz mißfällt, kann es aufgehoben werden. Die Arbeit war dann umsonst und dem Begünstigten ist nicht genutzt, sondern geschadet, weil höhere Kosten entstehen können. Und zweitens: Wenn sie häufiger Urteile fällen, die mißfallen, dann werden sie nicht befördert.

Im allgemeinen weiß ein Richter, was dem höheren Gericht gefällt und was nicht – und er richtet sich danach. Es muß nicht die Peitsche sein, die Richter veranlaßt so zu urteilen, wie die Obrigkeit es wünscht, Zuckerbrot tut es auch. So trifft es wohl zu, wenn Lamprecht vom »Mythos der Unabhängigkeit«[314] spricht.

Auch die unabhängige Justiz ist, wie die Strafrichter bei der Bewältigung der DDR-Vergangenheit bewiesen haben, lenkbar. Besonders leicht gelingt die Lenkung, wenn sie dem Zeitgeist, der herrschenden Ideologie entspricht. Für die erkennenden Richter war die DDR von vornherein ein Unrechtsstaat. Seine Richter, Staatsanwälte, Soldaten, Offiziere und Politiker zu verurteilen fiel ihnen nicht schwer. Allerdings scheint im Laufe der Zeit das Vorurteil über die DDR in mancher Hinsicht erschüttert worden zu sein. Die Prozesse zeigten den Richtern nach und nach, daß das Medienbild und ihr eigenes DDR-Bild falsch waren. Die Verurteilungsbereitschaft ließ – so scheint es – nach.

Ein Beispiel dafür ist der Freispruch der Politbüromitglieder durch das Landgericht Berlin am 7. Juli 2000[315].

Unberührt von dieser Tendenz blieb der BGH, der das Urteil des Landgerichts am 6. November 2002 aufhob und das Verfahren zur erneuten Entscheidung (sprich Verurteilung) an das Landgericht Berlin zurückverwies[316]. Dort wurde zunächst das

Verfahren gegen Häber abgetrennt. Alle wurden dann verurteilt, bei Häber wurde allerdings von Strafe abgesehen. Der Sinn der getrennten Verhandlung blieb den Beteiligten, soweit sie nicht über Insiderkenntnisse verfügten, verschlossen. Auch solche Manöver sind im Rechtsstaat möglich.

Die Justizjuristen der BRD waren 1949 und später vom gleichen Schlag wie diejenigen der Weimarer Republik und des Hitlerstaates. Sie waren konservativ und antikommunistisch. Später verlor die BRD-Justiz in beträchtlichem Ausmaß diesen Charakter. Die »68er« faßten in ihr Fuß, und sie machten auch Karriere. Der Beitritt der DDR begünstigte ihren Aufstieg, wie man annehmen darf. Es waren zu viel Stellen zu besetzen, und man mußte auf sie zurückgreifen. Viele Justizjuristen aus der zweiten Reihe rückten daher in den neuen Bundesländern in gehobene Positionen auf. Sie gaben der Justiz – wenigstens auf diesem Territorium – einen anderen Charakter. Letztlich hatte natürlich Karlsruhe das Sagen. Doch selbst wenn sie taten, was Karlsruhe wollte, spürte ein Beobachter, der die Szene durch eine in der DDR geformte Brille betrachtete, irgendetwas Vertrautes – zumindest meinte er es zu spüren. Vielleicht war es auch nur Einbildung, Wunschdenken.

*Juristische Vergangenheitsbewältigung
außerhalb des Strafrechts*

Die Änderung der Gerichtsverfassung
Vergangenheitsbewältigung war eine Aufgabe für die gesamte Justiz in den neuen Bundesländern, sie galt nicht etwa nur für die Staatsanwaltschaften und die Strafgerichte. Die DDR-Vergangenheit wurde folglich auch auf dem Gebiet der Gerichtsorganisation bewältigt. Die Losung lautete hier gleichfalls: Zurück in die deutsch-preußische Vergangenheit. Die einfache dreistufige Gerichtsverfassung der DDR, in der Gerichts- und Verwaltungsbezirke territorial übereinstimmten, wurde alsbald durch die komplizierte wilhelminische aus dem Jahr 1879 ersetzt. Aus Kreis- und Bezirksgerichten wurden Amts-, Land- und Oberlandesgerichte.

Der Rückkehr zur wilhelminischen Gerichtsorganisation entsprach die Reinigung der Justiz von sozialistisch gefärbten Juristen. Politisch belastete Richter, Staatsanwälte und Rechtsanwälte aus der DDR-Justiz wurden entfernt. Wie viele der Säuberung zum Opfer fielen, ist unbekannt. Verurteilt worden waren 27 Juristen, entfernt wurde offensichtlich eine vielfache Zahl. Die frei gewordenen Stellen wurden mit Westdeutschen besetzt, weitere kamen hinzu, um die steigende Prozeßflut zu bewältigen. Anette Weinke berichtete im »Deutschland Archiv«: *»Während in Berlin nur 11,6 % aller Richter und Staatsanwälte übernommen wurden, liegen die entsprechenden Quoten in Brandenburg bei 53 %, in Sachsen bei 52 %, in Sachsen-Anhalt bei 45 %, in Thüringen bei 44 % und in Mecklenburg-Vorpommern bei 32 %.«*[317] Da die Anzahl der Richter und Staatsanwälte nach dem Beitritt wesentlich erhöht wurde, ist der prozentuale Anteil der Ostrichter und -staatsanwälte niedriger. Auf eine kleine Anfrage der PDS vom September 2000 teilte z. B. die Landesregierung Brandenburg mit, daß 77 % aller Richter an den Landgerichten, 80 % an den Verwaltungsgerichten und 100 % an den Landesarbeits- und Landessozialgerichten aus dem Westen kommen.[318] Das MDR-Magazin Umschau machte für die neuen Bundesländer ohne Berlin folgende Angaben über die Besetzung der Gerichte mit Ost- bzw. Westrichtern:

	Anzahl Gesamt	*Anzahl Ost*	*Anzahl West*	*Anteil in % Ost*	*Anteil in % West*
Vorsitzende Richter	156	5	151	3,2	96,8
Richter	274	29	245	10,6	89,4
Gesamt	430	34	396	7,9	92,1

Die höchsten Bundesrichter sind selbstverständlich ausschließlich Westrichter. So sieht die Teilhabe der Ostdeutschen an der dritten Gewalt aus. Der Vorsitzende des Deutschen Richterbundes, Dr. Franz-Joseph Pelz, sagte in einem Interview der »Neuen Justiz« zu diesem Problem 1991: *»Ich sehe natürlich auch die Gefahr einer Kolonialisierung, die aber wohl in der Praxis kaum zu vermeiden sein wird.«*[319] Rolf Lamprecht erklärte 1995 zu der

Besetzung des BGH: »*Fünf neue Bundesrichter, die über intensive Osterfahrung verfügen und sich entsprechend engagiert haben, sind wahrlich keine furchterregende Invasion«.*[320] Die Bezeichnung »*intensive Osterfahrung*« läßt sich wohl nur so deuten, daß es sich um Westrichter handelt, die im Osten tätig waren oder sind. Bei 1.425 Planstellen des BGH müßten entsprechend dem Anteil der Bevölkerung des Beitrittsgebiets an der Gesamtzahl der Bundesbürger ca. 30 Ossis dem BGH angehören. Tatsächlich gibt es jedoch keinen Richter am BGH und auch nicht an den anderen höchsten Gerichten, insbesondere nicht am Bundesverfassungsgericht, der in der DDR aufgewachsen ist.
In Ministerien, Verwaltungen und öffentlichen Institutionen und selbst in der Wirtschaft sieht es kaum anders aus. So ist das in Kolonien regelmäßig gewesen. Gleichwertige Lebensverhältnisse, wie Art. 72 Abs. 2 des Grundgesetzes das fordert, sind es nicht, wenn ca. 20% der Bevölkerung des Staates von der Ausübung der Rechtsprechung in wesentlichem Umfang ausgeschlossen wird.
Günstiger als bei Richtern und Staatsanwälten war die Situation bei den Rechtsanwälten, die gleichfalls als »Organ der Rechtspflege« bezeichnet werden. Ostanwälte wurden allerdings auch überprüft, um »Unwürdige« auszuschließen. Der Vorsitzende des Deutschen Anwaltvereins, Erhard Senniger, sagte in demselben Interview, in dem sich der Vorsitzende des Deutschen Richterbundes zu der Übernahme von Ostrichtern geäußert hatte, zu der Fragebogenaktion, mit der Rechtsanwälte auf ihre Würdigkeit überprüft wurden: »*Diese Maßnahme [...] ist schlicht rechtswidrig«.*[321] Geändert hat das nichts. Allerdings war die Zahl der ausgesonderten Rechtsanwälte klein. Doch da die Zahl der Anwälte stark zunahm und neue Anwälte fast ausschließlich aus den alten Bundesländern kamen, dominierte auch in diesem Zweig der Rechtspflege schließlich das westdeutsche Personal.
So gilt für die Justiz wie für andere Bereiche in Staat, Wirtschaft und Gesellschaft: im Osten regiert der Westen.

Die Bewältigung »offener Vermögensfragen« mittels des Verwaltungsrechts

Millionen Bürger verließen zwischen 1949 und November 1989 die DDR. Viele von ihnen ließen Vermögenswerte, darunter vor allem Grundstücke, zurück. Die Eigentümer hatten nicht immer Vorsorge getroffen, daß diese betreut wurden. Grundstücke verwahrlosten, Grundsteuern wurden nicht entrichtet, Wohnungen blieben unbewohnt, Mieten wurden nicht gezahlt. Viele dieser Übersiedler waren davon überzeugt, ihr Eigentum sei endgültig verloren.

Die »herrenlosen« Sachen bildeten ein Problem für den Staat, das dieser im Laufe der Jahrzehnte auf unterschiedliche Weise zu lösen versuchte. In gewissen Fällen wurde dieses Eigentum in Volkseigentum überführt, aber in der Mehrzahl wurden Verwalter bestellt, sofern der Eigentümer nicht selbst für einen Verwalter gesorgt hatte. Die Verwalter übten ihre Befugnisse unterschiedlich aus, wobei die Richtlinien für die staatlichen Verwalter wechselten. Meist wurden die Grundstücke verpachtet, zeitweise auch in Form sogenannter Überlassungsverträge vergeben, die dem neuen Besitzer eine eigentümerähnliche Stellung verliehen. Auf den Grundstücken wurden Baulichkeiten errichtet, Gärten angelegt oder gepflegt. Nur wenige sahen 1990 noch so aus wie zu dem Zeitpunkt, als der Eigentümer sie verlassen hatte. Besonders die »Datschen« erlangten in den langen Jahren einen hohen ideellen Wert für den Besitzer. – Für den DDR-Staat war das Problem anscheinend hochpolitisch, wie die unterschiedlichen Lösungsversuche zeigen, die er unternahm. Vielfach wäre es das einfachste gewesen, Grundstücke wegen der nicht gezahlten Grundsteuern zu versteigern. Doch das war aus irgendeinem Grund nicht geschehen.

Die wichtigste Aufgabe bei der Transformation der sozialistischen DDR in die kapitalistische BRD, wie man die Vergangenheitsbewältigung auch nennt, fiel den Juristen im Rahmen der sogenannten offenen Vermögensfragen zu. Martin Redeker, Richter am Oberverwaltungsgericht Greifswald, behandelte diesen Komplex rückblickend in einem Artikel unter dem Titel *»Zehn Jahre Wiedervereinigung – Bewältigung eigentums- und vermögensrechtlicher Fragen«.*[322] Redeker gab dort die in der BRD herrschende Meinung mit den Worten wieder, *»daß die durch die sowjetische Besatzungsmacht und nachfolgend durch die DDR geschaffene Eigentumsordnung Ausdruck eines fundamentalen Unrechtssystems sei und die dadurch bewirkten Eigentumsverschiebungen keinen Bestand haben sollten«.*

Der Begriff *»Eigentumsordnung«* steht für Sozialismus, Sozialismus steht für *»fundamentales Unrechtssystem«.*

Dieses System galt es auf verwaltungsrechtlichem Weg zu beseitigen. Das geschah mit großem Aufwand. Das Bundesamt zur Regelung offener Vermögensfragen – so nannte sich die Behörde, die die Enteignung der Ostdeutschen einschließlich des DDR-Vermögens mit 5.220 Beamten und Angestellten zu vollziehen hatte – meldete in einer *»Statistischen Übersicht per 31.12.2003«*, daß bei 2.204.209 Grundstücken die »Rückübertragung« beantragt worden war und 415.321 Grundstücke an sogenannte Alteigentümer zurückgegeben worden seien (nicht gerechnet die in Berlin zurückgegebenen Grundstücke) Im Zuge dieser Aktion sind nach demselben Bericht 60.086 Verwaltungsgerichtsverfahren durchgeführt worden.

Bärbel Bohley, die bekannte DDR-Bürgerrechtlerin erklärte dazu 1991: *»Ich denke, daß die Eigentumsfrage eine ganz wichtige Frage ist, um den Glauben an den Rechtsstaat herzustellen oder überhaupt in Gang zu setzen. Und ich denke nach wie vor, daß eine falsche Entscheidung getroffen wurde, als man sich für Rückgabe vor Entschädigung entschieden hat. Menschen, die 40 Jahre in der DDR gelebt haben, sind durchaus der Meinung, es gehöre ihnen. Und daß manche Gebäude stehen, haben die Gebäude auch nur den Bewohnern zu verdanken.«*[323] Frau Bohley hatte zweifellos recht, doch ihre Meinung galt in der BRD ebenso wenig wie früher in der DDR.

Um die kapitalistische Ordnung in den neuen Bundesländern wiederherzustellen, wurden immer wieder neue Gesetze und Verordnungen erlassen, vom Bundesverfassungsgericht aufgehoben oder bestätigt sowie vom Bundesverwaltungsgericht und auch vom BGH ausgelegt.

Die Bewältigung »offener Vermögensfragen« mittels des Zivilrechts

Zivilgerichte waren und sind gleichfalls immer noch mit den offenen Vermögensfragen befaßt. Die Gerichte taten sich schwer, die Zuständigkeitsgrenze zwischen Verwaltungs- und Zivilgerichten zu ziehen. Manche Prozesse gingen durch drei Instanzen und endeten sehr kostspielig mit einem Urteil, das feststellte, der Kläger hatte den falschen Rechtsweg beschritten, worauf das Ganze noch einmal von vorn beginnen konnte. Es ist unmöglich, in der gebotenen Kürze und Verständlichkeit alle Probleme aufzuzählen, die die Zivilgerichte auf diesem Gebiet beschäftigten. Noch am 17. September 2004 erging ein Urteil des BGH, das die Gültigkeit von Verträgen nach dem »Modrowgesetz« vom 7. März 1990 bestätigte. So lange blieben Tausende von Bürgern im Ungewissen, ob sie Grundstückseigentümer waren oder nicht.

Die Flut der Gesetze zu den offenen Vermögensfragen

Die offenen Vermögensfragen bildeten ein neues Rechtsgebiet mit speziellen Zeitschriften und Büchern. Nur Experten vermochten sich in ihm zurechtzufinden. Die Namen der gesetzlichen Bestimmungen und ihre zeitliche Folge sind typisch für die Art und Weise der aktuellen Gesetzgebung in der BRD. Die folgende Tabelle, die keinen Anspruch auf Vollständigkeit erhebt, mag einen Eindruck von der Zeitfolge, der Unübersichtlichkeit und Unverständlichkeit der Gesetze, aber auch von der Rat- und Hilflosigkeit des Gesetzgebers vermitteln:

Rechtsbestimmungen zu den offenen Vermögensfragen – Auswahl

Datum	*Gesetz*	*Kurzbezeichnung*
11.07.1990	Verordnung über die Anmeldung vermögensrechtlicher Ansprüche	Anmeldeverordnung
29.09.1990	Gesetz zur Regelung offener Vermögensfragen	Vermögensgesetz
22.03.1991	Gesetz zur Beseitigung von Hemmnissen bei der Privati-	

	sierung von Unternehmen und zur Förderung von Investitionen	Hemmnissebeseitigungsgesetz
13.07.1991	Verordnung zum Vermögensgesetz über die Rückgabe von Unternehmen	Unternehmensrückgabeverordnung
20.12.1991	Gesetz zur Regelung von Vermögensfragen der Sozialversicherung im Beitrittsgebiet	
14.07.1992	Gesetz zur Änderung des Vermögensgesetzes und anderer Vorschriften	Zweites Vermögensrechtsänderungsgesetz
20.12.1993	Gesetz zur Vereinfachung und Beschleunigung registerrechtlicher und anderer Verfahren	Registerverfahrensbeschleunigungsgesetz
1993	Mißbrauchsbekämpfungs- und Steuerbereinigungsgesetz	
29.03.1994	Gesetz über die Feststellung der Zuordnung von ehemals volkseigenem Vermögen	Vermögenszuordnungsgesetz
21.09.1994	Gesetz zur Sachenrechtsbereinigung im Beitrittsgebiet	Sachenrechtsbereinigungsgesetz
21.09.1994	Änderung des Einführungsgesetzes zum Bürgerlichen Gesetzbuch	
27.09.1994	Gesetz über die Entschädigung nach dem Gesetz zur Regelung offener Vermögensfragen	Entschädigungsgesetz
27.09.1994	Gesetz über staatliche Ausgleichsleistungen für Enteignungen auf besatzungsrechtlicher oder besatzungshoheitlicher Grundlage	Ausgleichsleistungsgesetz
27.09.1994	Gesetz zur Behandlung von Schuldbuchforderungen gegen die ehemalige Deutsche	

	Demokratische Republik	DDR-Schuldbuch-bereinigungsgesetz
1995	Gesetz zur Anpassung vermögensrechtlicher und anderer Vorschriften	Vermögensrechts-anpassungsgesetz
21.06.1995	Verordnung über die Erfüllung von Entschädigungs- und Ausgleichsleistungsansprüchen durch Regelung und Zuteilung von Schuldverschreibungen des Entschädigungsfonds	Schuldverschreibungs-verordnung
20.12.1995	Verordnung über den Erwerb land- und forstwirtschaftlicher Flächen, den Verfahren sowie den Beitext nach dem Ausgleichsleistungsgesetz	Flächenerwerbs-verordnung
1997	Wohnraummodernisierungs-sicherungsgesetz	
1998	Vermögensrechtsbereinigungs-gesetz	

Redeker schreibt über die Bedeutung der Gesetzgebung zu den »offenen Vermögensfragen«: »*Die Bedeutung der [...] Neuordnung der Eigentumsverhältnisse für die Vereinigung der beiden deutschen Staaten, insbesondere für die Akzeptanz der westdeutsch geprägten und in weiten Teilen nur geringfügig modifiziert den neuen Bundesländern übergestülpten Rechtsordnung durch die Bürger der ehemaligen DDR ist kaum zu überschätzen.*« Redeker meint auch mit einem gewissen Verständnis,« *daß die in 40 Jahren gewachsene – wenn auch zu einem Gutteil auf Unrecht beruhende – Eigentumsordnung in der DDR nicht nur die Unrechtstäter begünstigte, sondern sich die Bürger der DDR in diesem Staat – mehr oder weniger freiwillig – eingerichtet hatten und im Vertrauen oder wenigstens Akzeptanz auf den Bestand der sozialistischen Gesellschaftsordnung Eigentumspositionen erworben hatten, die schützenswert waren.*«

Wenn Redeker allerdings glaubt: »*Im zehnten Jahr des vereinten Deutschland hat diese Problematik, wie ein Blick auf die Sta-*

tistik zeigt, viel von ihrer politische Brisanz verloren«[324], so liest er aus der Statistik heraus, was in ihr nicht enthalten ist. Die wirtschaftliche Entwicklung des ehemaligen DDR-Gebiets zeigt, daß die Enteignungen im Zuge der Regelung der sogenannten »offenen Vermögensfragen« und der Deindustrialisierung durch die Treuhand aus diesem Territorium keine blühende Landschaft, sondern eine entvölkerte, verarmte und vergreisende Region gemacht haben. Unbekannt ist schließlich, welche Reaktionen die ab 1. Januar 2005 möglichen Kündigungen von Pachtverträgen auslösen werden.

Juristisch ist das Werk der »Bewältigung eigentums- und vermögensrechtlicher Fragen« (Redeker) immer noch nicht voll abgeschlossen. Burkhard Messerschmidt verkündete 2001: *»Auch zehn Jahre nach der Wiedervereinigung ist die Gesetzgebung im Bereich der offenen Vermögens- und Entschädigungsfragen noch nicht zum Abschluß gekommen.«*[325]

Da noch nicht einmal die Gesetzgebung zum Abschluß gekommen ist, ist die Bewältigung der Bewältigung der offenen Vermögensfragen noch längst nicht beendet.

Die politische Säuberung des öffentlichen Dienstes durch die Verwaltungsgerichte

Die Verwaltungsgerichte hatten auch eine zweite große Aufgabe: die DDR-Vergangenheit auf dem Gebiet der Verwaltung zu bewältigen. Unter der Überschrift *»›Politische Säuberung‹ des öffentlichen Dienstes?«* behandelte Professor Martin Kutscha dieses Thema. Einleitend heißt es bei ihm: *»Die Schwierigkeiten des Rechtsstaates beim Versuch der ›Bewältigung‹ der DDR-Vergangenheit offenbaren sich nicht nur im Bereich des Strafrechts, etwa bei den umstrittenen ›Mauerschützenprozessen‹. Auch im Recht des öffentlichen Dienstes haben sich inzwischen z. T. problematische Argumentationsmuster etabliert, die den von Schlink treffend, wenn auch nicht vollständig als ›Elitenaustausch‹ bezeichneten Vorgang fundieren sollen.«*[326]

In seinem Aufsatz, der die Situation im Jahre 1995 darlegte, schilderte Kutscha auch *»die vor allem in Sachsen übliche Praxis,* *frühere Inhaber der auf Listen zusammengestellten Funktionen in der ehem. DDR generell vom öffentlichen Dienst auszuschließen«.* So wurden auch ehemalige ehrenamtliche Parteisekretäre einer Schule *»ohne Benennung konkret-persönlicher Verfehlungen«* als Lehrer entlassen.

Die Verwaltungsjuristen nahmen sich der Aufgabe, den öffentlichen Dienst zu säubern, mit großem Erfolg an. Der Wirtschafts- und Sozialrat der UNO, Ausschuß für wirtschaftliche, soziale und kulturelle Rechte, stellte am 4. Dezember 1998 in bezug auf die Bundesrepublik Deutschland fest: *»Der Ausschuß bemerkt auch mit Bestürzung, daß nur 12 Prozent der öffentlich Beschäftigten auf dem Gebiete von Wissenschaft und Technik der ehemaligen DDR einschließlich Lehrern, Wissenschaftlern und anderen Fachleuten weiter beschäftigt worden sind und daß die übrigen ohne Beschäftigung oder adäquate Entschädigung oder eine befriedigende Rentenregelung bleiben. Der Ausschuß befürchtet, daß die Mehrheit der betreffenden Personen in Verletzung von Artikel 2 (2) des Paktes eher aus politischen als aus berufsmäßigen oder wirtschaftlichen Gründen aus ihren Positionen entlassen worden sein könnte. Es wird in diesem Zusammenhang bemerkt, daß das Diskriminierungsproblem hinsichtlich der Beschäftigung von Lehrern in den neuen Ländern 1993 vom ILO-Sachverständigenausschuß für die Durchführung der Übereinkommen und Empfehlungen aufgeworfen wurde. Ähnliche Besorgnis wurden von deutschen NGO's ausgedrückt.«* Es war dies der dritte Punkt von zwölf Punkten, die unter der Überschrift: *»Hauptsächliche Themen, die Anlaß zur Besorgnis geben«*, abgehandelt wurden.

Der öffentliche Dienst wurde jedoch nicht nur von Juristen gesäubert. Dieser Aufgabe unterzogen sich auch mit moralischem Eifer Westdeutsche anderer Professionen. Was auf diese Weise geschah, ist überhaupt nicht statistisch erfaßt und läßt sich daher in seiner Dimension nicht erfassen. Ein Beispiel aus der unpolitischen Medizin mag es illustrieren. Frau Professor Dr. Renate Baumgarten, Chefärztin des Krankenhauses Berlin-Prenzlauer Berg, hat es in ihrer lesenswerten Autobiographie *»Not macht erfinderisch. Drei Jahrzehnte Chefärztin in Ost und West«* plastisch dargestellt. Frau Professor Baumgarten war eine der führenden Hepatologinnen der DDR. Sie war, das muß wohl heute und hier gesagt werden, nicht Mitglied der SED. Sie sah dem Beitritt der DDR zur BRD mit freudiger Erwartung entgegen, doch manches, was geschah, traf sie unvorbereitet.

Im Dezember 1992 wurden die Mitarbeiter ihres Krankenhauses überprüft, ob sie würdig waren, in den öffentlichen Dienst übernommen zu werden. Fragebogen mußten ausgefüllt werden, und Frau Dr. Baumgarten gab an, daß sie viermal Besuche von einem Mitarbeiter des MfS erhalten hatte, der sie nach ihren Westkontakten befragte. Darauf wurde sie vor eine »Ehrenkommission« des Senats geladen, die aus ca. 20 Mitgliedern bestand, unter denen kein Arzt war. Der Kommission lagen aus den Akten der Gauck-Behörde Angaben des betreffenden Offiziers vor, der gemeldet hatte, er hätte sechsmal mit Dr. Baumgarten gesprochen. Viermal oder sechsmal – das war das Problem, der Inhalt der Gespräche spielte keine Rolle. Dr. Baumgarten blieb bei viermal, obgleich man ihr androhte, daß es »Konsequenzen haben« könne, wenn sie nicht gestehe.[327] Frau Baumgarten sagte, sie lasse sich nicht erpressen und brach die Anhörung wegen eines anderen Termins ab. In einer zweiten Anhörung ging es nicht mehr um das Thema viermal oder sechsmal, sondern um die Westreisen der Chefärztin, die auch auf dem für die DDR neuen Gebiet der Aidsinfektionen eine anerkannte Spezialistin geworden war. Man hatte inzwischen aus der Gauck-Akte festgestellt, daß sie kein IM, sondern selbst beobachtet worden war. Doch die Frage lautete: »*Wie kommen Sie zu dieser Position? Es hat doch auch in der DDR genügend befähigte Männer gegeben, die diese Aufgabe hätten erfüllen können. Dazu brauchte man keine Frau! Auch wenn nichts Aktenkundiges gegen Sie vorliegt, Sie werden Ihre Dienste dafür geleistet haben.*«

Eine solche Frage konnte nur ein Westdeutscher stellen. In der DDR wurden eher Frauen als Männer bei der Vergabe leitender Positionen bevorzugt, weil es dafür weniger Kandidatinnen gab. Das Ergebnis der Anhörung durch die »Ehrenkommission« schildert Baumgarten mit den Worten: »*Wir haben zwar keine Fakten gegen Sie, aber auch kein Vertrauen. Unser subjektiver Eindruck ist entscheidend.*

Ihr Krankenhaus hat um Ihre weitere Mitarbeit gebeten. Deshalb dürfen Sie ohne Arbeitsvertrag, Kündigungsschutz und ohne die Rechte eines Chefarztes Ihre Funktion weiter ausüben. Zwei Jahre auf Bewährung. Ihre Mitarbeiter werden davon nichts erfahren. Sollte irgendein Konflikt auftreten, werden Sie ohne Rechtsschutz aus dem öffentlichen Dienst entlassen.«
Frau Professor Baumgarten arbeitete noch bis 2001 in der Klinik – als Chefärztin mit dem Gehalt eines Stationsarztes. Sie hatte sich den Rechtsstaat anders vorgestellt. Frau Dr. Baumgarten faßte die Wirkung dieser »Ehrenprüfung« auf sie wie folgt zusammen: »*Die ›Ehrenkommission‹ hat meine Ehre so schwerwiegend verletzt, daß die Läsionen bis heute nicht völlig vernarbt sind. In der DDR hätte ich in einer ähnlichen Situation den Entschluß gefaßt, nach dem Westen zu gehen. Wohin sollte ich denn jetzt gehen?«*[328]

Die Verwaltungsjuristen bewältigten also auf einem weiten Feld die DDR. Ein zahlenmäßig kleiner, aber charakteristischer Komplex daraus betraf die Einziehung der Konten von ZK- und Politbüromitgliedern. Diese Maßnahme war kurz vor dem Beitritt von einem Sonderausschuß der Volkskammer beschlossen worden. Viele, nicht alle, Mitglieder des ZK unterhielten Sparkonten bei einer Filiale der Sparkasse im Haus des ZK. Die Inhaber dieser Konten wurden von einem Sonderausschuß der Volkskammer aufgefordert, die Rechtmäßigkeit des Erwerbs der Konten zu beweisen. Die erbrachten Nachweise wurden nicht anerkannt, da die Ersparnisse nur aufgrund von Privilegien möglich gewesen seien, und die Einziehung der Gelder ausgesprochen. Die Klagen der Betroffenen gegen diese Enteignung, darunter diejenige von Hermann Axen, wurden vom Verwaltungsgericht Berlin nach zweieinhalb Jahren 1993 abgewiesen. Auf die Berufung der Erben des inzwischen verstorbenen Politbüromitglieds Axen hob das Oberverwaltungsgericht Berlin durch Urteil vom 1. Juli 1997 die Entscheidung des Verwaltungsgerichts Berlin auf und erklärte: »*Die Berufung ist begründet, denn die ›Entscheidung‹ des Sonderausschusses (1.) und die Sperrung des Umstellungskontos (2.) sind rechtswidrig.*«[329] Das Urteil zeigte, was unter einem Rechtsstaat zu verstehen ist. Gegen dieses Urteil legte die Bundesrepublik Deutschland

Beschwerde ein, und das Bundesverwaltungsgericht fand heraus, was der Rechtsanwalt, das Verwaltungsgericht und das Oberverwaltungsgericht nicht erkannt hatten, daß es keine Berufung in diesen Sachen gibt und folglich die Entscheidung des Verwaltungsgerichts Berlin rechtskräftig ist. Auf diese Weise wurde das gesamte Vermögen des ehemaligen Auschwitz-Häftlings Hermann Axen in Höhe von 123.071,66 DM, dessen gesamte Familie von den Nazis ermordet worden war, eingezogen.

Ein lehrreiches Urteil, das zeigt, wo und wann der Rechtsstaat zur Illusion wird: im politischen Prozeß.

Vergangenheitsbewältigung mittels des Arbeitsrechts

Mit dem Beitritt und der Ersetzung der Verfassung der DDR durch das Grundgesetz der BRD wurde auch Art. 24 der DDR-Verfassung hinfällig, in dem es in Absatz 1 Satz 1 hieß: »*Jeder Bürger der Deutschen Demokratischen Republik hat das Recht auf Arbeit*«. Claas-Hinrich Germelmann, Vizepräsident des LAG Berlin, stellte fest, daß »*mit Hilfe des Rechts – insbesondere des Arbeitsrechts – eine Bewältigung der Vergangenheit versucht*« wurde.[330] Dazu gehörte – wie konnte es anders sein – die im Einigungsvertrag vorgesehene Kündigung wegen früherer MfS-Zugehörigkeit. An Beispielen zeigte Germelmann die Auswirkungen: »*Kündigung eines Wachmanns der Stiftung preußischer Kulturbesitz, der früher Offizier in der Spionageabwehr des Staatssicherheitsdienstes gewesen ist*«. Kündigung »*einer Sachbearbeiterin für Hundesteuerangelegenheiten, die früher als Küchenhilfe im Bereich des Staatsicherheitsdienstes tätig war*«.

»*Ein Tischler im Bereich der Post, der früher für die Telefonüberwachung usw. zuständig war, soll wegen Unzumutbarkeit nicht weiterbeschäftigt werden können.*«

Die Arbeitsgerichte wurden im Zuge der Transformation der sozialistischen Gesellschaft in eine kapitalistische mit einer Flut von Klagen überzogen, mit denen sich entlassene Werktätige, die jetzt Arbeitnehmer zu nennen waren, gegen ihre Entlassungen zu wehren versuchten. Darunter befanden sich auch die Klagen der im Zuge der politischen Säuberung entlassenen

Angestellten des öffentlichen Dienstes. Sie mußten die Arbeitsgerichte anrufen, während für die Beamten die Verwaltungsgerichte zuständig waren. Das Ergebnis war hier wie dort das gleiche: Wer sich für die DDR eingesetzt hatte, mußte gehen. Das Bundesarbeitsgericht stellte den Rechtssatz auf: »*Eine mangelnde persönliche Eignung ist aber indiziert, wenn er sich in der Vergangenheit in besonderer Weise mit dem SED-Staat* (die Bezeichnung DDR verwendete das höchste deutsche Arbeitsgericht nicht, anders das Bundesverfassungsgericht, es spricht und schreibt immer »Deutsche Demokratische Republik – d. Verf.) *identifiziert hat. Das ist anzunehmen, wenn der Arbeitnehmer nicht nur kurzfristig Funktionen wahrgenommen hat, aufgrund derer er in hervorgehobener Position oder überwiegend an der ideologischen Umsetzung der Ziele der SED mitzuwirken hatte«.*[331]

Dies nahm das Gericht schon dann an, wenn ein Lehrer ehrenamtlicher Parteisekretär in seiner Schule gewesen war. Die im Grundgesetz verbürgte Meinungsfreiheit galt für ehemalige DDR-Bürger nicht. An die Stelle der Entlassenen traten besonders im öffentlichen Dienst Bewerber aus den alten Bundesländern. Sie machten dadurch Karriere und erhielten darüber hinaus für ihre Bereitschaft, in den wilden Osten zu gehen, eine Gehaltszulage, die der Volksmund »Buschzulage« nannte.

Siegfried Prokop berichtete über den Umfang der Entlassungswelle: »*In den ›Wartestand‹ versetzt bzw. entlassen wurden weitere Hunderttausende Wissenschaftler, Ärzte und andere im Gesundheitswesen Beschäftigte, Lehrer, im kulturellen und sportlichen Bereich Tätige, Richter, Staatsanwälte, Polizeiangehörige, selbst Forstarbeiter und andere. Insgesamt waren ca. 800.000 Menschen von der Warteschleifenregelung im ersten Vierteljahr nach dem Beitritt betroffen.«*[332]

Klaus Grehn ergänzte an gleicher Stelle: »*Wenn Politiker zugeben, daß sie sich hinsichtlich der Einschätzung der Situation geirrt haben, sind die Leidtragenden dieser Irrtümer die nahezu 45 % der Arbeitnehmer Ostdeutschlands, die nun in unterschiedlicher Weise von Arbeitslosigkeit betroffen sind. Das sind insbesondere Ende März 1992:*

1.220 Millionen in den Arbeitsämtern registrierte Arbeitslose;
494.000 Kurzarbeiter, darunter 252.000 mit einem Arbeitsaus-

fall von mehr als 50 %. Es ist davon auszugehen, daß ein bedeutender Anteil dieser Kurzarbeiter zu den nicht arbeitslosen Arbeitssuchenden gehört, deren Zahl ständig steigt und 1991 Ende September 773.000 betrug; 784.000 Vorruheständler und Altersübergangsgeldempfänger; 497.000 in Fortbildungs- und Umschulungsmaßnahmen befindliche Arbeitnehmer; 401.000 Beschäftigte in Arbeitsbeschaffungsmaßnahmen.

Damit sind 3,396 Millionen Menschen in unterschiedlicher Weise direkt von Erwerbslosigkeit betroffen. Das entspricht den genannten ca. 45 Prozent der Erwerbstätigen.«[333]

Nach dem Statistischen Jahrbuch 2000 betrug die Zahl der Erwerbslosen in den neuen Bundesländern und Berlin-Ost

1992	1.170.281
1996	1.168.821
1997	1.363.556*
1998	1.374.948
1999	1.343.682

(*Einschl. der Angaben für Berlin-West)

Die Arbeitslosigkeit in den neuen Bundesländern war damit seit dem Beitritt konstant hoch.

Während in Deutschland diese Tatsachen entweder ignoriert oder als »Altlasten« der DDR bezeichnet wurden, sah das Ausland dies anders. Der UNO-Ausschuß für wirtschaftliche, soziale und kulturelle Rechte erklärte z. B.: *»Der Ausschuß ist besorgt, daß trotz der großen Anstrengungen des Vertragsstaates* (gemeint ist Deutschland – d. Verf.) *zur Verringerung des Abstandes zwischen den neuen und den alten Bundesländern beträchtliche Unterschiede fortbestehen, insbesondere in Form des allgemein niedrigeren Lebensstandards, der höheren Arbeitslosenquote sowie geringerer Gehaltsbezüge für Angehörige des öffentlichen Dienstes in den neuen Ländern.«*[334]

Vergangenheitsbewältigung mittels des Sozialrechts

Es war wohl die sozialrechtliche Vergangenheitsbewältigung, welche die größte Zahl ehemaliger DDR-Bürger betraf. Das Bundesverfassungsgericht stellte in seinem sogenannten Leiturteil zu Fragen der Rentenüberführung vom 28. April 1999[335] fest: »*Die Bundesversicherungsanstalt für Angestellte hat die Zahl aller im Rentenrecht der Deutschen Demokratischen Republik begründeten und am 1. Januar 1992 in das Sozialgesetzbuch Sechstes Buch (SGB VI) überführten Renten mit 4.053.878 angegeben. Davon beruhten mindestens 240.400 auf Ansprüchen aus Zusatzversorgungssystemen. Die Zahl der Anwartschaftsberechtigten in der Zusatzversorgung hat das Bundesministerium für Arbeit und Sozialordnung auf über 2 Millionen geschätzt.*«

Die Überführung in das Rentensystem der BRD, die diese Millionen ehemaliger DDR-Bürger betraf, geschah durch eine Vielzahl von Gesetzen, Gesetzesänderungen und Entscheidungen des Bundesverfassungsgerichts, die Prof. Merten als »*ein schwer durchschaubares Gesetzesdickicht von Sonderbestimmungen*«[336] bezeichnete. Die nachstehende Liste spiegelt das Gesetzgebungsverfahren und die die Rechtslage entscheidend beeinflussenden Entscheidungen des Bundesverfassungsgerichts annähernd wieder:

Staatsvertrag	18.05.90
Rentenangleichungsgesetz (RAnglG)	28.06.90
Aufhebungsgesetz	29.06.90
Einigungsvertrag (EV)	31.08.90
Vereinbarung z. EV	18.09.90
1. Rentenanpassungsverordnung (1. RAV)	14.12.90
2. Rentenanpassungsverordnung (2. RAV)	19.06.91
Rentenüberleitungsgesetz (RÜG) mit Anspruchs- und Anwartschaftsüberführungsgesetz (AAÜG)	25.07.91
Gesetz zur Ergänzung der Rentenüberleitung (Rü-ErgG) mit Anspruchs- und Anwartschaftsüberführungs-Änderungsgesetz	24.06.93
(AAÜG-ÄndG)	11.11.96
4 Bundesverfassungsgerichtsurteile	28.04.99
2. Anspruchs- und Anwartschaftsüberführungs-Änderungsgesetz (2. AAÜG-ÄndG)	27.07.01
Bundesverfassungsgerichtsurteil	23.06.04

In diesem Gesetzesdickicht befanden sich also die vier Millio-

nen ehemaligen DDR-Rentner. In ihm befanden sich aber auch die BfA, die LVA und die Sozialgerichte. Rösel und Funke berichteten im April 1999: »*Die Rentenversicherungsträger haben in den Jahren bis 1995 von jährlich 180.000 bis 200.000 Widersprüchen aus den neuen Bundesländern berichtet. Die Gerichte reagierten auf die wachsende Zahl von Klagen mit dem Entscheid, die Verfahren zum Ruhen zu bringen, bis das Bundesverfassungsgericht seine Entscheidungen getroffen hat. Sie stehen bis heute noch aus* (die Entscheidungen ergingen am 28. April 1999 – d. Verf.). *Von dem Ruhen der Verfahren sind derzeit etwa 27.000 Klagen betroffen.*«[337]
Neue Gesetze bewirkten neue Unklarheiten und riefen so immer neue Gerichtsverfahren hervor, die viele Jahre dauerten und nicht selten erst nach dem Tod der Kläger entschieden wurden.

Die größten Probleme bereitete die sogenannte Überführung der Zusatz- und Sonderversorgungssysteme der DDR in die gesetzliche Rentenversicherung der BRD. Bereits im Staatsvertrag vom 18. Mai 1990 war in Art. 20 vereinbart: »*Die bestehenden Zusatz- und Sonderversorgungssysteme werden grundsätzlich zum 1. Juli 1990 geschlossen. Bisher erworbene Ansprüche und Anwartschaften werden in die Rentenversicherung überführt, wobei Leistungen aufgrund von Sonderregelungen mit dem Ziel überprüft werden, ungerechtfertigte und überhöhte Leistungen abzubauen.*«[338] Für Streitigkeiten aus dem Vertrag war in Art. 7 ein Schiedsgericht vorgesehen. Die Amtszeit der Schiedsrichter betrug zwei Jahre. Zwei Monate später wiederholte der Einigungsvertrag vom 31. August 1990 in Anlage II Kap. VIII Sachgebiet H Abschnitt III Nr. 9 lit. b Satz 1: »*Die erworbenen Ansprüche und Anwartschaften auf Leistungen wegen verminderter Erwerbsfähigkeit, Alter und Tod sind, soweit dies noch nicht geschehen ist, bis zum 31. Dezember 1991 in die gesetzliche Rentenversicherung zu überführen.*« Ein Schiedsgericht war nicht mehr vorgesehen, geschweige denn, daß es je tätig wurde.

Die Bundesrepublik hat die genannten Regelungen des Staats- und des Einigungsvertrages nicht eingehalten. Sie hat die Ansprüche und Anwartschaften aus den Zusatz- und Sonderversorgungssystemen der DDR nicht in die gesetzliche Rentenversicherung überführt. In der Begründung zum Rentenüberleitungsgesetz vom 25. Juli 1991 heißt es hierzu, »*daß die Einhaltung der im Einigungsvertrag vorgesehenen Maßgaben zur Überführung von Ansprüchen und Anwartschaften aus Zusatz- und Sonderversorgungssystemen in die Rentenversicherung ›weder zu sachgerechten noch zu sozialpolitisch vertretbaren Ergebnissen führen würde‹*«.[339]

Die Vertreter der BRD und der DDR haben also 1990 einen nicht sachgerechten Vertrag geschlossen, der zu sozialpolitisch unvertretbaren Ergebnissen geführt hätte. Der Vertrag war das Werk frei gewählter Regierungen und er erhielt das Plazet frei gewählter Abgeordneter. Nach dem Beitritt sah man das eben anders und hielt den vom Parlament bestätigten und zum Gesetz erhobenen Vertrag nicht ein. Die *sozialpolitisch unvertretbaren Ergebnisse*« traten danach wirklich ein – und zwar im Osten. Der römische Grundsatz pacta servanda sunt, Verträge sind einzuhalten, gilt wohl nicht für Rechtsstaaten im Verkehr mit Unrechtsstaaten.

Der Widerstand der Betroffenen gegen dieses vom Volksmund als »Rentenklau« bezeichnete Vorgehen führte am 28. April 1999 zu vier Entscheidungen des Bundesverfassungsgerichts. Das höchste deutsche Gericht billigte zunächst in einem Leiturteil die als »Systementscheidung« oder »Grundentscheidung« bezeichnete Streichung der Zusatz- und Sonderversorgungen der DDR.

Die Karlsruher Richter sahen durchaus, daß die Versorgungsansprüche der Berechtigten aus der DDR den Eigentumsschutz des Art. 14 des Grundgesetzes genießen. Doch damit war für sie das Problem nicht gelöst, so einfach ist die Materie nicht. Artikel 14 des Grundgesetzes wurde von ihnen unter allen Gesichtspunkten geprüft, und die Richter stellten danach fest: »*Die Grundentscheidung widerspricht bei verfassungskonformer Auslegung nicht Art 14 Abs. 1 Satz 1. GG.*

Aus Art. 14 Abs. 1 Satz 1 GG ergibt sich keine Verpflichtung des Gesetzgebers, das Altersversorgungssystem der Deutschen Demokratischen Republik einschließlich der Zusatz- und Sonderversorgungen beizubehalten«[340]

»*Bei den mit einem solchen Systemwechsel verbundenen Übergangsproblemen für diejenigen Personen, die bereits Ansprüche oder*

Anwartschaften erworben haben, muß freilich die Eigentumsgarantie des Art. 14 Abs. 1 Satz 2 GG berücksichtigt werden. Diese verleiht der individuellen Rechtsposition aber keinen absoluten Schutz. Das gilt insbesondere, wenn der Gesetzgeber vor der Aufgabe steht, ein System, das in eine von ganz anderen Prinzipien geleitete Rechtsordnung integriert war, an die Rechtsordnung der Bundesrepublik Deutschland anzupassen. Er ist dabei verfassungsrechtlich nicht verpflichtet, die Berechtigten aus Versorgungssystemen der Deutschen Demokratischen Republik so zu behandeln, als hätten sie ihre Erwerbsbiographie in der Bundesrepublik Deutschland zurückgelegt.

Inhalt und Schranken des Eigentums werden gemäß Art. 14 Abs. 1 Satz 2 GG vom Gesetzgeber bestimmt, der dabei nach Art. 14 Abs. 2 GG die Sozialpflichtigkeit des Eigentums zu beachten hat. Diese Befugnis schließt auch Änderungen erworbener Rechtspositionen ein. Das gilt nicht nur für die im Einigungsvertrag anerkannten Rechtspositionen der Rentner und Rentenanwärter aus der Deutschen Demokratischen Republik, es ist auch für diejenigen aus der Bundesrepublik Deutschland unbestritten (vgl. BVerfGE 53, 257 ‹293›; 69, 272 ‹304›).[341]«

Die Eigentumsgarantie besteht also nicht, jedenfalls nicht absolut, doch ein anderer Verfassungsgrundsatz mildert die Konsequenzen für die DDR-Bürger: »*Art. 14 Abs. 1 Satz 2 GG läßt es jedoch nicht zu, daß die Umstellung mit Einbußen einhergeht, die dem Grundsatz der Verhältnismäßigkeit widersprechen und Eigentumspositionen in unzumutbarer Weise schmälern.*«[342]

Wie steht es aber mit Art. 3 des Grundgesetzes: »*Alle Menschen sind vor dem Gesetz gleich*«? Das Bundesverfassungsgericht erkennt auch hier die Probleme. Nicht alle deutschen Rentner sind gleich: »*Die Entscheidung des Gesetzgebers, Zusatz- und Sonderversorgungssysteme der Deutschen Demokratischen Republik zu schließen und die darin erworbenen Ansprüche und Anwartschaften ausschließlich in die gesetzliche Rentenversicherung zu überführen, benachteiligt allerdings höherverdienende Versicherte der Versorgungssysteme gegenüber Angehörigen entsprechender Berufsgruppen in den alten Bundesländern, die außer oder statt Ansprüchen oder Anwartschaften aus der gesetzlichen Rentenversicherung Ansprüche und Anwartschaften aus anderen Alterssicherungssystemen haben und deshalb im Alter auf höherem Niveau abgesichert sind.*«[343]

Auch in dieser Beziehung ist jedoch alles rechtens. Das Bundesverfassungsgericht erklärt: »*Die Ungleichbehandlung ist jedoch im wesentlichen durch gewichtige Gründe gerechtfertigt.*

Die Berufsgruppen, die in der Bundesrepublik Deutschland einerseits und der Deutschen Demokratischen Republik andererseits Ansprüche auf eine Versorgung haben, die über die gesetzliche Rentenversicherung hinausgeht, sind nicht deckungsgleich. Sie unterscheiden sich nicht nur nach Arbeitsgebieten, Umfang und Qualifikation. Vielmehr fällt auch ins Gewicht, daß die westdeutschen Berechtigten in der Regel erheblich höhere Beitragsleistungen für ihre über die Rente hinausgehende Versorgung geleistet haben. Das steht einer Pflicht, höherverdienende Versicherte aus Zusatz- und Sonderversorgungssystemen der Deutschen Demokratischen Republik rückwirkend und kostenfrei so zu stellen, als hätten sie die Voraussetzungen erfüllt, von denen die Zusatzversorgung in Westdeutschland abhing, entgegen.«[344]

Ost- und Westdeutsche sind also nicht gleich. Westdeutsche sind besser. Sie haben nicht nur andere Arbeitsgebiete, sondern auch einen anderen, sprich größeren Arbeitsumfang und eine andere, sprich größere Qualifikation. Sie haben schließlich auch höhere Beiträge für die Versorgung geleistet. Sie waren eben besser, und deswegen haben sie in der Vergangenheit mehr verdient, besser gelebt und haben ein Recht darauf, daß es ihnen auch jetzt und in Zukunft besser geht. Was ungleich ist, kann auch ungleich behandelt werden.

Einen Gesichtspunkt übergeht das höchste Gericht allerdings mit Schweigen: Was ist unter der im Einigungsvertrag vereinbarten Überführung der Zusatz- und Sonderversorgungssysteme zu verstehen? Was heißt »Überführung«?

Das Bundesverfassungsgericht übernimmt wörtlich aus dem Staats- und dem Einigungsvertrag die Formulierung, »*Zusatz- und Sonderversorgungssysteme der Deutschen Demokratischen Republik zu schließen und die darin erworbenen Ansprüche und Anwartschaften ausschließlich in die gesetzliche Rentenversicherung zu überführen*«. Tatsächlich werden die erworbenen Ansprüche und Anwartschaften jedoch nicht überführt, sondern gekürzt oder gestrichen.

Professor Merten hatte in seinem Gutachten gegenüber dem

Gericht unmißverständlich zum Ausdruck gebracht, wie diese Passage in den beiden Vertragswerken zu verstehen ist. Er führte aus: »*Entsprechend dem juristischen Sprachgebrauch kann die ›Überführung von Ansprüchen und Anwartschaften der Versorgungsberechtigten in die gesetzliche Rentenversicherung‹ nur zur Änderung von Organisation und Verfahren der Versorgung, nicht aber zu Eingriffen in die Versorgungsleistungen ermächtigen.*«[345] Ebenso hatte sich vorher bereits Prof. Bienert geäußert. Die Ausführungen der Professoren wären es wohl wert gewesen, daß sich das Gericht mit ihnen auseinandersetzt. Nichts dergleichen geschah. Nach alledem gibt es nur zwei Möglichkeiten: Entweder ist die Verwendung des Wortes »Überführung« im Staatsvertrag und im Einigungsvertrag irreführend oder – sie wird im Leiturteil nachträglich ohne Erklärung falsch gedeutet.

Die Zahl der von dieser Enteignung betroffenen Versorgungsberechtigten gibt Merten mit »*weniger als 400.000*« an.[346]

Der Europäische Gerichtshof, an den sich die so beurteilten Versorgungsberechtigten gewandt hatten, sah es nicht anders als das Bundesverfassungsgericht. Unter den Beschwerdeführern war auch der einst Ständige Vertreter der DDR in der BRD. Was war mit ihm? Hatte der Ständige Vertreter der DDR ein anderes Arbeitsgebiet, einen anderen Arbeitsumfang und eine andere Qualifikation als der Ständige Vertreter der BRD in der DDR?

Das Bundesverfassungsgericht und der Europäische Gerichtshof bejahten das mit ihren Entscheidungen.

Ist das nun Gleichheit vor dem Gesetz oder eine Beleidigung der Ostdeutschen von allerhöchster Stelle?

In dem »Gesetzesdickicht« verbergen sich noch viele andere Bestimmungen, die einzelne Gruppen von DDR-Rentnern benachteiligen, dazu gehören u. a. Angehörige des mittleren medizinischen Dienstes der DDR, ehemalige Aspiranten an DDR-Universitäten und Tänzer. Dazu kommt, daß der Rentenwert Ost niedriger ist als der Rentenwert West.

Der andauernde Widerstand der Rentner und Versorgungsberechtigten hat beim Bundesverfassungsgericht Teilerfolge erzielt, doch die Tendenz, die mit der Rentenüberleitung verfolgt wurde, ist immer noch deutlich erkennbar. Ein CDU-

Abgeordneter hat sie 1991 in Wildbad Kreuth mit den Worten ausgedrückt: »*Wir werden sie nicht in Lager sperren, das haben wir nicht nötig. Wir drängen sie an den sozialen Rand*«.[347]

Gegenüber den ehemaligen Angehörigen des Ministeriums für Staatssicherheit wird dieses Ziel weiter verfolgt.

Strafverfolgung, Diskriminierung und wirtschaftliche Sanktionen hatten zum Ergebnis, daß viele DDR-Bürger Deutschland verließen. Bekannte Sporttrainer, Ärzte, Künstler und andere Intellektuelle, aber auch einfache Leute emigrierten, um der Atmosphäre der Verfolgung zu entgehen. Sie setzten fort, was Görtemaker so beschrieb: »*Mit dem politisch motivierten Auszug von Intellektuellen und Künstlern aus dem nationalsozialistischen Deutschland wurde eine unheilvolle Tradition fortgesetzt, die bereits im 19. Jahrhundert – etwa nach den Karlsbader Beschlüssen von 1819, dem Scheitern der Revolution von 1848/49 oder der Bismarckschen Sozialistengesetzgebung – immer wieder kritische Geister ins Exil getrieben hatte.*«[348]

Politische Justiz in der DDR

Auch in der DDR wurden feindliche Brüder der Justiz übergeben, gab es politische Justiz. Auch in der DDR wurde diese nicht so benannt. Auch sie war kein Ruhmesblatt. Ihre politische Richtung war jedoch eine andere. Die politische Justiz der DDR war eine Justiz gegen das Wiedererstehen von Kapitalismus und Faschismus. Ausnahmen bildeten Prozesse wie etwa die gegen Walter Janka, Wolfgang Harich, Rudolf Bahro und andere Sozialisten bzw. Kommunisten, die die DDR-Politik von links kritisierten. Sie waren das Ergebnis einer Politik, die von der Annahme ausging, daß alles, was der Linie des Politbüros widersprach, zum Untergang der DDR führen würde. Diesem Dogma folgte die DDR-Justiz, wie es die BRD-Justiz unter anderen politischen Vorzeichen tat.

Sieht man von diesen zahlenmäßig wenigen Fällen ab, so richtete sich die politische Justiz der DDR einerseits gegen Nazi- und Kriegsverbrecher, andererseits gegen Oppositionelle, die meist unter dem Einfluß der BRD-Politik standen und, wie die Geschichte beweist, letztlich tatsächlich den Untergang der DDR herbeiführten.

Politische Justiz der DDR gegen Nazis

Nach der Kapitulation Deutschlands erklärten Großbritannien, die UdSSR und die USA am 2. August 1945 im Potsdamer Abkommen: *»Kriegsverbrecher und alle diejenigen, die an der Planung oder Verwirklichung nazistischer Maßnahmen, die Greuel oder Kriegsverbrechen nach sich zogen oder als Ergebnis hatten, teilgenommen haben, sind zu verhaften und dem Gericht zu übergeben. Nazistische Parteiführer, einflußreiche Nazianhänger und die Leiter der nazistischen Ämter und Organisationen und alle anderen Personen, die für die Besetzung und ihre Ziele gefährlich sind, sind zu verhaften und zu internieren.«*[349]

In der SBZ wurden in der Zeit von 1948 bis 1949 nach einer

»nicht absolut vollständigen DDR Statistik« 7.182 Personen verurteilt, davon 23 zum Tode oder zu lebenslänglicher Freiheitsstrafe.[350] Das sind also mehr Verurteilte als die 6.486, die für die gesamte Zeit von 1945 bis 1989 in der BRD angegeben werden – trotz einer dreifach höheren Bevölkerungszahl und einem prozentual höheren Anteil ehemals aktiver Nazis an der Bevölkerung der Westzonen.

Kurz nach der Gründung der DDR wurden ihrer Justiz von der UdSSR 3.432 Internierte zur Aburteilung übergeben. Die Verfahren gegen sie fanden im Zuchthaus Waldheim statt und sind als Waldheimer Prozesse unrühmlich bekannt geworden. Wieland sagt von diesen Prozessen, daß sie in der Masse *»geheim, hektisch und oberflächlich«* durchgeführt wurden und das *»Gros der Verurteilten in der Tat wegen Zugehörigkeit zu NS-Organisationen ohne Nachweis konkreter Straftaten belangt wurde. Das gilt selbst für Schwerbelastete, denen sorgfältige Recherchen die Teilnahme an Tötungsverbrechen eindeutig hätten belegen können, wie spätere Prozesse in Ost und West zeigten.«*[351]

Das Westberliner Kammergericht erklärte im März 1954 alle Waldheimer Urteile für *»absolut und unheilbar nichtig«*.

Die in Waldheim Verurteilten wurden sämtlich nach dem 3. Oktober 1990 rehabilitiert und für die erlittene Haft entschädigt. Ob sie tatsächlich Verbrechen begangen hatten, wurde nicht untersucht.

Daniela Dahn forschte nach und schrieb zum Fall der 1998 fast 80jährigen damaligen Richterin Irmgard Jendretzki, die zu einer vierjährigen Freiheitsstrafe verurteilt wurde, folgendes: *»Mord? Exzeß? Wurden damals Unschuldige ohne Gesetzesgrundlage hingerichtet? Ich besorgte mir die 350 Seiten starke Anklageschrift und war irritiert. Die Mehrzahl der zum Tode Verurteilten waren Nazijuristen – am Volksgerichtshof, an Kriegs- und Sondergerichten. Das ist unbestritten, belegt nicht nur durch die äußerst knappen sowjetischen Auszüge aus Ermittlungsprotokollen, sondern auch durch die selbstverfaßten Lebensläufe und Fragebogenauskünfte der Angeklagten und die Vernehmungen der dafür zuständigen Volkspolizei. All diese Nazirichter waren ausnahmslos an zweifelhaften Todesurteilen beteiligt, manche an einzelnen, andere an Dutzenden, einige an Hunderten.«*[352]

Waldheim gilt praktisch unangefochten – wenn man von einzelnen Autoren wie Heinrich Senfft[353] absieht – als ein Beweis für den Unrechtsstaat DDR. So nennt z. B. Falco Werkentin 1995 die Waldheimer Prozesse »*eine Generalprobe künftiger SED-Justiz*«.[354] Werkentin weiß oder muß wissen, daß das falsch ist. Waldheim war ein einmaliger, außergewöhnlicher Vorgang, in der Phase der Übergabe von Rechten der Besatzungsmacht an den neuen Staat. Später hat jeder Angeklagte vor DDR-Gerichten in den gesetzlich vorgeschriebenen Fällen einen Verteidiger gehabt, wurden Beweise immer sorgfältig erhoben. Die Urteile über Nazi- und Kriegsverbrecher, die später ergingen, wurden von der BRD-Justiz auch nach dem 3. Oktober 1990 anerkannt.

Unbeachtet blieb in diesem Zusammenhang ferner, daß in den großen westlichen Demokratien auch nicht immer und überall rechtsstaatlich mit den Nazis verfahren wurde. Dies festzustellen hätte nicht in das Bild gepaßt, das man vom Unrechtsstaat DDR zeichnete. Wie tatsächlich nach 1945 anderswo über die Abrechnung mit den Nazis gedacht wurde und wie sie erfolgte, kann man nachlesen. So schrieb Henke: »*Einem Thomas Mann, Prophet der Toleranz und des Humanismus, lag der Gedanke an eine brachiale Abrechnung mit den ›höllischen Amokläufern‹ in Deutschland gar nicht fern*«.[355] Über die politische Säuberung in Frankreich berichtet Henry Rousso, daß in »wilden«, d. h. außergerichtlichen Säuberungen ungefähr 10.000 Personen hingerichtet wurden[356], andere Quellen nennen 30.000, 40.000 und sogar 100.000 Hinrichtungen. Von ordentlichen Gerichten wurden ca. 188.000 Personen abgeurteilt, davon ca. 160.000 verurteilt. Zum Tode wurden 7.037 Personen und zu lebenslanger Zwangsarbeit 2.777 Menschen verurteilt.[357]

Die Zeiten nach dem Krieg bis in die 50er Jahre können nicht mit den Maßstäben gemessen werde, die sich nach Jahrzehnten des Friedens am Ende des 20. Jahrhunderts und am Anfang des neuen Jahrtausend in Europa herausgebildet haben. So selbstverständlich das ist, so wenig wird es in Deutschland bei der Beurteilung der Waldheim-Prozesse beachtet. Tatsache ist und bleibt: Nazi-Mörder sind im Zuge der Vergangenheitsbewältigung nach 1990 von der bundesdeutschen Justiz rehabilitiert und entschädigt, Antifaschisten verurteilt und mit Rentenentzug bestraft worden. So ist es mit den Schlußfolgerungen bestellt, die die deutsche Justiz aus der »*Perversion der Rechtsordnung*« (BGH) in der Nazizeit gezogen hat. Ein bekannter französischer Publizist, Gilles Perrault, schreibt dazu: »*Wir wissen aus harter Erfahrung, daß der Hitlerfaschismus das absolut Böse ist. Wenn das sogenannte neue Deutschland diejenigen verleugnet, die ihn bekämpft haben, wie sollte man sich nicht die Frage nach der wahren Natur dieses Deutschland stellen?*«[358]

Die »*wahre Natur*« dieses Deutschland wird aus der Geschichte seiner politischen Prozesse offenbar.

Politische Justiz gegen DDR-Oppositionelle

Noch stärker und wohl auch berechtigter als die BRD fühlte sich die DDR politisch von dem anderen deutschen Staat und dessen Verbündeten bedroht. Fürchtete jene die Bedrohung von links, fürchtete diese die Bedrohung von rechts. Die DDR sah in der BRD und von der BRD die Gefahr des Wiedererstehens des Faschismus. Während die von den Nazis verfolgten Emigranten vorzugsweise in die DDR zurückkehrten, Johannes R. Becher, Bertolt Brecht, Anna Seghers, Bodo Uhse, Arnold Zweig sind Beispiele hierfür, suchten die früheren Nazis und Militaristen ihre Zuflucht vorwiegend in der BRD. Hier waren ihrer Betätigung kaum Grenzen gezogen. Besonders Polizei und Justiz waren von ihnen besetzt. Globke, Kiesinger, Oberländer und Gehlen, der Gründer und erste Chef des BND, bewiesen, daß man mit einer NS-Biographie in höchste Staatsämter aufsteigen konnte. Der Faschismus war geschlagen, galt aber nicht als tot. Oft wurde Brecht zitiert: »*Der Schoß ist fruchtbar noch, aus dem das kroch!*«. Die Beseitigung der DDR wurde nicht nur von den alten Nazis gefordert. Auch die enteigneten Konzerne, Banken, Großgrundbesitzer usw. wollten ihre in Volkseigentum überführten Unternehmen zurückerlangen. Politiker forderten, Deutschland in den Grenzen von 1937 wiederherzustellen. Schließlich strebten die Westmächte danach, den Einflußbereich der UdSSR mit Hilfe der Politik des »*roll back*« zurückzudrängen. Das war nicht nur Rhetorik, sondern politisches Programm. Der Westen führte gegen den Osten einen Kalten Krieg. Die Machtfrage stand in der Politik der DDR stets an erster Stelle und dies – wie die Geschichte gezeigt hat – nicht zu unrecht. Die Justiz hatte dazu ihren Beitrag zu leisten, und sie leistete ihn auch.

Zur Zeit der Gründung der DDR im Jahr 1949 war der Prozeß der Umwandlung der alten Gesellschaft bereits eingeleitet. Die Sowjetische Militäradministration (SMAD) und die Deutschen Zentralverwaltungen hatten mit der Entnazifizierung begonnen, die Konzerne enteignet, eine Bodenreform durchgeführt, das Bildungsmonopol der Besitzenden gebrochen. Nazilehrer, Nazijuristen, Nazibeamte wurden durch Unbelastete ersetzt. An die Stelle der früheren kapitalistischen Ordnung trat eine neue, antifaschistische. Die Justiz der Sowjetischen Besatzungszone hatte diesen Weg unterstützt. Die Besatzungsmacht und die fortschrittlichen Teile der Bevölkerung erwarteten das von ihr.

Auch in den Westzonen waren derartige Bestrebungen im Gange, sie wurden jedoch von den dortigen Besatzungsmächten zunichte gemacht. So sah der Entwurf der hessischen Verfassung z. B. in Art. 41 die Verstaatlichung der Kohle- und Eisenindustrie sowie der Bahnen vor. Die amerikanische Besatzungsmacht verlangte über diesen Artikel eine gesonderte Volksabstimmung, und als diese eine große Zustimmung ergab, erklärte die Militärregierung, eine Sozialisierung könne vor Bildung einer gesamtdeutschen Regierung nicht zugelassen werden. Das war das Ende der Bestrebungen, einen neuen Weg zu beschreiten. Die junge DDR setzte dagegen mit ihrer Justiz diesen Weg fort. Die Widerstände waren nicht gering. Privilegien wurden nicht gern aufgegeben, von Altem, Gewohntem trennt man sich nicht gern, überkommene Erfahrungen wie »Geld regiert die Welt« wurden nicht von heute auf morgen überwunden. Die Deutschen waren nach dem Zusammenbruch des Nationalsozialismus, an dem sie in ihrer Mehrzahl gläubig gegangen hatten, desillusioniert, ja demoralisiert. Die Kriminalität blühte, die Wirtschaft lag am Boden, die Industrie war zerstört oder wurde nebst Eisenbahnschienen und anderen Gütern als Reparationsleistung in die UdSSR verbracht. Die neuen Politiker, Staatsfunktionäre, Juristen, Betriebsleiter, Kaufleute – sie alle waren oft ungeschult, hatten häufig nur Volksschulbildung und standen vor nie da gewesenen Aufgaben.

Offiziell gab es in der DDR keine »politische Justiz«. Andererseits hatte Justizministerin Hilde Benjamin verkündet, jedes Urteil sei eine politische Tat. Richter sollten »parteilich« sein, sollten die DDR schützen und fördern – aber »politische Justiz« in dem Sinn, daß man politische Gegner mit den Mitteln des Rechts zügelte oder ausschaltete, sollte es nicht geben. Rechtlich verfolgt wurden nur Kriminelle, hieß es. Das war nicht wahr. Tatsächlich wurden während des Bestehens der DDR in unterschiedlichem Umfang, mit unterschiedlichen Gesetzen, unterschiedliche Gruppen politischer Gegner verfolgt.

Die Geschichte der politischen Justiz der DDR ist ein Abbild der politischen Situation der DDR. Es ist daher unrichtig, wenn ein politisches Urteil oder eine Gruppe von politischen Urteilen aus einer bestimmten Periode der DDR als typisch für die Justiz in der Gesamtzeit der DDR ausgegeben wird. Die Waldheim-Prozesse von 1950 sagen ebenso viel oder ebenso wenig über die DDR aus wie die Prozesse gegen Kommunisten in der BRD aus den 50er und frühen 60er Jahre über die BRD oder die McCarthy-Ära über die USA aussagen. Die DDR und mit ihr ihre Justiz sind in 40 Jahren nicht unverändert geblieben. Sie unterlagen eher einem größeren als einem geringeren Wandel als die Justiz bürgerlicher Staaten.

Im Gegensatz zu den Staaten der westlichen Welt wollte die DDR nicht das Bestehende konservieren, sondern sie wollte es von Grund auf verändern, wollte es revolutionieren. Dieses Bestreben wies der Justiz einen völlig anderen Platz zu. Je mehr das angestrebte Ziel des Aufbaus einer sozialistischen Ordnung erreicht schien, desto mehr wandelte sich auch die Stellung der Justiz im allgemeinen und der politischen Justiz im besonderen. Gesetz und Recht gewannen an Bedeutung und näherten sich westlichen Vorstellungen an, ohne sie in Gänze zu übernehmen.

Umfang der politischen Justiz in der DDR

Der zahlenmäßige Umfang der politischen Justiz ist schwer zu ermitteln. Der Begriff läßt sich nicht eindeutig definieren und ihr Umfang daher nicht vollständig aus Statistiken ablesen. Es gibt wenig Quellen, die über die politische Justiz der DDR Auskunft geben, DDR-Quellen existieren überhaupt nicht. Einer der bekanntesten Autoren der BRD zu diesem Thema ist Karl Wilhelm Fricke. Er selbst war wegen Spionage vom Obersten Gericht der DDR verurteilt worden. In einem Verfahren, das 1995 gegen einen seiner Richter wegen Rechtsbeugung, u. a. auch wegen der Verurteilung Frickes vor dem BGH stattfand, wurde der DDR-Richter wegen dieses Falles nicht verurteilt. Der BGH erklärte: *»Ungeachtet aller Bedenken vermag der Senat Rechtsbeugung für den weit zurückliegenden Tatzeitpunkt nicht zu bejahen«.*[359]

Fricke hatte also auch nach BRD-Maßstäben Spionage begangen. Sein Motiv dürfte in seiner Biographie zu suchen sein. Aus seinem Buch *»Akten-Einsicht. Rekonstruktion einer politischen Verfolgung«* erfährt man u. a., daß sein Vater am 31. März 1952 im Zuchthaus Waldheim *»an den Folgen einer toxischen Kreislaufstörung«* gestorben sei. Fricke schreibt u. a.: *»Neben seiner Lehrtätigkeit hatte mein Vater die Lokalberichterstattung in ›Der Mitteldeutsche‹ besorgt – die in Halberstadt erscheinende ›Gauzeitung‹ der NSDAP. Leitartikel hat er nie geschrieben. Gleichwohl bereitete ihm die Mitarbeit an dem Nazi-Blatt keine Skrupel, denn er war 1937 selber Mitglied der NSDAP geworden, auf Drängen seines Rektors. Außerdem war er nach kurzzeitiger Zugehörigkeit zur SA zum NSFK übergetreten, dem Nationalsozialistischen Fliegerkorps, in dessen Ortsgruppe Hoym er die Flugmodellbau-Gruppe leitete [...] Seine Affinität zur Presse war es im übrigen, die ihn in der Ortsgruppe Hoym der NSDAP zum ›Presseamtsleiter‹ und in der ersten Kriegszeit zum ›stellvertretenden Propagandaleiter‹ werden ließ, auf der Ebene der Ortsgruppe wohlgemerkt, die wenige hundert Mitglieder gezählt haben mag.«*[360]

Das Landgericht Chemnitz hatte Karl Fricke am 25. Mai 1950 in einem der Waldheim-Prozesse, von denen bereits berichtet wurde, zu einer Zuchthausstrafe von 12 Jahren verurteilt, da er »*durch Abfassung und Verbreitung faschistischer Artikel und in seiner Tätigkeit als stellvertretender Propagandaleiter der NSDAP durch Einsetzen seines persönlichen Ansehens wesentlich zur Begründung, Stärkung und Erhaltung der nationalsozialistischen Gewaltherrschaft beitrug und während seiner Tätigkeit als Volksschullehrer die Jugend durch nationalsozialistische Erziehung ideologisch vergiftete*«.[361]

Karl Wilhelm Fricke veröffentlichte 1979 ein 676 Seiten umfassendes Werk mit dem Titel »*Politik und Justiz in der DDR*«. In ihm erklärte er auf S. 551: »*Wie in anderem Zusammenhang schon hervorgehoben, hat die DDR vollständige Statistiken zur politischen Strafjustiz niemals veröffentlicht, was für sich schon ein Politikum ist.*«[362]

Das ist zutreffend. Zutreffend ist allerdings auch, daß es, wie oben ausgeführt, weder für die politische Justiz von 1951 bis 1968 in der BRD noch für die politische Justiz der sogenannten Regierungskriminalität Statistiken gibt. Politische Justiz ist nirgendwo ein Vorzeigeobjekt. Da sich nicht eindeutig definieren läßt, was politische Justiz ist, läßt sie sich auch nicht statistisch exakt erfassen. Die strafrechtliche Aufarbeitung der DDR-Vergangenheit hätte sich allerdings leicht statistisch erfassen lassen, da sie ausschließlich in der Zuständigkeit von Sonderstaatsanwaltschaften lag, doch auch hier fehlt eine Bundesstatistik, die politische Kriminalität zuverlässig ausweist.

Hier gilt also Frickes Wort vom »*Politikum*« ebenso. Fricke fuhr fort: »*Ein Staat, der seine Kriminalstatistiken wie Staatsgeheimnisse behandelt, kann nur politische Gründe dafür haben*«. Das war auf die DDR gemünzt, doch für die BRD trifft es gleichfalls zu.

Fricke nennt dann Zahlen für Verurteilungen in politischen Strafsachen in den Jahren 1950 bis 1968,[363] die in der nachfolgenden Tabelle der Gesamtzahl der Verurteilten laut Harri Harrland in Neue Justiz 1970, Seite 409, gegenübergestellt sind, soweit Harrland die Zahlen angegeben hat:

Jahr	Registrierte Verurteilungen (politisch)	Gesamtzahl der Verurteilungen (nach Harrland)
1950	2.811	230.363
1951	2.386	
1952	2.974	
1953	4.854	
1954	3.882	
1955	3.058	
1956	1.539	
1957	1.224	169.557
1958	2.701	186.138
1959	1.883	
1960	1.868	139.021
1961	2.863	148.502
1962	2.234	162.280
1963	1.780	163.999
1964	1.724	168.350
1965	1.985	128.661
1966	1.895	124.524
1967	1.878	116.080
1968	2.076	105.869
Gesamtzahl	45.615	

Was Fricke als politische Verurteilungen gezählt hat, läßt er nicht erkennen. Als Quelle der Zahlen, die er angibt, nennt er »*Angaben des Gesamtdeutschen Instituts Berlin*«. Woher das Institut die Zahlen hat, bleibt offen. Es ist wahrscheinlich, daß mancher Verurteilte, der als politisch Verurteilter registriert worden ist, tatsächlich nicht aus politischen Gründen verurteilt wurde, zumal mit der Anerkennung als politischer Flüchtling materielle Vorteile verbunden waren.

Unabhängig davon ergeben Frickes Zahlen, daß der Anteil der politischen Straftaten an der Gesamtzahl der Straftaten 1-2 % beträgt. In der BRD wurden 1953, dem Jahr der höchsten Zahl politisch Verurteilter laut Alexander v. Brünneck 1.655 wegen politischer Delikte verurteilt[364], bei einer Gesamtzahl von 592.682 verurteilten Personen im Jahr 1970 (die Angaben für andere Jahre standen dem Verfasser nicht zur Verfügung) würde das einen Anteil von 0,3 % ergeben. Damit läge der Anteil der politisch Verurteilten an der Gesamtzahl der Verurteilten in der DDR etwa vier- bis siebenmal höher als in der BRD. Dieses geschätzte Ergebnis beruht auf den für die DDR negativsten Daten und ist angesichts der gefährdeten politischen Situation, in der sich die DDR von Anfang bis Ende befand, nicht so gravierend, wie es auf den ersten Blick den Anschein hat. Politische Justiz hängt in Umfang und Intensität immer von der Gefährdungslage des jeweiligen Staates ab. Ohne den Kalten Krieg und bei Anerkennung der DDR durch die BRD, wäre die Situation eine andere gewesen.

Gesetze gegen politische Delikte in der DDR

Als Rechtsgrundlage für die Bestrafung von Verbrechen und Vergehen gegen den Staat stand nach Kriegsende zunächst weiter das Reichsstrafgesetzbuch von 1871 zur Verfügung, das mit entsprechenden Änderungen, auch durch die Nazis, bis zum Mai 1945 gegolten hatte. Es enthielt allerdings nicht mehr die traditionellen Bestimmungen gegen Hoch- und Landesverrat sowie zum Schutze vor Angriffen gegen das Staatsoberhaupt. Sie waren vom Alliierten Kontrollrat als faschistische Gesetze mit seinem Gesetz Nr. 1 vom 20. September 1945 aufgehoben worden. Zunächst wurden die aufgehobenen Vorschriften auch nicht benötigt. Einen deutschen Staat gab es nicht, Angriffe gegen die Besatzungsmächte wurden von diesen aufgrund der von ihnen erlassenen Gesetze und Befehle geahndet, auf gleicher Grundlage konnten auch die Verbrechen der Nazis bestraft werden.

Mit dem Beginn des Kalten Krieges 1947 und der Gründung der beiden deutschen Staaten 1949 änderte sich die Situation, doch spezielle Gesetze gegen Angriffe auf die DDR fehlten weiter. Man behalf sich mit der Verfassung, die nach ihrem Art. 144 geltendes Recht war und welche in ihrem Artikel 6 bestimmte:

»*Alle Bürger sind vor dem Gesetz gleichberechtigt.*
Boykotthetze gegen demokratische Einrichtungen und Organisationen, Mordhetze gegen demokratische Politiker, Bekundung von Glaubens-, Rassen-, Völkerhaß, militaristische Propaganda sowie Kriegshetze und alle sonstigen Handlungen, die sich gegen die Gleichberechtigung richten, sind Verbrechen im Sinne des Strafgesetzbuches. Ausübung demokratischer Rechte im Sinne der Verfassung ist keine Boykotthetze.
Wer wegen Begehung dieser Verbrechen bestraft ist, kann weder im öffentlichen Dienst noch in leitenden Stellen im wirtschaftlichen und kulturellen Leben tätig sein. Er verliert das Recht, zu wählen und gewählt zu werden.«

Das bedeutete in der Praxis der Gerichte, daß jeder politische Straftäter mit jeder im Strafgesetzbuch für Verbrechen vorgesehenen Strafe, also sowohl mit Zuchthaus von einem Jahr bis zu lebenslänglich als auch mit dem Tode bestraft werden konnte. Daneben galten das Kontrollratsgesetz (KG) Nr. 10 und die Kontrollratsdirektive (KDir) Nr. 38 weiter. Sie wurden gegen Nazi- und Kriegsverbrecher angewandt und schufen für die DDR-Gerichte dieselbe Rechtsgrundlage, auf der der Nürnberger Gerichtshof die Hauptkriegsverbrecher verurteilt hatte. In der BRD wurden die Kontrollratsgesetze 1951 aufgehoben, so daß Kriegsverbrecher nur nach dem allgemeinen Strafrecht verurteilt werden konnten.

Die (KDir) Nr. 38 wurde in der DDR auch zur Verurteilung von Aktivitäten genutzt, die sich gegen die Politik der DDR richteten. Dabei war die Grenze zwischen faschistischen Äußerungen und Taten einerseits und Anti-DDR-Taten andererseits unscharf. Auf dieser Basis begann schon in der SBZ die politische Justiz gegen politische Gegner der antifaschistisch-demokratischen Ordnung. 1955 wurden in der DDR das (KG) Nr. 10 und die (KDir) Nr. 38 1955 sowie alle anderen vom Alliierten Kontrollrat erlassenen »*Gesetze, Direktiven, Befehle und andere Verordnungen*« vom Ministerrat der UdSSR aufgehoben[365]. Kriegsverbrechen wurden danach unmittelbar nach Art. 6 des Statuts für den Internationalen Militärgerichtshof vom 8. August 1945 (IMT-Statut) verurteilt.[366]

1957 wurde mit dem Strafrechtsergänzungsgesetz (StEG)[367] u.

a. auch der Art. 6 der Verfassung durch neue Bestimmungen abgelöst. Hilde Benjamin schrieb dazu 1980: »*Um den Verbrechen gegen die Arbeiter-und-Bauern-Macht und ihre politischen und ökonomischen Grundlagen zu begegnen, hatte sich Artikel 6 der Verfassung der DDR als eine wirksame Norm des sozialistischen Strafrechts erwiesen. Ausgehend von den in der Rechtsprechung des Obersten Gerichts erarbeiteten Rechtsgrundsätzen, den Ergebnissen der Strafrechtswissenschaft und den Erfahrungen hinsichtlich der Methoden verbrecherischer Angriffe des Klassengegners, enthielt das StEG in seinen §§ 13 – 23 Tatbestände über Staatsverrat, Spionage, staatsgefährdende Gewaltakte, staatsgefährdende Propaganda und Hetze, Verleitung zum Verlassen der DDR, Diversion, Schädlingstätigkeit und Sabotage u. a.*«[368]

1968 wurde das Reichsstrafgesetzbuch von 1871, das bis dahin in der DDR genauso wie in der BRD gegolten hatte, durch ein neues Strafgesetzbuch ersetzt. Dies wurde in der Folgezeit mehrfach geändert, ohne daß dadurch politisch wesentliche Änderungen erfolgten. In dem Strafgesetzbuch von 1968 waren im 1. Kapitel »*Verbrechen gegen die Souveränität der Deutschen Demokratischen Republik, den Frieden, die Menschlichkeit und die Menschenrechte*«, im 2. Kapitel »*Verbrechen gegen die Deutsche Demokratische Republik*« und schließlich im 8. Kapitel »*Straftaten gegen die staatliche Ordnung*« geregelt. Im Artikel 1 des StGB »*Schutz und Sicherung der sozialistischen Staatsordnung und der sozialistischen Gesellschaft*« hieß es: »*Gemeinsames Interesse der sozialistischen Gesellschaft, ihres Staates und aller Bürger ist es, den zuverlässigen Schutz der Souveränität der Deutschen Demokratischen Republik und der sozialistischen Errungenschaften, des friedlichen Lebens und der schöpferischen Arbeit der Menschen, der freien Entwicklung und der Rechte jedes Bürgers zu gewährleisten.*«

Diejenigen Verfahren, die von der Abteilung I der zuständigen Staatsanwaltschaft bearbeitet wurden bzw. in die Zuständigkeit der ersten Senate der Bezirksgerichte fielen, nannte man »1er Sachen«. Es waren die im weitesten Sinne politischen Strafverfahren, dazu konnten auch Mordfälle gehören, die in der Bevölkerung großes Aufsehen erregt hatten und die deshalb politisch für bedeutsam gehalten wurden oder andere Verfahren, die z. B. wegen der Person der Beschuldigten oder sonst Beteiligten von politischem Interesse waren. Alle Verfahren gegen Nazi- und Kriegsverbrecher fielen in die Zuständigkeit dieser Abteilung.

Erscheinungsformen politischer Delikte in der DDR

Mit dem Wandel in den politischen Verhältnissen änderten sich auch die Erscheinungsformen der politischen Kriminalität und der politischen Justiz in der DDR. Aus den Prozessen gegen Nazi- und Kriegsverbrecher wurden Prozesse gegen andere DDR-Gegner bzw. gegen Personen, die, ohne Gegner zu sein, Handlungen begingen, die als politisch schädlich angesehen wurden, weil sie den politischen Zielen, die die DDR verfolgte, zuwiderliefen. Es ist nicht möglich, alle politischen Straftaten, die im Laufe der Jahrzehnte auftraten, in einem System zu erfassen. Die wichtigsten waren wohl Staatsverleumdung, Hetze, Republikflucht, Spionage und verwandte Delikte sowie Staatsverrat. Hinzu kamen Straftaten, deren Zurechnung zur politischen Kriminalität mindestens zweifelhaft ist, die aber von politischer Bedeutung waren, wie Asozialität und die mannigfaltigen Formen der Wirtschaftskriminalität, die mit solchen Gesetzen wie dem Volkseigentumsschutzgesetz (VESchG), dem Handelsschutzgesetz (HSchG), der Wirtschaftsstrafverordnung (WStVO) und entsprechenden Tatbeständen im StEG bzw. im Strafgesetzbuch von 1968 bekämpft wurden.

Nach dem Ende des Krieges stand der Wiederaufbau der Wirtschaft als Hauptaufgabe vor allen Verwaltungsorganen. Für die Strafjustiz war die Wirtschaftskriminalität das umfangreichste Betätigungsfeld. Hilde Benjamin schildert in ihrer »*Geschichte der Rechtspflege der DDR*« die Situation wie folgt: »*Das Schieber- und Spekulantentum war jahrelang ein ernstes Hemmnis für den Wiederaufbau der Wirtschaft, insbesondere deren Materialversorgung und für die Bereitstellung der von der Bevölkerung benötigten Lebensmittel und Waren des täglichen Bedarfs. Viele der in den ersten Nachkriegsjahren meist unersetzlichen Güter verschwanden in den Kanälen des schwarzen Marktes, wodurch die ohnehin schon angespannte Wirtschaftssituation Jahre hindurch immer wieder beeinträchtigt wurde. Der schwarze Markt, der sich bereits während des faschistischen Krieges herausgebildet hatte und dann zu einer typischen Erscheinung der Jahre 1945 bis 1949 wurde, hatte ökonomische Ursachen: im wesentlichen die Warenverknappung einerseits und den aufgeblähten Zahlungsmittelumlauf, mit der daraus resultierenden Geldentwertung andererseits.«*[369] Anfangs wurden diese Erscheinungen noch nach der Kriegswirtschaftsstrafverordnung aus der Nazizeit bestraft. An ihre Stelle trat 1948 die Wirtschaftsstrafverordnung, die von der Deutschen Wirtschaftskommission (DWK) erlassen worden war. Sie wurde in der Folgezeit zu einem Mittel, Unternehmer und Gewerbetreibende, die sich nicht streng an die gesetzlichen Bestimmungen hielten, mittels der nach der WStVO zulässigen Vermögenseinziehung zu enteignen und ihre Betriebe damit in Volkseigentum zu überführen. Auf diese Weise wurden 1953 an der Ostsee aus privaten Hotels und Pensionen mit Hilfe der »Aktion Rose« Ferienheime des FDGB. In ähnlicher Weise wurde auch in der Landwirtschaft auf diejenigen Bauern Druck ausgeübt, die nicht freiwillig den Landwirtschaftlichen Produktionsgenossenschaften (LPG) beitreten wollten. Entsprechendes galt zum Teil auch für Handwerker, die nicht Mitglieder in den Produktionsgenossenschaften des Handwerks (PGH) werden wollten.

So entstand in der DDR sowohl freiwillig als auch unter Druck und gerichtlichem Zwang gesellschaftliches Eigentum. Das wurde von den Betroffenen anders empfunden als der ökonomische Zwang, der in kapitalistischen Staaten wie der BRD Kleinbetriebe zu Gunsten von Großbetrieben vernichtet, und Einzelhandelsgeschäfte den Supermarktketten opfert. Auch hier setzt häufig der gerichtliche Akt der Zwangsvollstreckung den Schlußpunkt.

Zu den Wirtschaftsstrafsachen, die die Gerichte der DDR in den 50er Jahren beschäftigten, gehörten auch diejenigen Verfahren, die sich aus der wirtschaftlichen Spaltung Deutschlands ergaben. Waren aus der DDR wurden illegal nach Westberlin und in die BRD verbracht und beeinträchtigten die legale Ausfuhr der DDR. Dazu gehörten zu jener Zeit besonders optische Geräte, Schreibmaschinen, Strümpfe und andere Textilerzeugnisse. Daneben gab es jedoch auch Handel mit anderen, zum

Teil ausgefallenen Produkten. Selbst Wasserflöhe wurden als Fischfutter illegal von Ostberlin nach Westberlin exportiert. Zur Zeit des Koreakrieges stiegen im Westen die Preise für Buntmetall. Die Folge davon waren umfangreiche Diebstähle von Kupfer- und Messinggegenständen, darunter Türklinken, bronzene Denkmäler und Schienenverbinder von den S-Bahngleisen. Alles wanderte auf Westberliner Schrottplätze. Massenhaft wurden Zigaretten und Kaffee von organisierten Schieberringen, versteckt in besonders konstruierten Westen aus Ostberlin unter Umgehung des Westberliner Zolls über die Berliner Sektorengrenze gebracht, ebenso am Körper verstecktes Fleisch. In umgekehrter Richtung floß Westgeld in die DDR. Geahndet wurden diese Straftaten, die beträchtliche Auswirkungen auf die Wirtschaft hatten, sowohl im Osten als auch im Westen. Im Osten allerdings mit härteren Strafen.

In den späteren Jahrzehnten änderten sich Richtung und Inhalt des illegalen Warenverkehrs. Zunehmend wurden hochwertige Industriewaren wie Konverter, die den Empfang des 2. Fernsehprogramms ermöglichten, dann Quarzarmbanduhren, später Videorecorder und schließlich Computer vom Westen in die DDR verbracht. Der Bekämpfung dieser Erscheinungen dienten die Gesetze zum Schutz des innerdeutschen Handels und des innerdeutschen Zahlungsverkehrs, später das Zoll- und Devisengesetz sowie andere Bestimmungen. Auch in diesen Fällen wurde versucht, mit harten Strafen der wirtschaftlichen Schädigung der DDR entgegen zu wirken.

Spionage kam in der Rechtsprechung der DDR-Gerichte erst seit 1952 vor. Die früheren Jahrgänge der Neuen Justiz, der offiziellen »*Zeitschrift für Recht und Rechtswissenschaft*«, kennen diesen Tatbestand noch nicht, später ist er ständig Gegenstand in den Verfahren vor den ersten Senaten der Bezirksgerichte. Zeitweise stellte Spionage, jedenfalls in Berlin, ein alltäglich zur Verhandlung stehendes Delikt dar. In Westberlin hatten alle Geheimdienste der drei Westmächte und später auch der BRD ihren Sitz. Als die Grenze noch offen war, traten z. B. Werber in den Grenzkinos, die für Bewohner des Ostsektors betrieben wurden, an Besucher heran und boten ihnen für jedes beliebige beschriebene Stück Papier von Müllhalden der sowjetischen

Streitkräfte einen bestimmten Westmarkbetrag, es waren wohl 5 DM. Das war verlockend, es versprach leicht verdientes Geld. Doch die Abwehr der Sowjets kannte diese Praxis, bewachte die Müllhalden, und so landeten die Ahnungslosen bald vor dem Gericht, wo gegen sie mehrjährige Freiheitsstrafen verhängt wurden.

Besonders häufig waren die Verfahren wegen Staatsverleumdung. Mit ihnen wurden verbale Angriffe auf die DDR und ihre Repräsentanten verfolgt. Vielfach handelte es sich um Trunkenheitsdelikte, unter denen wiederum Beschimpfungen von Volkspolizisten an vorderster Stelle standen. In Berlin war z. B. die Beschimpfung »Sachsenschwein« besonders oft Gegenstand der Anklage, da sehr viele Polizisten aus Sachsen stammten. Später wurde dieses Delikt seltener, und der Tatbestand nannte sich dann öffentliche Herabwürdigung.

Schwerere politische Delikte wurden als Boykotthetze, später als staatsfeindliche Hetze hart bestraft. Darunter fiel z. B. ein Angeklagter, der von »*der Westberliner Kampfgruppe gegen Unmenschlichkeit Schriftmaterial ausgehändigt erhalten* (hatte)*, das er von dem Gebiet der Deutschen Demokratischen Republik aus an ebenda wohnhafte, ihm namhaft gemachte Empfänger mit der Post versenden sollte*«[370]. In der Folgezeit wurden Urteile in politischen Strafsachen nicht mehr veröffentlicht und auch dem Angeklagten nur noch zur Einsicht ausgehändigt. Die Verfahren fanden in sehr vielen Fällen unter Ausschluß der Öffentlichkeit statt, dem Gegner sollte kein Material für seine Propaganda gegen die DDR geliefert werden. Wachsamkeit hieß eine ständige Forderung.

Eine sehr große Zahl von Verfahren betraf die Republikflucht, die später offiziell illegales Verlassen der DDR und noch später ungesetzlicher Grenzübertritt genannt wurde. Der reichere Westen lockte schon damals wie auch noch nach 1990 viele DDR-Bürger. Eine spezielle Gesetzgebung der BRD sicherte den Flüchtlingen materielle Unterstützung zu. Während die BRD so ihren Bedarf an gut ausgebildeten Fachkräften deckte, riß die Abwanderung in der DDR empfindliche Lücken in den Arbeitskräftebestand. In einigen Berufsgruppen war das besonders schmerzlich. So mußten Ärzte aus anderen sozialistischen

Ländern eingestellt werden, um die Gesundheitsversorgung sicherzustellen. In engem Zusammenhang mit dem Straftatbestand der Republikflucht stand der »staatsfeindliche Menschenhandel«, der den meist gewerbsmäßigen Schleusern in schweren Fällen lebenslängliche Freiheitsstrafe androhte.

Auch das Delikt der Asozialität nach § 249 StGB war wohl aus dem chronischen Arbeitskräftemangel der DDR geboren. Mit dieser Bestimmung sollte bestraft werden, »*wer das gesellschaftliche Zusammenleben der Bürger oder die öffentliche Ordnung und Sicherheit beeinträchtigt, indem er sich aus Arbeitsscheu einer geregelt Arbeit entzieht, obwohl er arbeitsfähig ist*«. In Juristenkreisen erzählte man zu dieser Vorschrift den Witz: Walter Ulbricht besucht, nachdem er nicht mehr Generalsekretär des ZK der SED ist, ein Gefängnis. Er fragt einen Insassen: Was haben Sie gemacht? Der antwortet: nichts. Was haben Sie dafür bekommen? Ein Jahr. Ulbricht: Bei mir hätten Sie dafür 2 Jahre bekommen.

Tatsächlich hatte die mit großer Intensität begonnene Verfolgung der Asozialität nicht das gewünschte Ergebnis. Die Täter waren meist Menschen mit einem labilen Charakter. Die Strafe führte bei ihnen zu keiner Änderung ihres Verhaltens. Die Verfolgung wurde deswegen nicht mehr so extensiv betrieben, und die Diskussion über die Aufhebung des § 249 StGB nahm zu.

Stellung der Justiz und der Juristen in der DDR

Die Justiz war in der DDR ein Staatsorgan neben anderen. Gewaltenteilung wurde nach marxistischen Grundsätzen als undemokratisch abgelehnt, weil sie die Macht der gewählten Volksvertreter einschränkte. Die Weimarer Republik galt als abschreckendes Beispiel – Richter sollten nicht über dem Parlament stehen. Sie mußten wie alle anderen staatlichen Organe an den jeweiligen staatlichen Aufgaben vom Aufbau der antifaschistisch-demokratischen Ordnung bis zum Aufbau des Sozialismus in der DDR mitwirken, sie sollten politisch denken und entscheiden. Das gesamte gesellschaftliche Leben sollte neu gestaltet werden, und die Justiz war berufen, daran mitzuwirken. Richter sollten insbesondere auch erziehen, im Familienrecht auf sozialistische Verhaltensweisen hinwirken und im Strafrecht helfen, die Kriminalität, wenn nicht zu beseitigen, so doch einzudämmen.

Die Richter waren genau wie andere Staatsfunktionäre der staatlichen Disziplin unterworfen. Sie mußten selbstverständlich an jedem Werktag pünktlich um 8 Uhr an ihrem Arbeitsplatz sein, mußten auch außerhalb der Arbeitszeit in Betrieben und Wohngebieten das Recht erläutern, mußten die Prozesse innerhalb der gesetzlichen Fristen erledigen, und sie mußten schließlich auch, wenn andere Arbeitskräfte nicht vorhanden waren, die Toiletten des Gerichts säubern.

Das gleiche galt für Staatsanwälte, die jedoch im Staat ein etwas höheres Ansehen genossen als die Richter.

Das Gehalt von Richtern und Staatsanwälten entsprach dieser Stellung und lag zeitweilig unter dem von Polizisten, die Angeklagte aus der Haftanstalt zum Gericht brachten. Erst später erhielten Justizjuristen nicht nur die Rente aus der gesetzlichen Rentenversicherung, sondern diejenige für Staatsangestellte. Juristen hatten also in der DDR keine herausgehobene Stellung. Im Zuge der Vergangenheitsbewältigung stellten sie allerdings, wie wir sahen, das größte Kontingent. Eine Konsequenz, die ihrer Stellung im Staat in keiner Weise entsprach.

Das Justizministerium rangierte unter den Ministerien – wie man damals sagte – unmittelbar vor dem letzten, dem Postministerium. Sozialistische und bürgerliche Justiz und Juristen unterschieden sich folglich nach Status und Ausbildung beträchtlich. Andererseits hatten Richter, Staatsanwälte und Rechtsanwälte dennoch typische berufsbedingte Charakterzüge gemeinsam. Das geringe Ansehen, das die Justiz in der DDR genoß, war wohl u. a. der Tatsache geschuldet, daß die führenden Politiker der DDR die bürgerliche Justiz als eine Klassenjustiz kennen gelernt hatten, die auf dem rechten Auge blind war und auf dem linken Auge an Sinnestäuschung litt.

Ihre Geringschätzung wurde von den Juristen der DDR natürlich als bitter empfunden. Sie nahm im Lauf der vier Jahrzehnte der Existenz der DDR ab, ohne ganz überwunden zu werden. Recht und Justiz hätten bei höherer Wertschätzung vielleicht nützlicher sein können. Die Gewaltenteilung hätte Vorteile gebracht, dem Subjektivismus der Funktionäre wären Grenzen gesetzt worden und die DDR hätte, wie andere Staaten, erklären können, daß die Justiz unabhängig sei und man auf sie keinen Einfluß habe. Ein schönes Argument, dessen Unwahrheit nicht zu beweisen ist.

Doch andererseits: Wie will man ein Rechts- und Gesellschaftssystem verändern, schnell verändern, revolutionieren, wenn man den Gang der Gesetzgebung so kompliziert macht, wie er z. Zt. etwa in der BRD ist?

In den 40er und 50er Jahren hieß deswegen eine in Funktionärskreisen gängige Losung: Nur keine Zäune bauen! Gesetze sind Zäune. Für etablierte Gesellschaften und Staaten sind andere Rechtsregeln zweckmäßig als für solche, die sich noch in einem Stadium der Veränderung befinden. Sie wollen keine Gesetze, die sich wie eine ewige Krankheit forterben.

Anders als in der BRD bestand die Justiz in der DDR nicht überwiegend aus Juristen, die ihren Beruf schon in der Nazizeit ausgeübt hatten. Während in der BRD in den ersten Jahren nach 1949 noch 80 % der Richter und Staatsanwälte Mitglieder der NSDAP gewesen waren, hatte die Justizverwaltung der SBZ die ehemaligen Nazis aufgrund des Befehls Nr. 49 der SMAD entlassen. Volksrichter, die in Schnellkursen von sechs Monaten, später von einem Jahr, ausgebildet worden waren, hatten ihren Platz eingenommen, soweit nicht Rechtsanwälte – meist vorübergehend – an deren Stelle getreten waren. Die meisten waren Mitglieder der KPD oder SPD, später der SED, und nicht wenige hatten in der Weimarer Republik oder unter Hitler die Justiz als Angeklagte kennengelernt. Die Verurteilung von Nazi- und Kriegsverbrechern bereitete ihnen keine Probleme. Antifaschismus war Staatsdoktrin, die – anders als andere DDR-Doktrinen – allgemein akzeptiert war.

In dem Maße, wie akademisch gebildete Richter die Volksrichter ersetzten, wandelte sich die politische Einstellung und Haltung der Justizjuristen, also der Richter, Staatsanwälte und der staatlichen Notare. Das zeigte sich besonders deutlich zwischen November 1989 und dem 3. Oktober 1990. Man stellte sich sozialistisches Recht und sozialistische Politik anders vor als das, was vom Politbüro praktiziert wurde. Der Kapitalismus war für die jüngere Juristengeneration kein Schreckgespenst. Sie kannten ihn noch nicht und hielten Klassenkampf für eine Erfindung der alten Genossen. Dennoch wollten sie wohl die DDR nicht aufgeben und den Kapitalismus nicht einführen.

Ein anschauliches Bild der Ostberliner Juristen dieser Zeit zeichnete die US-Amerikanerin Inga Markovits in ihrem Buch »*Die Abwicklung*«. Sie sagt: »*Die Sieger werden nicht als Befreier erfahren*«.[371]

Rückblick mit Ausblick

Soviel zum Thema Einigkeit und Recht – und kein kritisches Wort über die DDR? Welch ein unerträgliches Vergehen!? Nein, genau das war nicht das Anliegen dieser Schrift. Kritiker und Kritiken der DDR gibt es mehr als genug. Eine weitere Stimme in diesem Chor ist ganz und gar überflüssig. Hier ging es um eine Reaktion auf die nunmehr 15 Jahre andauernde, allgegenwärtige, ungerechtfertigte Diskriminierung des untergegangenen Staates, der sich als Staat der Arbeiter und Bauern verstand. Speziell um die Abwehr ungerechtfertigter Diskriminierung mit juristischen Mitteln. Keineswegs sollte behauptet werden, daß in der DDR alles gut und schön war. Zwischen gut und schön einerseits und verbrecherisch andererseits liegt ein weites Feld. Es war also von den politischen und sonstigen Fehlern der DDR hier nicht die Rede, nur davon, welche rechtlich zu ahndenden Fehler sie nicht begangen hatte – obgleich sie ihr wider Recht, Moral und politische Vernunft unterstellt werden.

Manche ehemaligen DDR-Bürger entdecken heute: Es war doch nicht alles schlecht. So ist es. Manche BRD-Bürger stellen heute fest: So kann es nicht weitergehen. Auch richtig. Harry Nick schrieb z. B. im ND vom 28. September 2001: »*Die Zahl derjenigen, die verstehen oder ahnen, daß es so nicht weiter gehen kann, daß die neoliberale Religion und Politik ins Verderben führen, ist im Zunehmen, die Zahl derjenigen, die solche Religion oder Politik akzeptieren, befürworten, aber auch. ›Hol es dir, solang du kannst; vergiß die Zukunft‹ heißt die politische Ethik des Zeitalters.*«

Es sind nicht wenige, die denken, der Sozialismus könnte ein Ausweg sein. Die berühmte konservative Meinungsforscherin Elisabeth Noelle-Neumann soll 1998 nach der FAZ vom 10. Dezember 1997 gesagt haben: »*Unsere Gesellschaft steht dicht vor einer Rückkehr zum sozialistischen Verständnis von Freiheit: Freiheit, wie sie der Staat gewährt, Freiheit von Arbeitslosigkeit, von Armut im Alter, von Krankheitsfolgen.*«[372]

Wer im Sozialismus eine Zukunft für die Menschheit sieht, muß sich natürlich klar darüber werden, was die DDR falsch gemacht hat, aber auch, was sie richtig gemacht hat. Beides ist gleich wichtig. Wer nur die Fehler sieht, verzweifelt am Sozialismus. Diese Verzweifelung herbeizuführen, ist das Anliegen der sogenannten Vergangenheitsbewältigung, die in Wirklichkeit eine Abrechnung mit der DDR ist, eine Begleichung alter Rechnungen, die bis in die Zeiten der dramatischen Klassenkämpfe der Weimarer Republik zurückgehen.

Für die Regierenden, die Justiz, die Medien und wohl auch für den überwiegenden Teil der Deutschen steht die DDR für Sozialismus. Deswegen und nur deswegen muß die positive Erinnerung an sie ausgelöscht werden. Für viele Sozialisten ist das anders, z. T. ganz anders. Thomas Falkner, einst einer der Vordenker der PDS, schrieb 1997: »*Die stalinistisch geprägten Gesellschaften sind letztlich gescheitert, weil sie die zivile Gesellschaft an ihrer Herausbildung bzw. Entfaltung gehindert und weil sie die politische Gesellschaft, die Macht- und Herrschaftsmechanismen darüber gesetzt und verabsolutiert habe. In diesem Sinne hatten sich der Staatssozialismus als Modell und als Ideologie in unauflösbaren Konflikt mit Moderne und Aufklärung befunden. Seine Überwindung ist, so gesehen, eine der zivilisatorischen Leistungen dieses Jahrhunderts.*« [373] Diese Sozialisten grenzen sich von der DDR ab, wollen mit ihr nichts zu tun haben und hoffen, so Gnade, wenn nicht sogar Wohlwollen bei den Etablierten zu finden. Die Vergangenheit gilt ihnen als Ballast, der abzuwerfen ist. So wurde Erich Honecker aus der SED ausgeschlossen, der zehn Jahre für seine Überzeugung in Brandenburg gesessen hatte. So wurde auch das MfS, einst Schwert und der Schild der SED, geopfert. Nur die Vermögenswerte wurden von der bösen Rechtsvorgängerin übernommen. War das die Ethik der Moderne? Was das anständig? War das gerecht?

Hat es etwas genutzt?

Sicher, die DDR war nicht das, was sich Marx und Engels unter Sozialismus vorgestellt hatten. Sie war aber das, was die Kapitalisten am meisten vom und am Sozialismus fürchteten: die Abschaffung des Privateigentums an Produktionsmitteln. War das nichts? War die Lenkung der Wirtschaft durch den

Staat nichts? Was hat der Kapitalismus gebracht? Deutlicher als in Deutschland zeigt sich in den anderen ehemals sozialistischen Staaten, daß der Übergang zum Kapitalismus der überwiegenden Mehrheit der Bevölkerung keine Vorteile gebracht hat. Das Elend nimmt unbekannte Ausmaße an, das Niveau von Kultur und Bildung sinkt, der Gesundheitszustand der Menschen verschlechtert, die Lebenserwartung verringert sich. Niemand kann dort behaupten, daß der Kapitalismus dem Sozialismus überlegen ist.

Wie sich diese *»zivilisatorische Leistung dieses Jahrhunderts«* vollzog, wissen wir. Die *»Überwindung«* der DDR erfolgte unter Verletzung von Grundprinzipien der Demokratie und des Rechts, also unter Verletzung von *»zivilisatorischen Errungenschaften«*. Unter dem Banner des Selbstbestimmungsrechts des deutschen Volkes und des Rechtsstaates wurde die Forderung des Artikels 146 des Grundgesetzes mißachtet: *»Dieses Grundgesetz verliert seine Gültigkeit an dem Tage, an dem eine Verfassung in Kraft tritt, die von dem deutschen Volke in freier Entscheidung beschlossen worden ist.«* Schon 1949 war das Grundgesetz nicht vom deutschen Volk beschlossen worden, 1990 wiederholte sich das. Dasselbe wird bei der Zustimmung zur EU-Verfassung geschehen. Die regierenden deutschen Politiker halten nichts von ihrem Volk. Sie wollen es nicht befragen und nicht entscheiden lassen.

Die *»Überwindung«* der DDR erfolgte zudem unter Vorspiegelung falscher Tatsachen. Einerseits wurden den Ostdeutschen *»blühende Landschaften«* versprochen, andererseits wurde die DDR dem Nazistaat gleichgestellt und als *»Unrechtsstaat«* nachträglich zu delegitimieren versucht.

Nach der *»Überwindung«* der DDR wurde mit den über 100.000 strafrechtlichen Ermittlungsverfahren, mit der Einrichtung eines modernen Prangers in Form der Gauck-Behörde der Vorwurf des Unrechtsstaates zu stützen gesucht und gleichzeitig der politische Gegner ausgeschaltet. Diese juristische Abrechnung mit der DDR setzte fort, was Bernt Engelmann die »unsichtbare Tradition« genannt hat. So war sie schon immer, die preußisch-deutsche Justiz. Sie diente treulich denen da oben und hielt die im Zaum, die unten waren. Sie führte das Recht im Munde, um das Unrecht, das sie tat, zu verbergen. Mal war sie härter, brutaler, mal zivilisierter, sanfter, wie die Politik es forderte, immer jedoch war ihre Tendenz dieselbe. Nie war sie energisch gegen rechts, stets war sie konsequent gegen links. Mit rechtlichen Argumenten schickte preußische Justiz Fritz Reuter, der nicht ihrer Gerichtsbarkeit unterlag, in die Kasematten und verurteilte seine Kommilitonen zum Tode, davon vier »*mit dem Rad von oben*«. Mit rechtlichen Argumenten machten Richter des Reichsgerichts das Betrachten einer nackten Frau zum rassenschänderischen Geschlechtsverkehr, mit rechtlichen Argumenten sprachen Richter des BGH den Mörder von Caiazzo frei, mit rechtlichen Argumenten verwehrten sie Ossietzky die Rehabilitierung und mit rechtlichen Argumenten mißachteten sie das Grund- und Menschenrecht des Rückwirkungsverbots, das Gebot des fairen Verfahrens und alle anderen Regeln und Rechte, die der Verurteilung der DDR-Amtsträger entgegenstanden. Trotzdem, die 100.000 Ermittlungsverfahren fanden nicht das, was sie suchten. Mehr noch: 300 Fehlurteile beweisen das Gegenteil: die DDR war kein Unrechtsstaat.

Die juristische Abrechnung mit der DDR basierte auf der Gleichsetzung der DDR mit dem faschistischen Deutschland. Sie offenbarte dies selbst in kleinsten Details der juristischen Konstruktionen. Sie offenbarte überdies in der unterschiedlichen Intensität ihres Verfolgungseifers wie in ihrer Terminologie eine Bevorzugung der Nazis vor den Kommunisten. Nazis werden nie Nazis, sondern immer nur Nationalsozialisten genannt, womit die Vorspiegelung einer vermeintlich sozialistischen Zielsetzung fortgeführt wird. Die DDR und ihre Institutionen erfahren sprachlich dagegen immer nur eine diskriminierende Bezeichnung wie »Unrechtsstaat« oder »Stasi«.

Die Opfer der Vergangenheitsbewältigung sind die politischen Erben der Opfer, die Hitler und vor ihm Könige, Kaiser und Fürsten schufen. Sie hießen Fritz Reuter, Wilhelm Liebknecht, August Bebel, Karl Liebknecht, Rosa Luxemburg, Rudolf Breitscheid, Carl von Ossietzky, Ernst Thälmann, Kurt Tucholsky. Die Vergangenheitsbewältiger brachten zwar keine Kommunisten um, aber Todesopfer verlangte ihre politische Justiz dennoch. Die Zahl derer, die sich unter dem Eindruck der

Strafandrohungen und Diskriminierungen das Leben nahmen, hat niemand gezählt. Einzelbeispiele wie der Freitod des PDS-Bundestagsabgeordneten Gerhard Riege, der den Schmähungen durch seine Kollegen im Bundestag nicht gewachsen war, oder der Selbstmord des Ehepaars Otto und Martha Fuchs, die vor dem Waldheim-Prozeß gemeinschaftlich vom Hochhaus sprangen, kennzeichnen den psychischen Druck, der auf den Verfolgten lastete. Otto Fuchs schrieb in einem Abschiedsbrief an seinen Anwalt: »*Ich versichere Ihnen, daß wir in meiner Strafkammer nur Kriegsverbrecher verurteilt haben und bin mir sicher, daß wir uns über kein Urteil schämen müssen. Alle Zeichen deuten aber darauf hin, alles ins Gegenteil zu verkehren und in einem Schauprozeß mich zum Verbrecher zu stempeln. Ich glaubte, auch diesen Vorwürfen widerstehen, sie entkräften zu können. Leider habe ich feststellen müssen, daß ich sowohl körperlich als auch geistig diesen Anforderungen nicht mehr gewachsen bin. Ich muß auch die gesamte Situation berücksichtigen, wie sie sich in der Presse widerspiegelt, in der eine Vorverurteilung schon vorprogrammiert ist. Heute, nach einer langen Periode der Naziverbrechen, fühlen sich doch alle – und sind sie auch noch so schwer belastet – als völlig unschuldige Menschen. Die Verdrängung ging und geht ja so weit, daß Auschwitz als Lüge hingestellt wird.*«[374]

Der zusammen mit Otto Fuchs angeklagte 87jährige Otto Jürgens wurde zu zwei Jahren Haft auf Bewährung und zu 6.000 DM Geldstrafe verurteilt. Er hatte auch die Verfahrenskosten zu tragen, die auf 40 bis 70.000 DM geschätzt wurden.[375]

Otto Jürgens war bereits 1933 von der Gestapo verhaftet und gefoltert worden.

Die »Überwindung« der DDR veränderte das soziale Gleichgewicht in ganz Deutschland. Die DDR war für die westdeutschen Gewerkschaften, für die Arbeiter und Angestellten ein ungeliebter, ungerufener, aber wirksamer Verbündeter gegen die Unternehmer. Sie wurde als »dritter Mann« am Verhandlungstisch bezeichnet. Die Stunde neoliberaler Politik schlug mit dem Ende des europäischen Sozialismus.

Die »Überwindung« der DDR erfolgte unter Verletzung der nationalen Interessen des deutschen Volkes. Sie führte zur Spaltung in Ossis und Wessis. Nie gab es in Deutschland so wenig

Einigkeit. Die Spaltung in Ost und West ist nicht – wie behauptet wird – vergleichbar mit den Unterschieden zwischen Bayern und Preußen, zwischen Rheinländern und Sachsen, sie ist nicht historisch in Jahrhunderten gewachsen und in Dialekten manifestiert, sondern von Politikern am 3. Oktober 1990 willkürlich herbeigeführt. Sie trennt Ost- von Westberlinern und vereint Mecklenburger mit Sachsen. Sie ist eine nationale Katastrophe. Die Beseitigung des führenden ostdeutschen Personals in Politik, aber auch in Wirtschaft, in den Medien, der Wissenschaft, der Kultur, der Justiz und dessen Ersetzung durch Westdeutsche, häufig der zweiten Garnitur, behandelt Ostdeutschland wie eine Kolonie Westdeutschlands. Ostdeutsche Interessen mußten überall westdeutschen weichen, ostdeutsches Eigentum wurde weitgehend zu westdeutschem. Die bundesdeutsche Vereinigungspolitik machte aus einem Territorium, dessen Industrie in Europa einen vorderen Platz einnahm, zu Gunsten der westdeutschen Industrie eine deindustrialisierte Region, ein Mezzogiorno Deutschlands.

Die Politik der Abrechnung mit der DDR ist verbunden mit einer Hinwendung zur preußisch-deutschen Vergangenheit, einer Vergangenheit, die Deutschland und Europa unendliches Leid brachte. Dis Tendenz und die Symptome sind unverkennbar. Wir singen wieder das Deutschlandlied, »unsere« Bundeswehr zeigt wieder das Eiserne Kreuz, wir gedenken wieder ehrfurchtsvoll vergangener Könige, Kaiser und was sonst noch von Adel war, wir machen aus Kindergärten und Schulen wieder Schlösser, wir erhalten die Gesetze des 19. Jahrhunderts, wir verwenden die Amtsbezeichnungen jener Zeit, wir baden gern in Kaiserbädern, und wir erneuern Preußens Glanz und Sachsens Gloria. Das Ergebnis des Zweiten Weltkriegs wird so schrittweise annulliert.

Doch nicht alles ist wieder wie früher. Das politische Umfeld hat sich verändert. Neu ist: Die unteren Klassen sind wehrloser, geduldiger, unpolitischer, in ihr Schicksal ergebener, wenn auch immer noch wohlhabender als je zuvor in den vergangenen 200 Jahren. Sie sehen keinen Ausweg, keine Bebel-SPD, keine KPD zeigt ihn. Gott sei Dank gibt es auch noch keinen Hitler. Sie glauben ihren Herrschern, den demokratisch gewählten Politikern, daß es keine Alternative gibt. Sie durchschauen, mediengesteuert, die Politik und ihre Justiz nicht. Sie glauben an Demokratie und an den Rechtsstaat.

Neu ist, daß Kriege wieder möglich sind.

Neu ist auch: Die Arbeiter und Angestellten der ehemaligen Kolonien, der unterentwickelten Länder werden zu Konkurrenten ihrer Kollegen in den entwickelten Ländern. Mit der Drohung der Standortverlegung werden diese erpreßt. Andererseits profitieren die Arbeiter der westlichen Welt noch vom niedrigen Lebensstandard der Dritten Welt. Deutsche fühlen sich in der Türkei, in Asien und anderswo noch immer wie die Herren, wie Angehörige der oberen Klassen.

Neu ist schließlich die herausragende Rolle psychologischer Mittel und Methoden, der Einfluß der Medien, insbesondere des Fernsehens in der Politik. Die Medieneigentümer beherrschen die öffentliche Meinung, bestimmen weitgehend den Ausgang von Wahlen und unterwerfen so die Demokratie ihrer Herrschaft. So bleibt es bei dem Wort von Paul Sethe: »*Pressefreiheit ist die Freiheit von zweihundert reichen Leuten, ihre Meinung zu verbreiten.*«[376]

Die »*Überwindung*« der DDR, der europäischen sozialistischen Staaten, ist folglich keine »*zivilisatorische Errungenschaft*«, sondern ein zivilisatorischer Rückschritt, dessen Folgen noch lange auf den Deutschen in Ost und West wie auf den Bürgern anderer Staaten lasten werden.

Wer sich Sozialist nennt (und auch tatsächlich einer ist), könnte das leichter erkennen als andere.

Die »*Überwindung*« der DDR, der Untergang des europäischen sozialistischen Lagers, bewirkte, daß wir in vieler Beziehung wieder da stehen, wo wir 1932 gestanden haben, nur richtungs- und wehrloser. Was heute modern ist, wird bald unmodern sein. Alles wird noch einmal von vorn anfangen: die Katastrophen, die Kämpfe, die Niederlagen und vielleicht auch die Siege. Es wird auf jeden Fall schwer.

Die Erinnerung an die DDR wird dann einen neuen Stellenwert erhalten.

Anmerkungen

1. Deutsche Richterzeitung, 1992, S. 4 f.
2. Limbach, Jutta, Die richterliche Unabhängigkeit – ihre Bedeutung für den Rechtsstaat, Neue Justiz 95, S. 283
3. Richard Schröder, Neue Juristische Wochenschrift 1999, S. 3312
4. Heiner Geißler, Die Zeit, 11.11.2004
5. Miller/Potthoff, Kleine Geschichte der SPD, 7. Aufl. 1991, Bonn, S. 379
6. Jutta Limbach, Diskussionsbeitrag in Lampe (Hrg.), Die Verfolgung von Regierungskriminalität nach der Wiedervereinigung, Köln 1993, S. 80
7. Jutta Limbach, Politische Justiz im Kalten Krieg, Neue Justiz 1994, S. 49 ff.
8. Otto Kirchheimer, Politische Justiz, Hamburg 1993, S. 81
9. ebenda S. 83
10. Otto Kirchheimer, Politische Justiz, Hamburg 1993, S. 90
11. zitiert nach einem Leserbrief von Horst Schneider, Dresden, in junge welt v. 7.9.2004
12. zitiert nach Karl Oberbaum, Deutschland von 1815 bis 1849, Lehrbuch der deutschen Geschichte (Beiträge 6), Berlin 1976, S. 49
13. zitiert nach Dieter Fricke (Hrsg.), Sturm läutet das Gewissen, Berlin 1980, S. 32
14. zitiert nach Dirk Blasius, Geschichte der politischen Kriminalität in Deutschland, Frankfurt am Main 1983, S. 15
15. zitiert nach Dieter Fricke (Hg), Sturm läutet das Gewissen, Berlin 1980, S. 42 f.
16. zitiert nach Gerhard Figge, Fritz Reuter. Eine aktenmäßige Darstellung seines Prozesses und seiner Auslieferung. Inaugural-Dissertation an der Friedrich-Wilhelms-Universität zu Berlin, 1940, S. 4
17. Gerhard Figge, a.a.O., S. 125
18. a.a.O., S. 126
19. a.a.O., S. 78
20. a.a.O., S. 137 f.
21. a.a.O., S. 141
22. ebenda S. 145
23. zitiert nach Figge ebenda S. 236
24. ebenda S. 240
25. Meyers Neues Lexikon, Leipzig 1973
26. Karl Obermann, a.a.O., S. 184
27. vgl. Günter Vogler/Klaus Vetter, a.a.O., S. 213
28. Günter Vogler, Klaus Vetter, Preußen, Berlin 1984, S. 214
29. zitiert nach Karl Obermann a.a.O., S. 216
30. Obermann a.a.O., S. 279
31. Carl Schurz, Sturmjahre. Lebenserinnerungen 1829–1852, Berlin 1973, S. 139

[32] Wolfgang J. Mommsen, 1848, Frankfurt am Main 1998, S. 119
[33] Günter Vogler/Klaus Vetter a.a.O. S. 240
[34] Karl Oberman a.a.O., S. 405
[35] ebenda S. 408
[36] ebenda S. 410
[37] Thomas Nipperdey, Deutsche Geschichte 1800–1866, München 1994, S. 663
[38] Daniela Dahn/Fritz-Jochen Kopka, Und diese verdammte Ohnmacht. Report der Unabhängigen Untersuchungskommission zu den Ereignissen am 7./8. Oktober 1989 in Berlin, Berlin 1991, S. 245
[39] Thomas Nipperdey, a.a.O., S. 682
[40] München 1992
[41] Frankfurter Allgemeine Zeitung, 14.10.1995
[42] Zitiert nach Karl Bittel, Der Kommunistenprozeß zu Köln 1852 im Spiegel der zeitgenössischen Presse, Berlin 1955, nach S. 16
[43] Uwe Wesel, Geschichte des Rechts, München 1997, S. 420
[44] zitiert nach Karl Obermann, Einheit und Freiheit S. 418 (und Vogler/Vetter a.a.O., S.235)
[45] Blasius a.a.O., S. 47
[46] Thomas Nipperdey a.a.O., S. 674
[47] Vogler/Vetter a.a.O., S. 251
[48] Zitiert nach Miller/Potthoff, Kleine Geschichte der SPD, Bonn, 1991, S. 45
[49] ebenda S. 48
[50] Müller/Potthoff, Kleine Geschichte der SPD, 7. Aufl., Bonn 1991, S. 47
[51] zitiert nach Ernst Engelberg, Bismarck. Das Reich in der Mitte Europas, Berlin 1990, S. 301 f.
[52] Frankfurt am Main 1980, S. 42
[53] Köln 1988, S. 230
[54] Dirk Blasius, Geschichte der politischen Kriminalität in Deutschland (1800-1980), Frankfurt am Main 1983, S. 54 f.
[55] ebenda S. 55
[56] ebenda S. 60
[57] zitiert nach Bernt Engelmann, a.a.O., S. 7, der auf E. Johann, Reden des Kaisers, München 1966, S. 551 verweist
[58] zitiert nach Fritz Klein, Deutschland von 1897/98 bis 1917, in: Lehrbuch der deutschen Geschichte (Beiträge) 9, S. 75
[59] Zitiert nach Fritz Klein, Deutschland von 1897/98 bis 1917, Berlin 1977, S. 261
[60] Wolfgang Ruge, Deutschland 1917–1933, Berlin 1982, S. 53
[61] Bernt Engelmann, Die unsichtbare Tradition. Richter zwischen Recht und Macht, Köln 1988, S. 343
[62] Bernt Engelmann a.a.O., S. 356 f
[63] Wolfgang Ruge, Deutschland 1917–1933, Berlin 1982, S. 119
[64] Sebastian Haffner, Der Verrat, Berlin 1993, S. 6
[65] Zitiert nach »Die Zeit«, 16.8.1996
[66] Sebastian Haffner, Der Verrat, Berlin 1993, S. 10

[67] Zitiert nach Bernt Engelmann, a.a.O., S. 53
[68] Uwe Wesel, Geschichte des Rechts, München 1997, S. 418
[69] Annemarie Lange, Berlin in der Weimarer Republik, Berlin 1987, S. 675
[70] Bernt Engelmann, a.a.O.
[71] Bernt Engelmann, a.a.O., S. 74 f.
[72] Zahlen nach Annemarie Lange, Berlin in der Weimarer Republik, Berlin 1987, S. 664
[73] Bernt Engelmann, a.a.O., S. 47
[74] Neue Justiz, 1993, S. 231
[75] Bernt Engelmann, a.a.O., S. 91
[76] Kurt Tucholsky, Deutschland, Deutschland über alles, Berlin 1929, S. 165 ff; zitiert nach Bernt Engelmann, Rechtsverfall, Justizterror und das schwere Erbe, Die unsichtbare Tradition, Band 2, Köln 1989, S. 89
[77] Gerhard Werle, Neue Juristische Wochenschrift 1995, S. 1268
[78] Zitiert nach Schubert/Glöckner, Vom Reichsgericht zum Bundesgerichtshof, Neue Juristische Wochenschrift. 2000, S. 2971
[79] ebenda
[80] Walter Odersky, Hermann Weinkauff zur Erinnerung, Neue Juristische Wochenschrift, 1994, S. 370
[81] Bernt Engelmann, a.a.O., S. 36
[82] Bernt Engelmann, a.a.O., S. 31
[83] Wolfgang Ruge, Deutschland 1917–1933, Berlin 1982, S. 328
[84] Wahlaufruf der SPD vom 27. Februar 1932, zitiert nach Miller/Potthoff, a.a.O., S.136
[85] Wolfgang Ruge, a.a.O., S. 418
[86] Die Darstellung folgt hier und im folgenden Paterna u.a., Deutschland von 1933 bis 1939, Berlin 1969
[87] Klaus Mammach, Widerstand 1933-1939, Berlin 1984, S. 29
[88] Miller/Potthoff, Kleine Geschichte der SPD, Bonn 1991, S. 368 f.
[89] ebenda S. 369
[90] Hans-Rainer Sandvoß, Widerstand in Neukölln, 1990, S. 47
[91] ebenda S. 51
[92] Bernt Engelmann, a.a.O., S. 117
[93] Anwaltsblatt, März 1933, S. 1
[94] Fritz Ostler, Die deutschen Rechtsanwälte 1871–1971, Essen 1982, S. 233
[95] Fritz Ostler, a.a.O., S. 234
[96] Angelika Königseder, Recht und nationalsozialistische Herrschaft. Berliner Anwälte 1933-1945. Ein Forschungsprojekt des Berliner Anwaltvereins, in Festschrift zum 150jährigen Jubiläum des Berliner Anwaltsvereins e.V., Bonn 2003, S. 26
[97] Hans-Rainer Sandvoß, Widerstand in Neukölln, Berlin 1990, S. 13
[98] Klaus Mammach, Widerstand 1933-1939, Berlin 1984, S. 7, mit Quellenangabe
[99] Klaus Mammach, Widerstand 1933-1939, Berlin 1984, S. 42
[100] Klaus Mammach, Widerstand 1939-1945, Berlin 1987, S. 396

[101] Erich Paterna u. a., Deutschland von 1933 bis 1939, Berlin 1969, S. 18
[102] Eric A. Johnson, Der nationalsozialistische Terror, Berlin 2001, S. 180 f.
[103] Klaus Mammach, Widerstand 1933-1939, Berlin 1984, S. 43
[104] Paterna u.a., Deutschland 1933-1945, Berlin 1969, S. 114 ff.
[105] Blasius, Geschichte der politischen Kriminalität in Deutschland 1800 -1980, Frankfurt/M. 1983, S. 114
[106] Eric A. Johnson, Der nationalsozialistische Terror, Berlin 2001, S. 187
[107] Wolfgang Bleyer u.a., Deutschland von 1939 bis 1945, Berlin 1970, S. 415
[108] ebenda
[109] Eric A. Johnson, Der nationalsozialistische Terror, Berlin 2001, S. 191
[110] Eugen Kogon, Der SS-Staat, München 1946, S. 255
[111] Miller/Potthoff, Kleine Geschichte der SPD, Bonn 1991, S. 144
[112] Eckhard Jesse, »Entnazifizierung« und »Entstasifizierung« als politisches Problem. Die doppelte Vergangenheitsbewältigung, in: Josef Isensee (Hrsg.), Vergangenheitsbewältigung durch Recht, S. 19
[113] Marxen/Werle a.a.O., S. 212
[114] Klaus-Dietmar Henke, Hans Woller (Hrsg.), Politische Säuberung in Europa, München 1991, S. 33
[115] ebenda
[116] vgl. z. B. Karl Dietrich Erdmann, Das Ende des Reiches und die Neubildung deutscher Staaten, 1993, S. 189
[117] Welsh in Henke/Woller (Hrsg.), Politische Säuberung in Europa, München 1991, S. 93 mit Quellenangabe
[118] Henke in Henke/Woller, a.a.O., S. 53
[119] Welsh in Henke/Woller (Hrsg.), Politische Säuberung in Europa, München 1991, S. 86
[120] Alle Zahlenangaben nach Henke/Woller (Hrsg.), Politische Säuberung in Europa, München 1991
[121] Henke in Henke/Woller, a.a.O., S. 82, Fußnote 175
[122] BGH AZ 5 StR 747/94, Neue Justiz 1996, Heft 13, S. 868
[123] BGBl. I, S. 437
[124] Henke/Woller a.a.O., S. 80
[125] Ingo Müller, Furchtbare Juristen, München 1987, S. 255 f.
[126] Robert M. W. Kempner, Ankläger einer Epoche, Frankfurt/M 1983, S. 391
[127] ebenda
[128] Henke in Henke/Woller, a.a.O., S. 65
[129] Henke in Henke/Woller, a.a.O., S. 80
[130] Henke in Henke/Woller, a.a.O., S. 82
[131] BGH-Urteil vom 1.3.1995 AZ 2 StR 331/94, Neue juristische Wochenschrift 1995, Heft 19, S. 1297
[132] ebenda S. 1300
[133] Alexander v. Brünneck, Politische Justiz gegen Kommunisten in der Bundesrepublik Deutschland 1949-1968, Frankfurt/M. 1978, S. 242
[134] Ingo Müller a.a.O., S. 243

[135] A. v. Brünneck, a.a.O., S. 275
[136] A. v. Brünneck, a.a.O., S. 278
[137] A. v. Brünneck, a.a.O., S. 278
[138] Der Spiegel 1966, Heft 38, S. 55
[139] A. v. Brünneck, a.a.O., S. 279
[140] A. v. Brünneck, a.a.O., S. 243
[141] Neue Justiz 1994, S. 49 ff
[142] A. v. Brünneck, a.a.O., S. 179
[143] Diether Posser, Anwalt im kalten Krieg, München 1991, S. 259 ff
[144] a.a.O. S., 50
[145] a.a.O. S., 51
[146] Zitiert nach A. v. Brünneck, a.a.O., S.243
[147] ebenda
[148] zitiert nach Alexander v. Brünneck, a.a.O., S. 352
[149] A. v. Brünneck a.a.O., S. 293-304; dort auch die folgenden Zitate
[150] Maunz/Zippelius, Deutsches Staatsrecht, 28. Auflage, München 1991, S. 10
[151] Bernd Rüthers, Entartetes Recht, München 1988
[152] Juristen im Portrait, München 1988, S. 553
[153] Willy Brandt, Erinnerungen, Frankfurt/M. und Berlin, 1993, S.153
[154] Eduard Dreher, Strafgesetzbuch, 37. Auflage, München 1977, S. 31, Anm. 3 zu § 3 StGB
[155] Neue Justiz 1968, S. 650
[156] Juristenzeitung 1966, S. 634
[157] BGH Urteil vom 10.12.1957, Az. 5 StR 519/57
[158] Manfred Görtemaker, Geschichte der Bundesrepublik Deutschland, München 1999, S. 480
[159] ebenda, S. 484
[160] Manfred Görtemaker a.a.O., S. 486
[161] Alois Prinz, Lieber wütend als traurig. Die Lebensgeschichte der Ulrike Marie Meinhof, Weinheim, Basel, Berlin 2003, S. 291 f., unter Bezugnahme auf Süddeutsche Zeitung Nr. 116/2000, S. 8 f.
[162] a.a.O., S. 44
[163] Wilhelm Krekeler, Strafverfahrensrecht und Terrorismus, Anwaltsblatt 1979, S. 212 (217)
[164] Dirk Blasius, Geschichte der politischen Kriminalität in Deutschland, Frankfurt/M. 1983, S. 23
[165] Heinrich Hannover, Terroristenprozesse. Erfahrungen und Erkenntnisse eines Strafverteidigers. Terroristen & Richter 1, VSA-Verlag, Hamburg 1991
[166] Heinrich Hannover, a.a.O., S. 120
[167] a.a.O., S. 17
[168] Heinrich Hannover, a.a.O., S. 199
[169] zitiert nach Heinrich Hannover, a.a.O., S. 194
[170] a.a.O., S. 174
[171] Diether Posser, Anwalt im Kalten Krieg, München 1991, S. 362
[172] Daniel Soulez Larivière, Lettres à un jeune avocat, Paris 1999, S. 214
[173] Heinrich Hannover, a.a.O., S. 168 f

[174] Diether Posser, Anwalt im Kalten Krieg, München 1991, S. 362
[175] ebenda, S. 363
[176] zitiert nach Heinrich Hannover a.a.O., S. 179
[177] a.a.O., S. 203
[178] a.a.O., S. 179
[179] Rolf Lamprecht, Lesarten für Rechtsbeugung, Neue Juristische Wochenschrift 1994, S. 562
[180] a.a.O.
[181] a.a.O., S. 73
[182] a.a.O., S. 229
[183] BGB, 52. Auflage 2002, Beck-Texte im dtv S. XI
[184] Gerhard Lüke, Zur Krise des Rechtsstaats, Neue Juristische Wochenschrift 1995, S. 175; Heitmann ebenda 1994, S. 2133
[185] zitiert nach Daniela Dahn, Wir bleiben hier oder Wem gehört der Osten?, Reinbek bei Hamburg 1994, S. 89
[186] Günter Gaus, Erinnerungen. Propyläen, 2004, S. 337 f.
[187] Enno v. Loewenstern, 40 Jahre SED-Unrecht. Eine Herausforderung für den Rechtsstaat. Erstes Forum des Bundesministers der Justiz am 9. Juli in Bonn, S. 41
[188] ebenda S. 42
[189] Martin Kriele in Starck, Berg, Pieroth (Hrsg.), Der Rechtsstaat und die Aufarbeitung der vor-rechtsstaatlichen Vergangenheit, Veröffentlichungen der Vereinigung der Deutschen Staatsrechtslehrer 51, S. 132
[190] Klaus Lüderssen, Der Staat geht unter – das Unrecht bleibt?, Frankfurt 1992, Anm. 3, S. 18
[191] Horst Möller, Die Geschichte des Nationalsozialismus und der DDR: ein (un)möglicher Vergleich? in: Klaus Sühl (Hrsg.), Vergangenheitsbewältigung 1945 und 1989. Ein unmöglicher Vergleich?, Berlin 1994, S. 132
[192] zitiert nach Antje Laumann, Neue Justiz 1996, S. 129
[193] Christian-Friedrich Schroeder, Die strafrechtliche Verfolgung von Unrechtstaten des SED-Regimes, in: Georg Brunner (Hrsg.), Juristische Bewältigung des Kommunistischen Unrechts in Osteuropa und Deutschland, Berlin 1995, S. 211 f.
[194] a.a.O., S. 212
[195] Klaus Kinkel, 40 Jahre SED-Unrecht. Eine Herausforderung für den Rechtsstaat. Erstes Forum des Bundesministers der Justiz in Bonn, Sonderheft der Zeitschrift für Gesetzgebung, Bonn 1991, S. 4
[196] ebenda, S. 5
[197] ebenda
[198] Beschluß vom 15.5.1995 in Neue Juristische Wochenschrift, 1995, S. 1815
[199] Neue Justiz 2000, S. 1
[200] Klaus Marxen/Gerhard Werle, Die strafrechtliche Aufarbeitung von DDR-Unrecht. Eine Bilanz, Berlin New York 1999, S. 202
[201] Klaus Marxen/Gerhard Werle, Die strafrechtliche Aufarbeitung von DDR-Unrecht. Eine Bilanz, Berlin und New York 1999, S. 217 ff.

[202] Klaus Marxen/Gerhard Werle, Die strafrechtliche Aufarbeitung von DDR-Unrecht. Eine Bilanz, Berlin und New York 1999, S. 198
[203] Schaefgen, a.a.O., S. 1
[204] a.a.O., S. 194
[205] Karl Wilhelm Fricke, Zur Geschichte der politischen Verfolgung 1945 bis 1968. Bericht und Dokumentation, Köln, 1990, S. 219
[206] Timo Zilli, Folterzelle 36 Berlin-Pankow. Erlebnisbericht einer Stasihaft, Berlin 1993, S. 25
[207] Thomas Kunze, Staatschef a. D. – Die letzten Jahre des Erich Honekker, Berlin 2001, S. 72
[208] Klaus Marxen/Gerhard Werle, Die strafrechtliche Aufarbeitung von DDR-Unrecht. Eine Bilanz, Berlin und New York 1999, S. 202
[209] ebenda S. 210
[210] Kinkel, 40 Jahre SED-Unrecht. Eine Herausforderung für den Rechtsstaat. Erstes Forum des Bundesministers der Justiz am 9. Juli 1991 in Bonn, S. 5
[211] Uwe Wesel, Fast alles, was Recht ist, Frankfurt/M., 1991, S. 61
[212] GRH e.V. (Hrsg.), Siegerjustiz? Die politische Strafverfolgung infolge der Deutschen Einheit, Berlin 2003, S. 60
[213] Gesellschaft für Recht und Humanität e.V. (GRH), Siegerjustiz?, Berlin 2003
[214] Christoph Schaefgen, Neue Justiz 2000, S. 5
[215] Michael Wolffsohn, Doppelte Vergangenheitsbewältigung, in: Vergangenheitsbewältigung 1945 und 1989, Klaus Sühl (Hrsg.), Berlin 1994, S. 39
[216] 40 Jahre SED-Unrecht. Eine Herausforderung für den Rechtsstaat. Erstes Forum ..., S. 51
[217] ebenda S. 13
[218] Wolfgang Dümcke/Fritz Vilmar (Hg), Kolonialisierung der DDR, Münster 1996
[219] Klaus Kinkel a.a.O., S. 4
[220] 40 Jahre SED-Unrecht. Eine Herausforderung für den Rechtsstaat, München und Frankfurt/M., Zeitschrift für Gesetzgebung, Sonderheft 2, S. 34.
[221] Chronik der Mauer, http://www.chronik-der-mauer.de/begleitung/statistik/todesopfer.html
[222] Friedrich Wolff, Verlorene Prozesse, Baden-Baden 1999, S. 255
[223] Urteil vom 22. März 2001, Beschwerden Nr. 34044/96, 35532/97, 44801/98
[224] Urteil des EGMR vom 22.3.2001, Übers. des Verf., da in der Neuen Justiz dieser Absatz nicht wiedergegeben worden ist
[225] Gustav Radbruch, Gesetzliches Unrecht und übergesetzliches Recht, Süddeutsche Juristenzeitung 1946, S. 105 ff.
[226] Blum, Joshua, Militärpolizeien in der Bundesrepublik Deutschland, Die Kriminalpolizei, 1992, S. 118
[227] EGMR Urteil v. 22.3.2001, zitiert nach Neue Justiz 2001, S. 263
[228] Urteil des EGMR vom 22. März 2001, Beschwerden Nr. 34044/96, 35532/97, 44801/98, Übersetzung des Verf.

[229] EGMR Urteil v. 22.1.04 Beschwerden Nr. 46720/99 und 72552/01
[230] EGMR Urteil v. 26.9.95 – 7/1994/454/535 (Vogt)
[231] Übersetzung des Verf.; engl. Originaltext in: Icarus, Heft 4/2000, S. 46
[232] EGMR Urteil v. 22.3.2001, zitiert nach Neue Justiz 2001, S. 263
[233] Sendler, Horst, Politische Prozesse damals und heute, in: Anwalt des Rechtsstaates, Festschrift für Dr. Diether Posser, 1997, S. 143
[234] Peter Reinecke, Strafverfahren gegen DDR-Grenzsoldaten aus Sicht der Jugendhilfe, Neue Justiz 1995, S. 187
[235] Rolf Lamprecht, Lesarten für Rechtsbeugung, Neue Juristische Wochenschrift 1994, S. 562
[236] Marxen/Werle a.a.O., S. 210
[237] BGH, Urteil v. 16.11.1995, BGH St 41, 317, (5 StR 74/94), auch Neue Juristische Wochenschrift 1996, S. 864
[238] Günter Spendel, Rechtsbeugung und BGH – eine Kritik, Neue Juristische Wochenschrift 1996, S. 812
[239] Rolf Lamprecht, Diskurs im Recht, Zeitschrift für Rechtspolitik 1994, S. 184
[240] BGH Neue Juristische Wochenschrift 1995, S. 3332
[241] Gerald Grünwald, Die strafrechtliche Bewertung in der DDR begangener Handlungen, Strafverteidiger 1991, S. 34
[242] ebenda S. 127
[243] ebenda
[244] Herwig Roggemann, Richterstrafbarkeit und Wechsel der Rechtsordnung, Juristenzeitung 1994, S. 769
[245] Rüdiger Zuck, Was heißt das – der Richter ist unabhängig? Monatsschrift für Deutsches Recht 1991, S. 590
[246] Rüdiger Zuck, Amnesty national, Neue Juristische Wochenschrift 1995, S. 1803
[247] Michael Bothe, Die strafrechtliche Immunität fremder Staatsorgane, Zeitschrift f. ausländisches öffentliches Recht und Völkerrecht, Jahrgang 31 (1971), S. 264
[248] Knut Ipsen, Völkerrecht, München 1999, § 26 Rn 11, S. 331
[249] Jan C. Joerden, Wird politische Machtausübung durch das heutige Strafrecht strukturell bevorzugt? Goltdammer's Archiv 1997, S. 207
[250] Gilbert Gornig, Die Verantwortlichkeit politischer Funktionsträger nach völkerrechtlichem Strafrecht, Neue Justiz 1992, S. 4 ff.
[251] Reinhard Merkel, Politik und Kriminalität in: Siegfried Unseld (Hrsg.), Politik ohne Projekt?, Frankfurt/M. 1993, S. 298 ff.
[252] Jörg Polakiewicz, Verfassungs- und völkerrechtliche Aspekte der strafrechtlichen Ahndung des Schußwaffeneinsatzes an der innerdeutschen Grenze, Europäische Grundrechte Zeitschrift 1992, S. 177 ff.
[253] Otto Triffterer, Was kann Völkerstrafrecht zur Bewältigung der Regierungskriminalität in der DDR beitragen? in: Lampe (Hrsg.), Die Verfolgung von Regierungskriminalität nach der Wiedervereinigung, Köln 1993, S. 131
[254] Verdross/Simma, Universelles Völkerrecht. Theorie und Praxis, §§ 1177 ff.

[254a] David Gill/Ulrich Schröder, Das Ministerium für Staatssicherheit, Berlin 1991, S. 95 f.
[255] Landgericht Berlin, Urteil v. 7. Juli 2000, (532) 25 Js 4/94 Ks (9/96), Neue Justiz 2000, S. 608
[256] Tröndle/Fischer, Strafgesetzbuch und Nebengesetze, München 1999, vor § 13 Rn. 19
[257] Gesetzblatt der DDR I, S. 191
[258] Joachim Bohnert, Die Amnestien der DDR und das Strafrecht nach dem Beitritt, Deutsch-Deutsche Rechts-Zeitschrift 1993, S. 173
[259] Zitiert nach Grünwald, Strafverteidiger 1992, S. 333 Anm. 1
[260] Bundesgesetzblatt I, S. 392
[261] Bundesgesetzblatt I, S. 1657
[262] BGBl. I, S. 3223
[262a] Michael Lemke, Reiner Hettinger, Zur Verjährung von in der ehemaligen DDR begangenen Straftaten und den Möglichkeiten des Gesetzgebers, Neue Zeitschrift für Strafrecht, 1992, S. 22
[263] BGH, Beschl. v. 9.2.00 – 5 StR 451/99, Neue Juristische Wochenschrift 2000, S. 1506
[264] Tröndle/Fischer, Strafgesetzbuch und Nebengesetze, München 1999, Randnummer 10 zu § 1
[265] Gerald Grünwald, Zur Frage des Ruhens der Verjährung von DDR-Straftaten, Strafverteidiger 1992, S. 337
[266] a.a.O., S. 334
[267] a.a.O., S. 336
[268] Karl Doehring, Die Teilung Deutschlands als Problem der Strafrechtsanwendung, Der Staat 1965, S. 266 f.
[269] ebenda S. 268
[270] Gerald Grünwald, Ist der Schußwaffengebrauch an der Zonengrenze strafbar?, Juristenzeitung 1966, S. 634
[271] Friedrich Dencker, Vergangenheitsbewältigung durch Strafrecht?, Kritische Vierteljahreszeitschrift für Gesetzgebung und Rechtswissenschaft 1990, S. 299
[272] ebenda
[273] Helmut Rittstieg, Strafrechtliche Verantwortlichkeit von Grenzsoldaten der DDR, Demokratie und Recht 1991, S. 411
[274] Klaus Lüderssen, Zu den Folgen des Beitritts für die Strafjustiz der Bundesrepublik Deutschland, Strafverteidiger 1991, S. 486
[275] Josef Isensee (Hrsg.), Vergangenheitsbewältigung durch Recht, Berlin 1992, S. 100
[276] ebenda, S. 109
[277] Josef Isensee, Der Rechtsstaat und die Aufarbeitung der vor-rechtsstaatlichen Vergangenheit, Veröffentlichungen der Vereinigung der Deutschen Staatsrechtslehrer 51 (1992), S. 137
[278] ebenda, S. 52
[279] ebenda, S. 57
[280] ebenda, S. 57 f.
[281] ebenda, S. 58
[282] ebenda

[283] ebenda, S. 64
[284] Bodo Pieroth, Der Rechtsstaat und die Aufarbeitung der vor-rechtsstaatlichen Vergangenheit, in: Veröffentlichung der Vereinigung deutscher Staatsrechtslehrer, Heft 51, 1992, S. 103
[285] ebenda, S. 104
[286] Christian Starck, Der Rechtsstaat und die Aufarbeitung der vor-rechtsstaatlichen Vergangenheit, in: Veröffentlichung der Vereinigung deutscher Staatsrechtslehrer, Heft 51, 1992, S. 17
[287] ebenda, S. 26
[288] Gottfried Mahrenholz, Justiz – eine unabhängige Staatsgewalt?, Neue Justiz 1992, S. 4
[289] Hans-Ludwig Schreiber, Strafrechtliche Verantwortlichkeit für den Schußwaffengebrauch an der Grenze zwischen Bundesrepublik und DDR, in: Lampe (Hrsg.), Die Verfolgung von Regierungskriminalität nach der Wiedervereinigung, Köln 1993, S. 63
[290] ebenda, S. 64
[291] Joachim Renzikowski, Zur Strafbarkeit des Schußwaffengebrauchs an der innerdeutschen Grenze, Neue Justiz 1992, S. 155
[292] Jutta Limbach, Vergangenheitsbewältigung durch die Justiz, Deutsch-Deutsche Rechts-Zeitschrift 1993, S. 68
[293] Bernhard Schlink, Rechtsstaat und revolutionäre Gerechtigkeit, Neue Justiz 1994, S. 433
[294] ebenda, S. 437
[295] Arthur Kaufmann, Die Radbruchsche Formel vom gesetzlichen Unrecht in der Diskussion um das im Namen der DDR begangene Unrecht, Neue Juristische Wochenschrift 1995, S. 86
[296] Rüdiger Zuck, Amnesty national, Neue Juristische Wochenschrift 1995, S. 1802
[297] ebenda, S. 1803
[298] ebenda
[299] Walter Gropp, Naturrecht oder Rückwirkungsverbot? – Zur Strafbarkeit der Berliner »Mauerschützen«, Neue Justiz 1996, S. 398
[300] Peter-Alexis Albrecht, Das Bundesverfassungsgericht und die strafrechtliche Verarbeitung von Systemunrecht – eine deutsche Lösung!, Neue Justiz 1997, S. 1
[301] ebenda, S. 147
[302] ebenda
[303] Claus Dieter Classen, Art 103 Abs. 2 GG – ein Grundrecht unter Vorbehalt?, Goltdammer's Archiv für Strafrecht 1998, S. 225
[304] Gerald Grünwald, DDR-Grenzsicherung und die bundesdeutsche Justiz, Blätter für deutsche und internationale Politik 12/1999, S. 1502
[305] Klaus Adomeit, Gustav Radbruch – zum 50. Todestag, Neue Juristische Wochenschrift 1999, S. 3469
[306] Uwe Wesel, Berliner Zeitung vom 20./21.11.1999
[307] Michael Stolleis, Juristen. Ein biographisches Lexikon, München 1995, S. 416
[308] Schmidt-Aßmann, in: Maunz/Dürig, Art. 103 Abs. II, Rn. 255

[309] Gerd Roellecke, Egon Krenz post portas, Neue Juristische Wochenschrift 2001, S. 3024 f.
[310] Festschrift für Stefan Trechsel zum 65. Geburtstag, Schulthess 2002, S. 509
[311] a.a.O., S. 514
[312] Willi Bottke in: Lampe (Hrsg.), Die Verfolgung von Regierungskriminalität nach der Wiedervereinigung, Köln 1993, S. 212 f.
[313] Horst Möller, Die Geschichte des Nationalsozialismus und der DDR: ein (un)möglicher Vergleich?, in: Klaus Sühl (Hrsg.), Vergangenheitsbewältigung 1945 und 1989. Ein (un)möglicher Vergleich?, Berlin 1994, S. 132
[314] Rolf Lamprecht, Vom Mythos der Unabhängigkeit, Baden-Baden 1995
[315] Neue Justiz 2000, S. 608
[316] BGH Urt. v. 6.11.2002 – 5 StR 281/101, Neue Justiz 2003, S. 97
[317] Deutschland Archiv 1997 Heft 1, S. 41, zitiert nach Hubert Rottleuthner, Zur Steuerung der Justiz in der DDR
[318] Neues Deutschland, 6./7. Januar 2001
[319] Neue Justiz 1991, S. 248
[320] Rolf Lamprecht, Vom Mythos der Unabhängigkeit, Baden-Baden 1995, S. 97
[321] ebenda
[322] Neue Juristische Wochenschrift 2000, S. 3031
[323] Bärbel Bohley, 40 Jahre SED-Unrecht. Eine Herausforderung für den Rechtsstaat. Erstes Forum des Bundesministers der Justiz am 9. Juli 1991 in Bonn, S. 32
[324] Martin Redeker, 10 Jahre Wiedervereinigung – Bewältigung der eigentums- und vermögensrechtlichen Fragen, Neue Juristische Wochenschrift 2000, S. 3031
[325] Neue Juristische Wochenschrift 2001, S. 3015
[326] Martin Kutscha, »Politische Säuberung« des öffentlichen Dienstes?, Neue Justiz 1995, S. 284
[327] Renate Baumgarten, Not macht erfinderisch, Halle 2004, S. 232 ff. – dort auch die folgenden Zitate
[328] a.a.O., S. 234
[329] Urteil des Oberverwaltungsgerichts Berlin vom 1. Juli 1997 (OVG 8 B 89.93)
[330] Claas-Hinrich Germelmann, Vizepräsident des LAG Berlin, Das Arbeitsrecht in den neuen Bundesländern, Neue Justiz 1992, S. 390
[331] Bundesarbeitsgericht Urteil v. 13.10.1994, zitiert nach Kutscha, »Politische Säuberung« des öffentlichen Dienstes?, Neue Justiz 1995, S. 284
[332] Wolfgang Richter (Hrsg.), Weißbuch, Unfrieden in Deutschland, Diskriminierung in den neuen Bundesländern, 1991, S. 199
[333] a.a.O., S. 11
[334] UNO – Wirtschafts- und Sozialrat – Ausschuß für wirtschaftliche, soziale und kulturelle Rechte: Deutschland 31.8.2001, Add. 68
[335] Entscheidungen des Bundesverfassungsgerichts Bd.100, S. 1
[336] Detlef Merten, Verfassungsprobleme der Versorgungsüberleitung, Berlin 1993, S. 17

[337] Rösel/Funke, Die Überführung des Renten- und Versorgungssystems der DDR in das Rentenrecht der BRD, in: Weissbuch Nr. 6 (Unfrieden in Deutschland. Enteignung der Ostdeutschen) der Gesellschaft zum Schutz von Bürgerrecht und Menschenwürde e.V. (GBM), S. 372
[338] GBl 1990, Nr. 34, S. 331
[339] Detlef Merten, Verfassungsprobleme der Versorgungsüberleitung, Berlin 1993, S. 88
[340] Entscheidungen des Bundesverfassungsgericht Bd. 100, S. 39
[341] ebenda
[342] ebenda S. 40
[343] Entscheidungen des Bundesverfassungsgerichts Bd. 100, S. 44
[344] UA S. 62
[345] Detlef Merten, Verfassungsprobleme der Versorgungsüberleitung, Berlin 1993, S. 108
[346] a.a.O., S. 100
[347] Weißbuch, Unfrieden in Deutschland 2, Wolfgang Richter (Hrsg.), Berlin 1993
[348] Manfred Görtemaker, Geschichte der Bundesrepublik Deutschland, München 1999, S. 214
[349] Potsdamer Abkommen III, A. 6
[350] Angaben nach Günther Wieland, Die Ahndung von NS-Verbrechen in Ostdeutschland, Neue Justiz 2003, S. 113 f.
[351] a.a.O., S. 114
[352] Daniela Dahn, Vertreibung ins Paradies, Reinbek 1998, S. 189
[353] Heinrich Senfft, Berlin 1999, S. 108 ff.
[354] Falco Werkentin, Politische Strafjustiz in der Ära Ulbricht, Berlin 1995, S. 174
[355] Henke/Woller a.a.O., S. 27
[356] Henke/Woller a.a.O., S. 202
[357] Henke/Woller a.a.O., S. 217
[358] BGH Urteil vom 16. November 1995 (5 StR 747/94, BGHSt 41, S. 317)
[359] ebenda
[360] Fricke, Akten-Einsicht, Berlin 1995, S. 14 f.
[361] Fricke a.a.O., S. 20
[362] Fricke, Politik und Justiz in der DDR, Köln 1990, S. 551
[363] Karl Wilhelm Fricke, Politik und Justiz in der DDR, 2. Aufl. Köln 1990, S. 551
[364] Alexander v. Brünneck, a.a.O., S. 276
[365] Neue Justiz 1955, S. 580
[366] Hilde Benjamin, Zur Geschichte der Rechtspflege der DDR 1949 bis 1961, Berlin 1980, S. 286
[367] Strafrechtsergänzungsgesetz (StEG) vom 11.12.1957, Gesetzblatt (GBl) I, S. 643
[368] Hilde Benjamin, a.a.O., S. 209
[369] Hilde Benjamin, Zur Geschichte der Rechtspflege der DDR 1945 bis 1949, S. 239

[370] Oberlandesgericht Potsdam, Urteil vom 27. September 1950, Neue Justiz 1951, S.239
[371] Inga Markovits, Die Abwicklung. Ein Tagebuch zum Ende der DDR-Justiz, München 1993, S. 203
[372] zitiert nach Peter Richter, Östlicher Sauerteig im West-Brot, Neues Deutschland, 28./29.3.1998
[373] Zur Programmatik der Partei des Demokratischen Sozialismus. Ein Kommentar, Berlin 1997, S. 252
[374] zitiert nach Monika Zorn (Hrsg.), Hitlers zweimal getötete Opfer, Freiburg 1994, S. 360 f.
[375] Monika Zorn, a.a.O., S. 338
[376] zitiert nach einem Leserbrief von Horst Schneider, Dresden, in: junge welt, 7.9.2004